高等职业教育智能网联
新能源汽车系列新形态教材

新能源汽车电力电子故障诊断技术

赵振宁　王立超　郑　涛◎编著

同济大学出版社
TONGJI UNIVERSITY PRESS
·上海·

内 容 提 要

本书主要介绍电力电子元器件、电力电子电路及电力电子控制在新能源汽车上的应用、诊断与维修。本书共6个项目，包括汽车电力电子元器件认知与测量，传统汽车中的电力电子技术认知，有刷/无刷直流电机的驱动控制认知，新能源汽车驱动电机变频器控制认知，新能源汽车直流-直流变换器认知与诊断及新能源汽车充电系统认知与诊断。书后附有汽车电力电子元器件维修指导及习题答案。

本书理论部分内容密切联系岗位工作实际，适用范围广，既可作为高等职业教育各层次汽车相关专业教材，也可作为相关专业技术人员的参考用书。

图书在版编目(CIP)数据

新能源汽车电力电子故障诊断技术 / 赵振宁，王立超，郑涛编著. -- 上海：同济大学出版社，2024.6

ISBN 978-7-5765-1145-1

Ⅰ. ①新… Ⅱ. ①赵… ②王… ③郑… Ⅲ. ①新能源-汽车-电力电子技术-故障诊断 Ⅳ. ①U469.707

中国国家版本馆 CIP 数据核字(2024)第 089815 号

高等职业教育智能网联新能源汽车系列新形态教材

新能源汽车电力电子故障诊断技术

赵振宁　王立超　郑　涛　**编著**

责任编辑　任学敏　**责任校对**　徐春莲　**封面设计**　渲彩轩

出版发行　同济大学出版社　www.tongjipress.com.cn

（地址：上海市四平路 1239 号　邮编：200092　电话：021-65985622）

经　　销　全国各地新华书店

排　　版　南京文脉图文设计制作有限公司

印　　刷　启东市人民印刷有限公司

开　　本　787mm×1092mm　1/16

印　　张　12.5

字　　数　274 000

版　　次　2024 年 6 月第 1 版

印　　次　2024 年 6 月第 1 次印刷

书　　号　ISBN 978-7-5765-1145-1

定　　价　49.80 元

前　言

党的二十大报告指出要加快节能降碳先进技术研发和推广应用，倡导绿色消费，推动形成绿色低碳的生产方式和生活方式。为了贯彻落实国家发展战略，高职院校应积极培养新能源汽车技术技能人才，助力新能源汽车发展。

“汽车电力电子技术”是新能源汽车技术专业国家教学标准要求的必修课。本书为该课程的配套教材，共6个项目，主要介绍电力电子元器件、电力电子电路及电力电子控制在新能源汽车上的应用、诊断与维修。本书用适当篇幅讲解了电力电子技术在传统汽车发动机、底盘和电气方面的应用；重点讲解了电力电子技术在新能源汽车变频器、车载充电机、直流充电桩、直流-直流变换等领域的广泛应用。全书以项目形式编写，理实一体，既有理论知识，又有配套的实训任务，便于学生实践应用。本书还配套了课后习题和丰富的电子资源，便于学生课前预习、课后练习。如需教学课件，请与同济大学出版社联系获取。

本书由长春汽车职业技术大学赵振宁、王立超和郑涛编写，其中项目一、二、三由赵振宁编写，项目四、六由王立超编写，项目五及附录由郑涛编写。赵振宁负责全书的统稿工作。

在本书的编写过程中，编者参考了大量相关文献、使用手册等，在此，对所有相关文献的作者表示诚挚的谢意。由于编写时间较短、相关资料不足和编者水平有限，本书难免存在一些不足之处，恳请广大读者批评指正，并将意见和建议反馈给我们，以便进一步修订和完善。

赵振宁

2024年3月于长春

目　录

项目一

汽车电力电子元器件认知与测量

情景引入

小林打开新能源汽车机仓盖，发现橙色电缆连接的元器件。技术人员告知小林，机仓内的橙色电缆连接的总成有变频器、车载充电机、直流-直流变换器、电动空调压缩机及 PTC 加热器。这些高压元器件工作时使用的是电力电子开关管，包括电力二极管、电力场效应晶体管和绝缘栅双极晶体管等，这些元器件损坏后可通过更换新元器件或两个元器件拼修恢复其正常功能。

学习目标

知识目标

- 掌握电力二极管(PD)的应用；
- 了解晶闸管(SCR)的应用；
- 掌握电力场效应晶体管(P-MOSFET)的应用；
- 掌握绝缘栅双极晶体管(IGBT)的应用；
- 掌握智能功率模块(IPM)的应用。

能力目标

- 掌握电力二极管(PD)的测量方法；
- 了解晶闸管(SCR)的测量方法；
- 掌握电力场效应晶体管(P-MOSFET)的测量方法；
- 掌握绝缘栅双极晶体管(IGBT)的测量方法。

素养目标

- 培养学生查询和使用资料的能力；
- 培养学生规范操作、安全操作的意识；
- 培养学生善于发现问题、处理问题的能力。

任务一　汽车电力电子元器件初步认知

一、电力电子元器件

电力电子元器件是汽车电力电子系统或部件中最基本、最重要的组成部分，是车载电能控制和转换的核心。常用的电力电子元器件有电力二极管、晶闸管、电力晶体管、电力场效应晶体管、绝缘栅双极晶体管及智能功率模块。

1. 电力二极管

电力二极管(Power Diode，PD)也称功率二极管，在新能源汽车上几乎所有电能变换和控制的地方，都能看到它的存在。它可用作整流和续流，用作续流时通常反并联在功率开关上。

2. 晶闸管

晶闸管，也称可控硅整流器(Silicon Controlled Rectifier，SCR)，多应用于以电压调节或可控整流为目的的系统或部件；在新能源汽车中不直接使用，但在其配套的外围设备中有大量使用，比如充电机。

3. 电力晶体管

电力晶体管(Giant Transistor，GTR)在新能源汽车中不直接采用，而是作为绝缘栅双极晶体管(Insulate-Gate Bipolar Transistor，IGBT)的输出级，其功能被 IGBT 代替。

4. 电力场效应晶体管

电力场效应晶体管(Power-MOSFET，P-MOSFET)，多应用于低电压(12～200 V)和小功率(小于 10 kW)场合，在小功率新能源汽车变频器、直流-直流转换器及车载充电机中使用。

【注】 MOSFET(Metal-Oxide-Semiconductor Field-Effect Transistor)，简称为 MOS 管，即金属-氧化物-半导体型场效应管，属于场效应管中的绝缘栅型。

5. 绝缘栅双极晶体管

绝缘栅双极晶体管在大功率新能源汽车的变频器中使用；高电压(如大于 200 V)和大功率(如数十千瓦至数百千瓦)系统或部件，也普遍采用 IGBT 作为主电路元器件。

6. 智能功率模块

智能功率模块(Intelligent Power Module，IPM)在小功率或大功率新能源汽车电机变频器中都有使用。近年来，在新能源汽车高电压、中小功率场合，碳化硅基功率 MOSFET 有取代硅基 IGBT 的趋势。

电力二极管、晶闸管、电力场效应晶体管和绝缘栅双极晶体管四种电力电子元器件在汽车上的应用情况如图 1-1 所示。

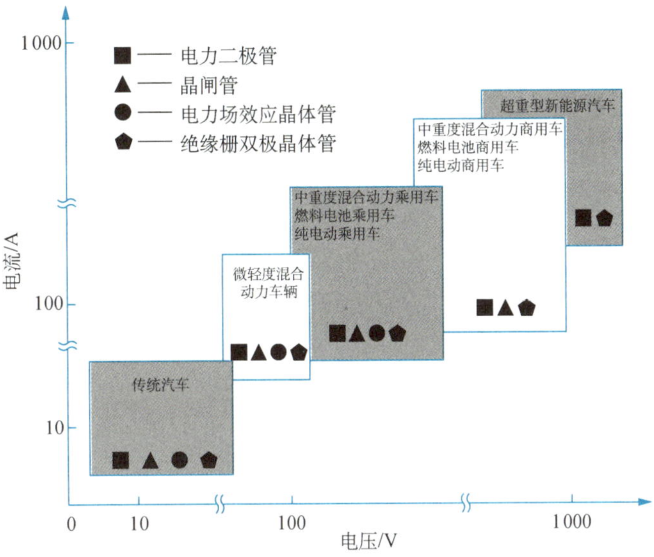

图 1-1　汽车电力电子元器件应用情况

电力二极管、晶闸管、电力场效应晶体管和绝缘栅双极晶体管的符号和理想特性曲线见表 1-1。

表 1-1　四种汽车电力电子元器件比较

名称	符号	理想特性曲线
电力二极管	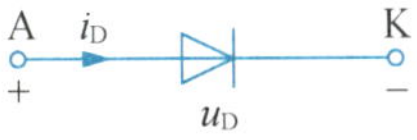	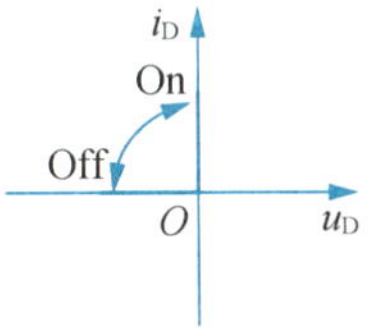
晶闸管	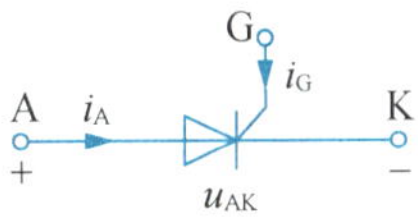	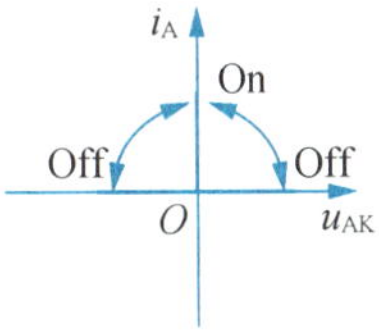
电力场效应晶体管	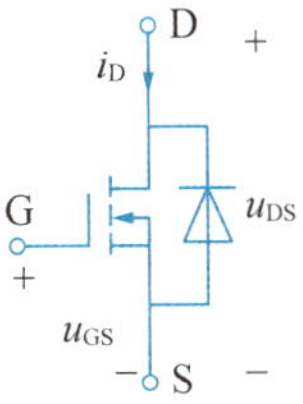	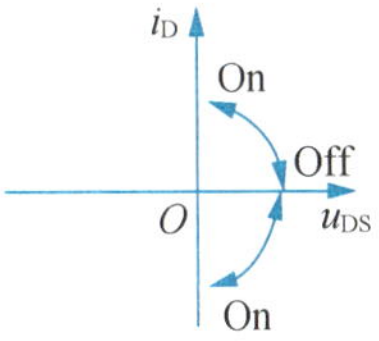
绝缘栅双极晶体管	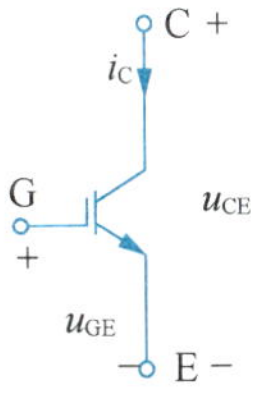	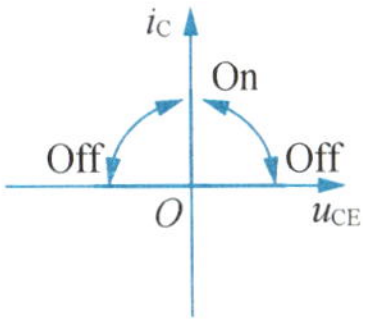

二、车用与工业用电力电子元器件区别

汽车上用的电力电子元器件与其他工业领域用的电力电子元器件在性能上有一定区别，主要原因是汽车电力电子元器件的应用环境更为恶劣，汽车有时会处于高温、高湿、强振动、负载变化剧烈、复杂的电磁环境，甚至高海拔的场合，因而汽车电力电子元器件需要具有高结温、低通态损耗、长寿命（高于整车寿命）、高可靠性等特点，同时要满足国内外相关汽车标准和规范的要求或通过相关认证。这就要求半导体厂商在材料选取、结构设计、制造工艺上都应予以特殊考虑。但汽车电力电子元器件与普通电力电子元器件的工作原理与基本电气特性没有区别。

三、电力电子元器件实际特性与理想特性区别

电力电子元器件工作在开关状态，和电路中其他元器件（如电感、电容等）配合，完成对电能的变换或控制。在实际工作过程中，电力电子元器件的实际特性与理想特性存在很大区别，具体见表 1-2。

表 1-2　电力电子元器件实际特性与理想特性比较

类别	实际特性	理想特性
关断状态	阻断电压：有限	阻断电压：无穷大
	漏电流：微小	漏电流：0
开通状态	导通压降：数百毫伏至数伏	导通压降：0
	导通电流：有限	导通电流：无穷大
开通过程	所需时间：数纳秒至数微秒	所需时间：0
关断过程	所需时间：数纳秒至数微秒	所需时间：0
驱动与控制	复杂的驱动与控制电路，需要消耗一定的驱动功率或能量	简单的驱动与控制方法，需要的驱动与控制功率或能量为零

注：1 秒(s) = 10^3 毫秒(ms) = 10^6 微秒(μs) = 10^9 纳秒(ns) = 10^{12} 皮秒(ps) = 10^{15} 飞秒(fs)。

任务二　电力二极管的整流与诊断

一、电力二极管的作用

电力二极管在 20 世纪 50 年代初期就获得应用，当时也被称为半导体整流器，它的基本结构和工作原理与信息电子电路中的二极管是一样的，都以半导体 PN 结为基础，实现正向导通、反向截止的功能。

电力二极管是不可控元器件，其导通和关断完全是由其在主电路中承受的电压和电流决

定的，由一个面积较大的 PN 结、两端引线以及封装组成的。从外形上看，电力二极管的封装形式主要有螺栓型和平板型两种。电力二极管外形、结构及电气图形符号如图 1-2 所示。

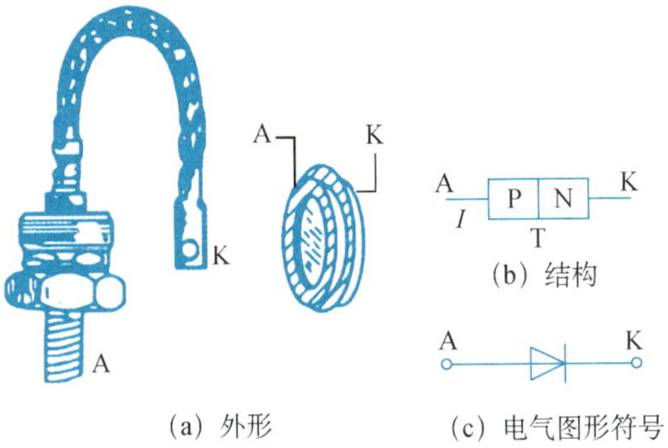

(a) 外形 (c) 电气图形符号

图 1-2 电力二极管外形及符号

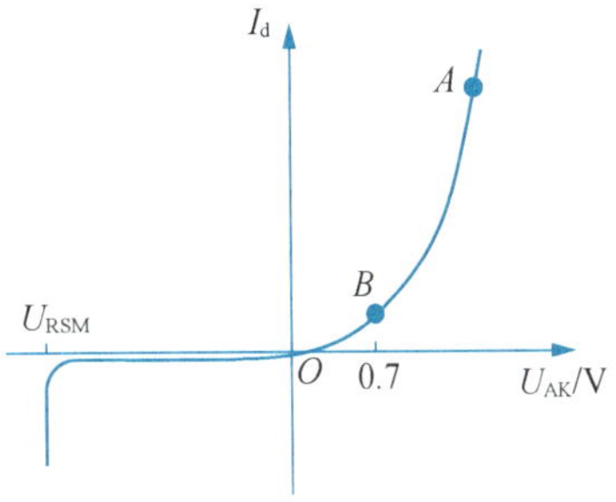

图 1-3 电力二极管伏安特性

电力二极管的伏安特性曲线与普通小功率二极管基本一致，如图 1-3 所示。在外加正向电压情况下，电力二极管在 0.5 V 左右开始导通，有微弱的正向电流 I_F（F = Forward）流过。随着正向电流 I_F 的增大，电力二极管的正向压降也逐渐增大。由于电力二极管通常工作于大电流状态，在电流值达到额定电流时，工作点在伏安特性曲线的上端 *A* 点，其压降一般在 1.0 V 至 2.0 V 之间。而普通小功率二极管通常工作于小电流状态，其工作点在伏安特性曲线的 *B* 点附近，压降一般为 0.7 V。

在外加反向电压时，二极管不导通，只有一个很小的反向饱和电流 I_s（S = Saturation）流过。但当外加的反向电压超过二极管所能承受的最高反向电压 U_{RSM} 后，二极管被击穿，反向电流 I_r 迅速增加，此时若无限流保护，二极管将被烧毁。电力二极管所能承受的反向电压通常比较高，为几百伏至几千伏，远高于普通二极管所能承受的反向电压。

二、电力二极管类型

电力二极管主要有普通二极管、快速恢复二极管和肖特基二极管。

1. 普通二极管

普通二极管（General Purpose Diode）又称整流二极管（Rectifier Diode），多用于开关频率不高（小于 1 kHz）的整流电路中。

2. 快速恢复二极管

恢复过程很短特别是反向恢复过程很短（小于 5 μs）的二极管，简称快速恢复二极管。快速恢复二极管在工艺上多采用了掺金措施，结构上有的采用 PN 结构类型，也有的采用改进的 PN 结构类型，在新能源汽车电力电子二极管中常见。

3. 肖特基二极管

以金属和半导体接触形成的势垒为基础的二极管称为肖特基势垒二极管（Schottky Barrier Diode，SBD），简称肖特基二极管。

肖特基二极管的优点：反向恢复时间很短（10～40 ns），正向恢复过程中也不会有明显的电压过冲；在反向耐压较低的情况下其正向压降也很小，明显低于快速恢复二极管。因此，其开关损耗和正向导通损耗都比快速恢复二极管还要小，效率比快速恢复二极管高。肖特基二极管的缺点：当反向耐压提高时其正向压降也会高得不能满足要求，因此多用于200 V以下的低压场合，反向漏电流较大且对温度敏感，因此反向稳态损耗不能忽略，而且必须更严格地限制其工作温度。

三、电力二极管的应用

1. 单相桥式不控整流电路

微课视频——单相桥式不控整流电路

如图1-4(a)所示为单相桥式不控整流电路，图1-4(b)为该电路的工作波形。电路中以电阻R作为负载。

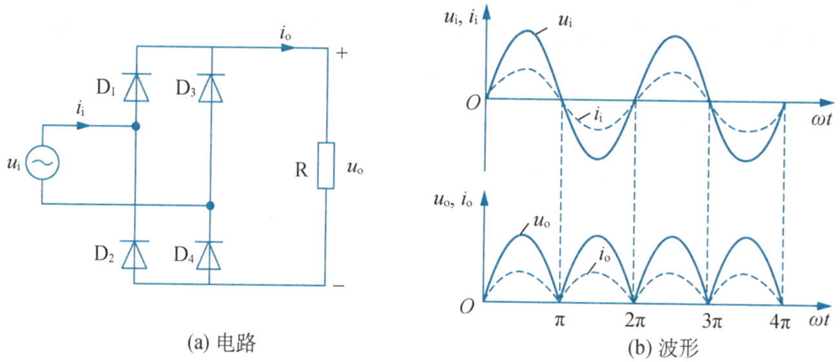

图1-4 单相桥式不控整流电路及波形

如图1-4(a)所示整流电路的工作特点：在输入电压 u_i 正半周期（如 $0<\omega t<\pi$）时，电力二极管 D_1 和 D_4 导通；在输入电压 u_i 负半周期（如 $\pi<\omega t<2\pi$）时，电力二极管 D_2 和 D_3 导通。由于负载为电阻，电源电流 i_i 和电源电压 u_i 同相位且呈正弦规律变化。

【教学方法】横轴采用时间法比角度法更易于学生理解。

例如：在讲解单相整流时，通常以50 Hz为换流周期，正向导通10 ms，反向导通10 ms来举例，学生易于理解。在以后中间环节的高频整流时，若换流周期不是50 Hz时，需要先自行算出正向导通时间和反向导通时间。

对于如图1-4(a)所示电路，负载R的电压具有较大的纹波，为抑制纹波可以在负载R两侧并联滤波电容C，具体电路如图1-5(a)所示。该电路的工作波形如图1-5(b)所示。

如图1-5(a)所示电路的工作过程：在输入电压 u_i 正半周期（如 $0<\omega t<\pi$）时，在图1-5(b)所示 δ 期间，由于 $u_o>u_i$，电力二极管 D_1 至 D_4 都不导通，此阶段电容C为负载R提供能量，电容电压 u_o 随着时间的增加而下降；当电容电压 u_o 下降到 u_i 时，电力二极管 D_1 和 D_4 导通，输入交流电源为负载提供能量并向电容C充电，经过 θ 时间后，u_i 下降到小于 u_o，功率二极管 D_1 和 D_4 关断，此时电容C开始为负载R提供能量。依次类推，不难

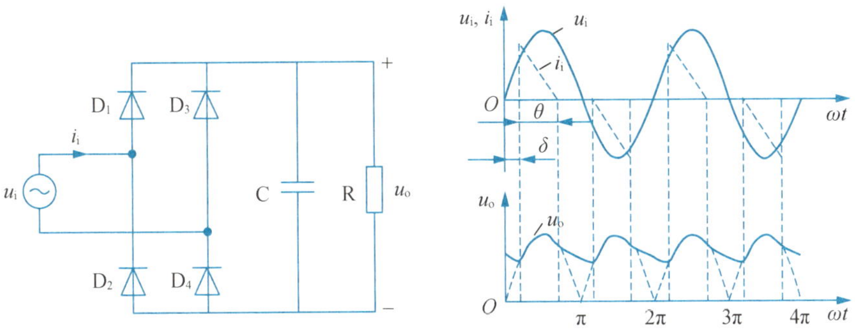

(a) 电路　　(b) 波形

图 1-5　具有滤波电容的单相桥式不控整流电路及波形

微课视频——具有滤波电容的单相桥式不控整流电路

得到在输入电压 u_i 负半周期(如 $\pi<\omega t<2\pi$)时的电路工作过程。

对比图 1-4(b)和图 1-5(b),容易发现,添加滤波电容 C 后,输出电压 u_o 的纹波下降明显。而且可以发现,在负载不变条件下,滤波电容 C 越大,输出电压 u_o 的纹波越小。此外,从图 1-5(b)可以看出,添加滤波电容 C 后,电源电流 i_i 具有高次谐波成分。

如图 1-6(a)所示,在桥式整流电路输出侧串联一个电感 L,其和电容 C 一起构成滤波电路,可以使输出电压 u_o 的纹波进一步降低,电路的工作波形如图 1-6(b)所示。图中电源电流 i_i 仍具有高次谐波成分。整流后不加电容 C 时,两正弦波之间有 V 形电压空槽,这个 V 形电压空槽会导致很多类型的用电器因电压不足无法工作,加上电容后 V 形电压空槽消失,但仍会有一定的电压波纹。

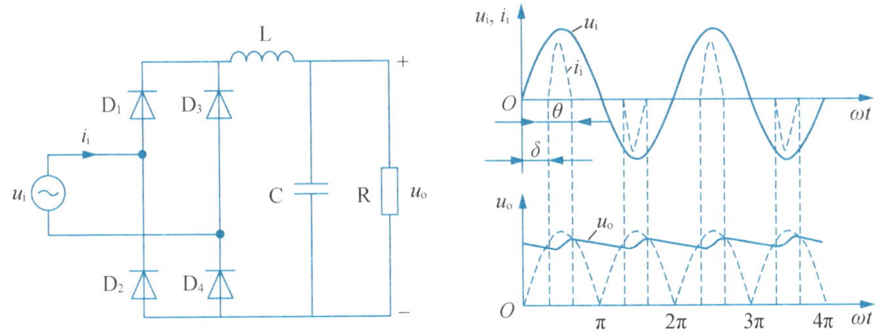

(a) 电路　　(b) 波形

图 1-6　具有滤波电感和电容的单相桥式不控整流电路及波形

微课视频——具有滤波电感和电容的单相桥式不控整流电路

单相桥式不控整流电路结构简单,但其直流侧输出电压、电流纹波较高,功率因数低。实际工程应用中常在直流侧接较小的电感,组成 LC 滤波电路,可以有效减小电流的冲击。

2. 三相桥式不控整流电路

如图 1-7 所示,三相桥式不控整流电路是不控整流电路中最常用的电路,当电路中不同桥臂上的一对二极管同时导通时,整流电路直流侧输出电压为交流侧线电压最大的,电压为直流侧电容充电,也为后级负载提供功率。

微课视频——三相桥式不可控整流电路

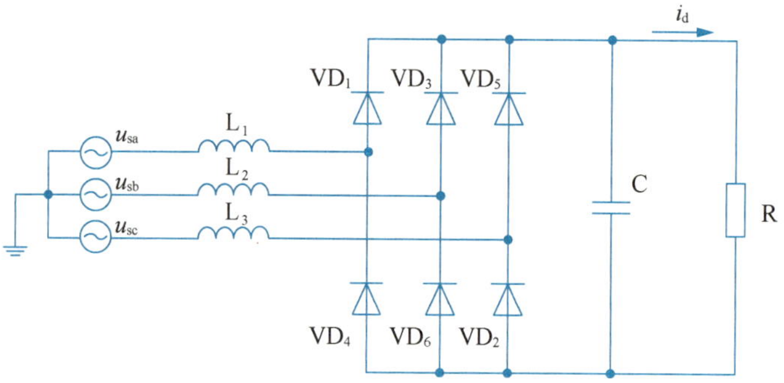

图 1-7　三相桥式不控整流电路

【教学方法】三相整流的时间法。

例如，在讲解三相整流时，通常以 50 Hz 为例，因为三相周期是 20 ms，20 ms ÷ 6 = 3.33 ms，即以每相正向导通 3.33 ms，反向导通 3.33 ms 来举例，学生容易理解。

三相桥式不控整流电路结构简单，但其直流侧输出电压、电流纹波较高，实际工程应用中常在直流侧接较小的电感，组成 LC 滤波电路，可以有效减小电流的冲击。本电路电容 C 充到一定电压后，左侧的整流桥就会因右侧的电容电压的存在而出现导通角大大小于 60° 的情况，因此功率因数很低。

【技术指导】低压降开关整流技术——同步整流。

传统的电力电子转换电路，一般采用二极管方式进行整流转换，由于二极管本身的压降特性，导致转换效率低，发热量大。例如，硅整流二极管的导通压降为 0.7 V，当充电电流为 100 A 时，电压降为 0.7 V，热功率将达 70 W，这是极大的电损耗，二极管也会因高温损坏。

特别是在高频三相交流输入且低压大电流的场合下，传统的转换电路更是无法控制电损耗。一般解决方法是采用晶闸管、电力场效应管来替代二极管进行整流，亦称为同步整流。晶闸管、电力场效应管的导通电阻非常小，可以以较低的电损耗工作。

四、电力二极管的测量诊断

电力二极管的测量与电子领域的二极管测量方法相同，这里要强调的是要用模拟万用表，不要用数字万用表。

以快速恢复二极管为例：在实际电路中，快速恢复二极管的周边电阻一般都比较大，大都在几百或几千欧姆以上，这样，我们就可以用万用表的 R×10 挡或 R×1 挡测量 PN 结的好坏。在测量时，用 R×10 挡测量 PN 结应有较明显的正反向特性（如果正反向电阻相差不太明显，可改用 R×1 挡测量），一般正向电阻在用 R×10 挡测量时，表针应指示在 200 Ω 左右，在用 R×1 挡测量时，表针应指示在 30 Ω 左右（根据不同表型可能略有出入）。

如果测量结果正向阻值太大或反向阻值太小，都说明这个 PN 结有问题，这个二极管也就有问题了。这种方法对于维修检测特别有效，可以非常快速地找出坏管，甚至可以检测出尚未完全损坏但特性变差的二极管。当用小阻值挡位测量时,发现某个 PN 结的正向电阻过大时,再用常用的 R×1 k 挡再次测量,可能二极管还是正常的,其实这个二极管的特性已经变差了,不能正常工作或工作不稳定了。

任务三　晶闸管调压整流与诊断

一、晶闸管

晶闸管主要用来组成整流、逆变、斩波、交流调压、变频等变流装置、交流开关以及家用电器实用电路等。由于上述装置,特别是变流装置是静止型的,具有体积小、寿命长、效率高、控制性能好,并且无毒、无噪声、造价低、维修方便等优点,因此在各个工业部门和民用领域都得到广泛应用。

晶闸管是硅晶体闸流管的简称,小功率晶闸管外形如图 1-8 所示。晶闸管包括普通晶闸管和双向、可关断、逆导、快速等类型。普通晶闸管(Thyristor)也称为可控硅整流器,常用 SCR 表示。在实际应用中,如果没有特殊说明,晶闸管均指普通晶闸管。

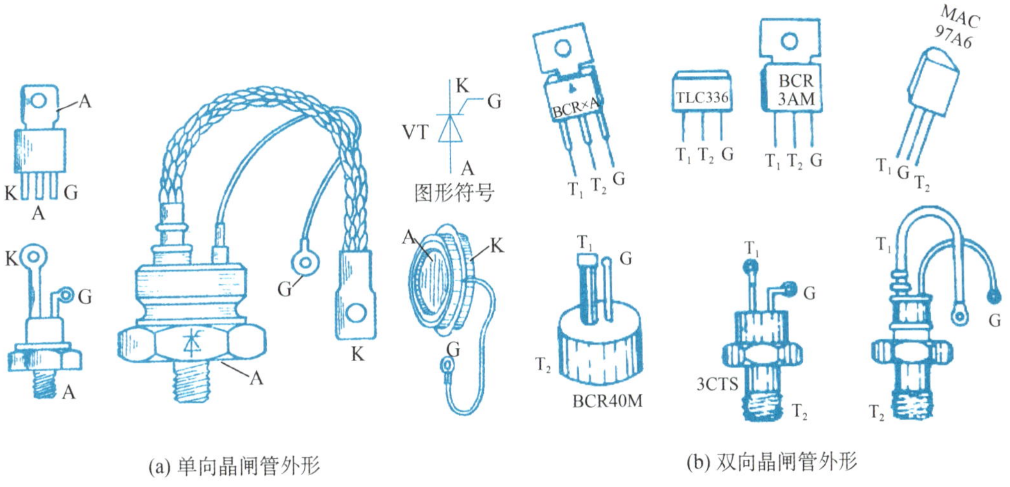

图 1-8　小功率晶闸管外形

二、晶闸管的基本结构

晶闸管有三个电极:阳极 A(Anode)、阴极 K(德语 Kathode,英语 Cathode)、控制极 G(Gate)。螺栓式晶闸管有螺栓的一端是阳极,使用时可将螺栓固定在散热器上,另一端的粗引线是阴极,细引线是控制极。平板式晶闸管中间金属环的引出线是控制极,离控制极较远的端面是阳极,离控制极较近的端面是阴极,使用时可把晶闸管夹在两个散热器中间,散热效果较好。

晶闸管的内部结构如图 1-9(a)所示，它由 4 层半导体 P_1、N_1、P_2、N_2 重叠构成，从而形成 J_1、J_2、J_3 三个 PN 结。由端面 P_1 层半导体引出阳极 A，由端面 N_2 层半导体引出阴极 K，由中间 P_2 层半导体引出控制极 G。图 1-9(b)为晶闸管的符号表示，图 1-9(c)和图 1-9(d)分别为晶闸管的导通结构模型及等值电路。

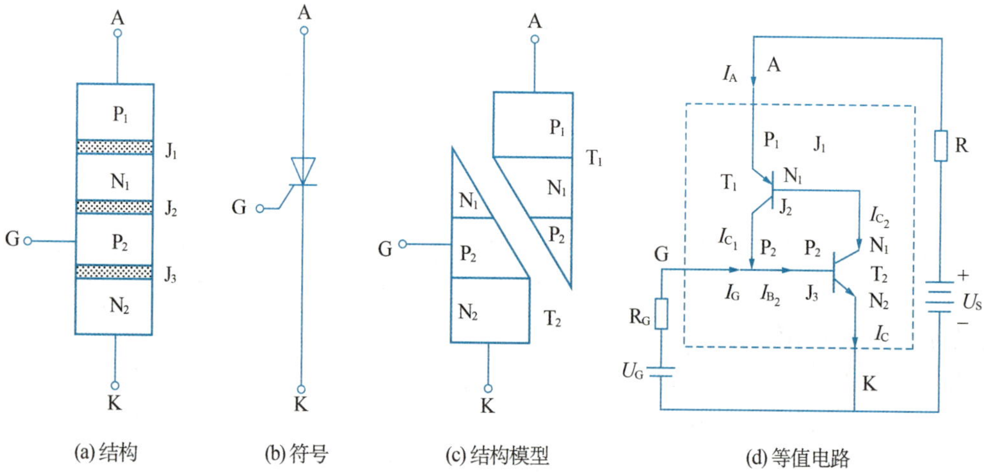

图 1-9　晶闸管的内部结构及工作原理

三、晶闸管的工作原理

1. 导通原理

为了说明晶闸管导通的原理，可以把晶闸管看成是由 PNP 型和 NPN 型两个三极管连接而成的，如图 1-9(c)所示。其中 N_1、P_2 为两管共有，即一个三极管的基极与另一个三极管的集电极相连。阳极 A 相当 PNP 型管 T_1 的发射极，阴极 K 相当于 NPN 型管 T_2 的发射极。

如果晶闸管阳极加正向电压，控制极也加正向电压，两个等效三极管的各个 PN 结的偏置均符合放大工作的条件，其电路如图 1-9(d)所示。在控制极正向电压 U_G 的作用下，产生的控制极电流 I_G 就是 T_2 的基极电流 I_{B_2}，T_2 的集电极电流 $I_{C_2}=\beta_2 I_{B_2}=\beta_2 I_G$ 又是 T_1 的基极电流，T_1 的集电极电流 $I_{C_1}=\beta_1 I_{C_2}=\beta_1\beta_2 I_G$，其中 β_1、β_2 分别是 T_1、T_2 的电流放大系数。I_{C_1} 又流入 T_2 的基极再一次放大。反复放大在电路中形成强烈的正反馈，使两个三极管迅速达到饱和导通，晶闸管便进入了完全导通的状态。晶闸管导通后的工作状态可完全依靠本身的正反馈来维持，即使控制电流消失，晶闸管仍处于导通状态。

晶闸管导通后，其正向压降很小(1 V 左右)，电源电压几乎全部加在负载上。所以，晶闸管导通后电流的大小取决于外电路参数。

2. 关断原理

晶闸管导通后，若将外电路的负载电阻加大，使晶闸管的阳极电流降低到不能维持正反馈的数值，晶闸管便自行关断，恢复到阻断状态。对应于关断瞬间的阳极电流称为维持电流，用 I_H 表示，它是维持晶闸管导通的最小电流。如果将晶闸管的阳极电压降低到零或断开阳极电源或在阳极与阴极间加反向电压，导通的晶闸管都能自行关断。

综上所述，晶闸管是一个可控的单向导电开关。与二极管相比，它具有可控性，能正向阻断；与三极管相比，其差别在于晶闸管对控制电流没有放大作用。

微课视频——单相桥式全控整流电路

四、晶闸管全控整流电路

1. 单相桥式全控整流电路

用晶闸管代替电力二极管就可以得到如图 1-10(a)所示的单相桥式全控整流电路。在输入电压 u_i 正半周期（如 $0<\omega t<\pi$）时，若晶闸管 $T_1\sim T_4$ 都不导通，则负载电压 u_o 与负载电流 i_o 都为零；若在触发角 α 处对晶闸管 T_1、T_4 施加触发信号，则 T_1 和 T_4 触发导通，电源电压 u_i 经 T_1、T_4 加在负载上，当 u_o 为零时，晶闸管 T_1、T_4 关断。在输入电压 u_i 负半周期（如 $\pi<\omega t<2\pi$）时，若晶闸管 $T_1\sim T_4$ 都不导通，则负载电压 u_o 与负载电流 i_o 都为零；若在触发角 α 处对晶闸管 T_2、T_3 施加触发信号，则 T_2 和 T_3 触发导通，电源电压 u_i 经 T_2、T_3 加在负载上，当 u_i 为零时，晶闸管 T_2、T_3 关断。如此循环工作下去，就可以得到如图 1-10(b)所示的电路工作波形，实线为电压波，虚线为电流波形。

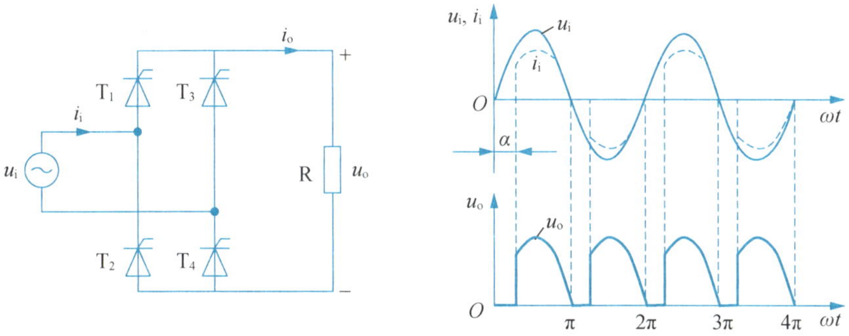

(a) 电路　　(b) 波形

图 1-10　单相桥式全控整流电路及波形

如图 1-11(a)和图 1-11(b)所示电路可以实现与图 1-10(a)相同的功能，由于将导电回路中的一个晶闸管用电力二极管代替，因此在电源电压 u_i 正半周期或负半周期只需对一个晶闸管进行控制，电路的控制得到了简化。如图 1-11 所示的两种电路也称为单相桥式半控整流电路。

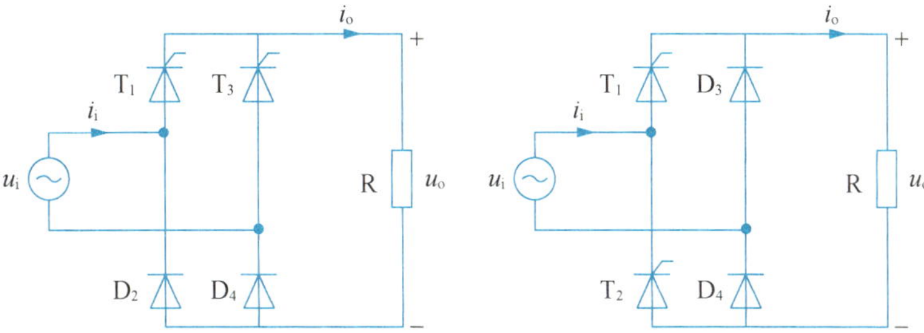

(a) 第一种电路　　(b) 第二种电路

图 1-11　两种单相桥式半控整流电路

在单相桥式全控或半控整流电路中，晶闸管的通断、触发时刻和流经元器件的电流密切相关，不同组元器件[图 1-11(a)中 T_1 和 D_4 为一组，D_2 和 T_3 为另一组]之间的换流不会像单相桥式不控整流电路一样在一些换流点自然地完成。

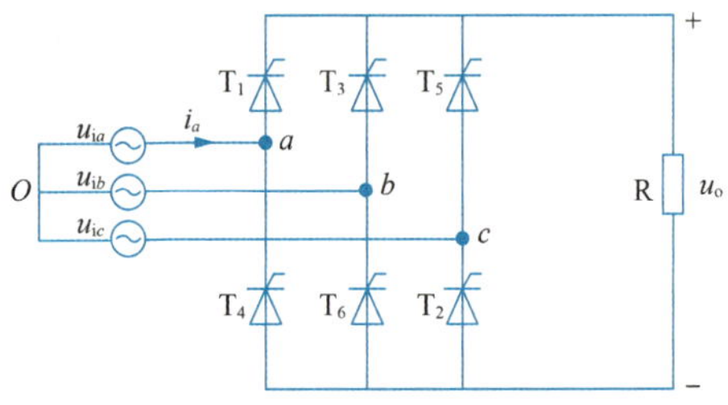

图 1-12　三相桥式全控整流电路

与单相桥式不控整流电路类似，对于上述图 1-10 和图 1-11 所示电路，可以通过在负载支路串联滤波电感或并联滤波电容来抑制负载电压或负载电流的纹波。

2. 三相桥式全控整流电路

微课视频——三相桥式全控整流电路

如图 1-12 所示为三相桥式全控整流电路，三相桥式全控整流电路在触发角 α 为 0°，30°，60°和 90°时的工作波形分别如图 1-13(a)至图 1-13(d)所示。

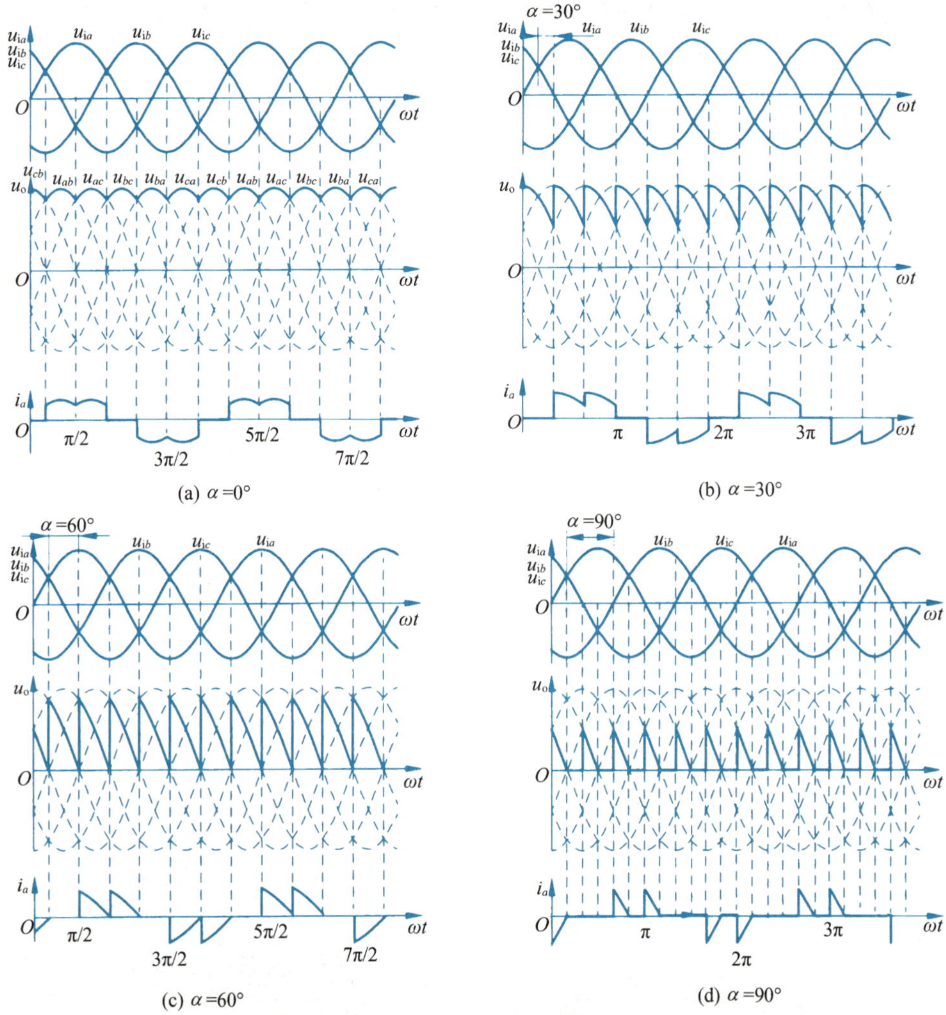

图 1-13　三相桥式全控整流电路工作波形

由图可知，通过改变触发角 α 可以对负载电压 u_o 的平均值进行调节。

在相电压相等条件下，与单相整流电路相比，三相整流电路可以得到更高的整流输出电压，因此较大功率的充电系统（如充电功率大于 5 kW）宜采用三相整流电路。

五、双向晶闸管

双向晶闸管是在普通晶闸管的基础上发展而成的，它不仅能代替两个反极性并联的晶闸管，而且仅需一个触发电路，是比较理想的交流开关元器件。其英文名称 TRIAC 即三端双向交流开关（Triode AC）之意。

双向晶闸管也称双向可控硅，相当于两个单向晶闸管反向并联而成，但只有一个控制极。双向晶闸管的结构、符号及外形如图 1-14 所示。从图 1-14(a)可以看出，它属于 N、P、N、P、N 五层半导体元器件，有 3 个电极，分别称为第一电极 T_1、第二电极 T_2、控制极 G。T_1、T_2 又称为主电极。双向晶闸管符号如图 1-14(d)所示，其外形有平板型、螺栓型、塑封型多种，如图 1-14(e)所示为小功率塑封型晶闸管的外形。

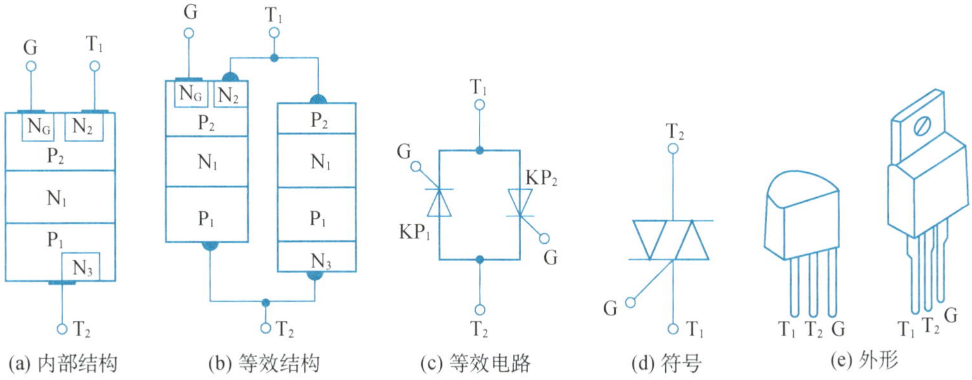

图 1-14 双向晶闸管的结构、符号及外形

为了便于说明问题，图 1-14(a)可以看成是由左右两部分组合而成的，如图 1-14(b)所示，原来的双向晶闸管就被分解成两个 P-N-P-N 型结构的普通的单向晶闸管。如果把左边从下往上看的 N_3-P_1-N_1-P_2 部分称为正向，那么右边从下往上看的部分就称为反向，它们之间正好是一正一反地并联在一起。我们把这种连接称为反向并联，从电路功能上可以把它等效成图 1-14(c)。也就是说，一个双向晶闸管在电路中的作用和两个普通的单向晶闸管反向并联起来是等效的。这也正是双向晶闸管有双向控制导通特性的根本原因。

对于两个反向并联的单向晶闸管来说，因为它们各自都有自己的控制极，所以必须通过两个控制极协调工作，才能达到控制电路的目的。而双向晶闸管却不同，它只有一个控制极，通过这唯一的控制极就能控制双向晶闸管的正常工作。显然，它的触发电路比起两个反向并联的单向晶闸管的触发电路要简单得多。这不仅给设计和制造带来很多方便，而且也使电路的可靠性得到提高，使设备的体积缩小、重量减轻，这是双向晶闸管的一个突出优点。

六、晶闸管的伏安特性

单向晶闸管的伏安特性曲线如图 1-15(a)所示。如前所述,双向晶闸管在结构上相当于两个单向晶闸管反极性并联,于是它具有两个方向都导通、关断特性,即具有两个方向对称的伏安特性。双向晶闸管的伏安特性曲线如图 1-15(b)所示。

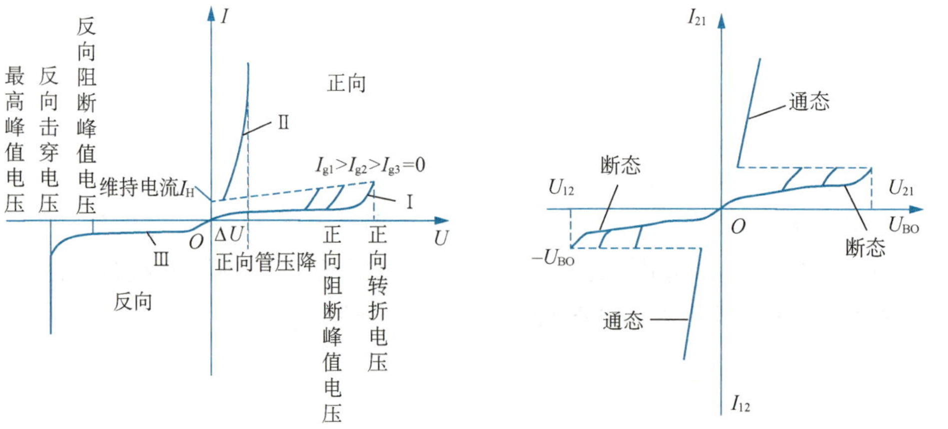

(a) 单向晶闸管的伏安特性曲线　　(b) 双向晶闸管的伏安特性曲线

图 1-15　晶闸管的伏安特性曲线

由图 1-15(b)可见,双向晶闸管的特性曲线是由一、三两个象限内的曲线组合成的。第一象限的曲线说明当加到主电极上的电压使 T_2 对 T_1 的极性为正时,称为正向电压,并用符号 U_{21} 表示。当这个电压逐渐增加到等于转折电压 U_{BO} 时,正向晶闸管正向导通,这时的通态电流为 I_{21},方向是从 T_2 流向 T_1。从图中可以看到,触发电流越大,转折电压就越低,这种情形与单向晶闸管的触发导通规律是一致的。

当加到主电极上的电压使 T_1 对 T_2 的极性为正时,称为反向电压,并用符号 U_{12} 表示。当这个电压达到转折电压值时,反向晶闸管反向导通,这时的电流为 I_{12},其方向是从 T_1 到 T_2。

上述两种情况,除了加到主电极上的电压和导通电流的方向相反外,它们的触发导通规律都是相同的。如果这两个并联连接的二极管特性完全相同,一、三象限的特性曲线就应该是对称的。通过对特性曲线的分析可以知道,对双向晶闸管来说,无所谓阳极和阴极,它的任何一个主电极对一个二极管是阳极,对另一个二极管就是阴极,反过来也一样。因此,双向晶闸管无论加到主电极上的是正向或是反向电压,它都能被触发导通。不仅如此,双向晶闸管还有一个重要的特点,不管触发信号的极性如何,即不管所加的触发信号电压 U_G 对 T_1 是正向还是反向,都能触发导通。因此,可以用交流信号作为触发信号,将双向晶闸管作为一个交流双向开关使用。

七、双向晶闸管的触发电路

双向晶闸管的触发电路通常有两类:一类是双向晶闸管用于调节电压、电流的场合,此时要求触发电路能改变双向晶闸管的导通角的大小,可采用单结晶体管(双基二极管)或双向二极管触发电路;另一类是双向晶闸管用作交流无触点开关的场合,此时双向晶闸管仅需导通和关闭,无须改变其导通角,故触发电路简单,一般只用一只限流电阻就可直接用交流信号触发。

八、晶闸管应用

目前,双向晶闸管广泛应用于交流调压、调速、调光及交流开关等电路中。此外,还被用于固态继电器和固态接触器中。

1. 电动机调速

如图 1-16(a)所示为单相电动机调速电路,电动机具有两个绕组,一端加到绕组的公共端,运行绕组经双向晶闸管 D_2 接到 220 V 交流电源的另一端,同时经 4 μF 电容器接到辅助绕组的端子上。只有电动机的主通道中 D_2 导通时,电源才能加到绕组上,电动机才能旋转。D_2 受 D_1 的控制,在半个交流周期内 D_1 输出脉冲,D_2 便可导通,改变 D_1 的导通角(相位)就可对电动机速度进行控制,如图 1-16(b)所示。

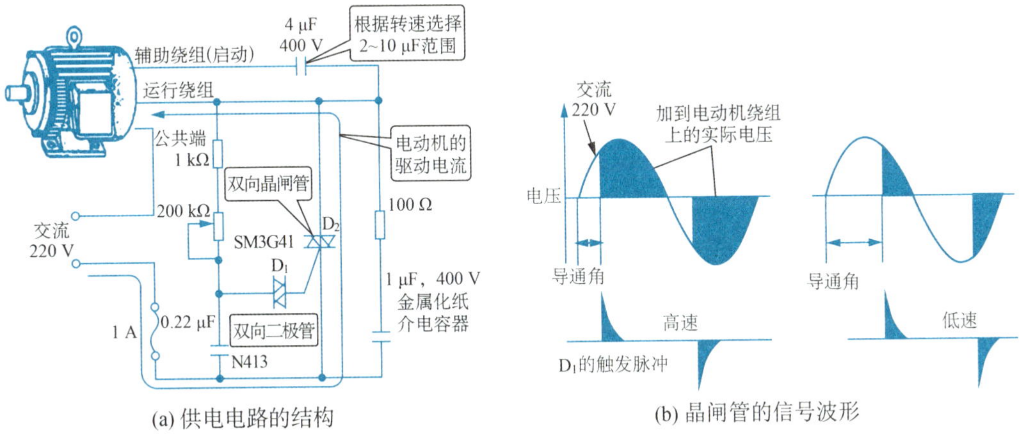

图 1-16 单相电动机的双向晶闸管调速电路

在图 1-16 中要注意要电容 0.22 μF 在充电时受 1 kΩ 和 200 kΩ 可变电阻控制,电容电压升高,当高于 400 V 时,双向二极管 D_1 导通,并加到双向晶闸管的 G 极,一个方向的双向晶闸管导通,晶闸管一旦导通,电容开始放电,晶闸管仍然保持导通。交流电反向电压时原理相同。

2. 灯光亮度调节

灯光亮度调节电路如图 1-17 所示,原理与图 1-16 相同,电容 C_1 值越小,且串联电阻 R_1 越小,控制电压上升得就越快,双向晶闸管导通时间越长,输出电压越高。

3. 精密控温

电力调整器(图 1-18)是一种以晶闸管(电力电子功率元器件)为基础,以智能数字控制电路为核心的电源功率控制电器,简称晶闸管调功器,又称可控硅调功器。通过对电压、电

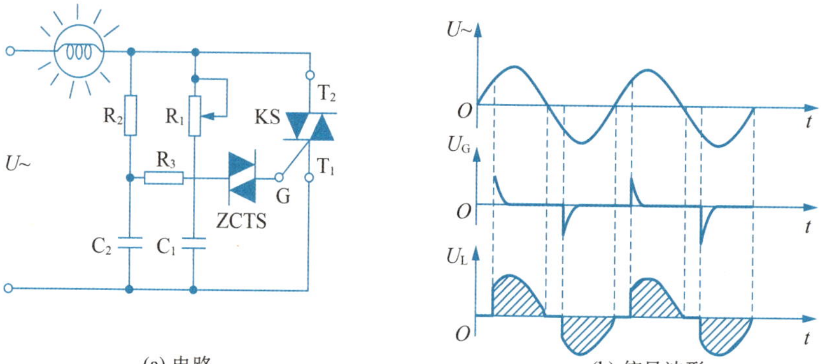

(a) 电路　　(b) 信号波形

图 1-17　灯光亮度调节电路

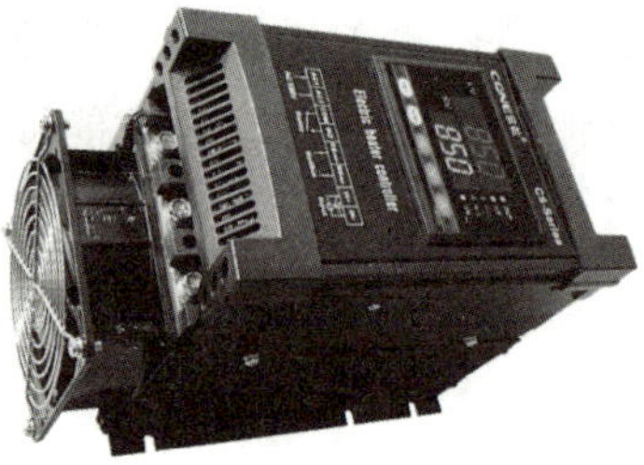

图 1-18　数显电力调整器

流和功率的精确控制，从而实现精密控温。它凭借先进的数字控制算法，优化了电能使用效率，对节约电能起到了重要作用。

三相可控硅调功调压器是运用数字电路触发可控硅实现调压和调功。调压采用移相控制方式，调功有定周期调功和变周期调功两种方式。

九、晶闸管性能

1. 测量极间电阻

将万用表置于 R×1 k 挡，如果测得 T_2-T_1，T_2-G 之间的正反向电阻接近∞，而万用表置于 R×10 挡测得 T_1-G 之间的正反向电阻在几十欧姆时，就说明双向可控硅是好的，可以使用；反之，若测得 T_2-T_1、T_2-G 之间的正反向电阻较小或等于零，而 T_1-G 之间的正反向电阻很小或接近于零时，说明双向可控硅的性能变坏或已被击穿损坏，不能使用；如果测得 T_1-G 之间的正反向电阻很大(接近∞)时，说明控制极 G 与主电极 T_1 之间内部接触不良或开路损坏，也不能使用。

2. 检查触发导通能力

如图 1-19(a)所示，用黑表笔接主电极 T_2，红表笔接 T_1，即给 T_2 加正向电压，再用短路线将 G 与 T_1(或 T_2)瞬间短接，如果表头指针发生了较大偏转并停留在一固定位置，说明双向晶闸管中的一部分(其中一个单向晶闸管)是好的。如图 1-19(b)所示，改黑表笔接主电极 T_1，红表笔接 T_2，即给 T_1 加正向电压，再用短路线将 G 与 T_1(或 T_2)瞬间短接，如果结果同上，也证明双向晶闸管中的另一部分(其中的一个单向晶闸管)是好的。测试到此说明双向可控硅整个都是好的，即在两个方向(在不同极性的触发电压)均能触发导通。

如图 1-20(a)所示，取一只 10 μF 左右的电解电容器，将万用表置于 R×10 k 挡，对电解电容器充电 3～5 s 后用来代替图 1-19 中的短路线，即利用电容器上所充的电压作为触发信号，然后再将万用表置于 R×10 挡，按照图 1-20(b)连接好后进行测试。测试时，电容

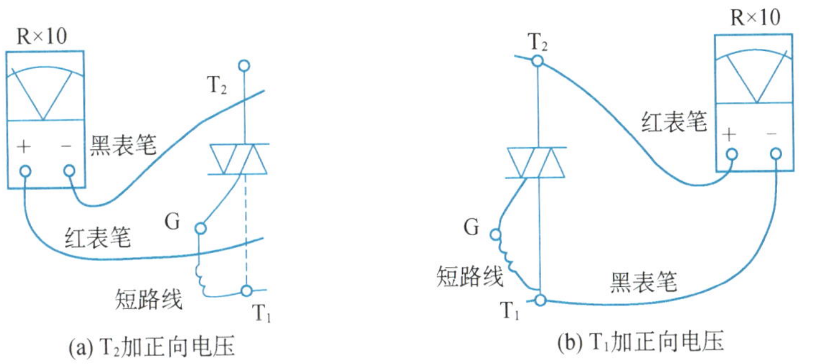

图 1-19 判断双向晶闸管的触发导通能力 1

C 的极性可任意连接，瞬间碰触，观察表头指针偏转情况，如果图 1-20(b)的正、反向测试结果指针都正常偏转，就证明双向晶闸管是好的。

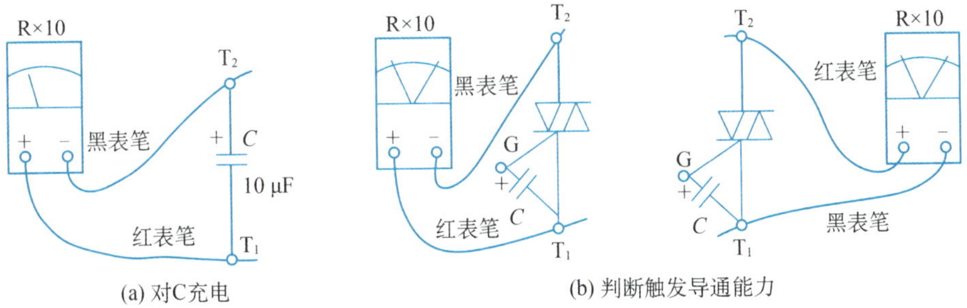

图 1-20 判断双向晶闸管的触发导通能力 2

任务四 电力晶体管认知

一、电力晶体管作用

电力晶体管是一种电流控制电流的大功率、高反压电力电子元器件，具有自关断能力，产生于 20 世纪 70 年代，其额定值有 1 800 V/800 A/2 kHz、1 400 V/600 A/5 kHz、600 V/3 A/100 kHz 三种。它既具备晶体管饱和压降低、开关时间短和安全工作区宽等固有特性，又增大了功率容量，因此，由它所组成的电路灵活、成熟、开关损耗小、开关时间短，在电源、电机控制、通用逆变器等中等容量、中等频率的电路中应用广泛。缺点是驱动电流较大、耐浪涌电流能力差、易受二次击穿而损坏。电力晶体管正逐步被电力场效应晶体管和绝缘栅双极晶体管所代替。

二、电力晶体管结构

电力晶体管的英文全称为 Giant Transistor，简称 GTR，TR 是 Transistor 的首字母和尾字母，它是一种双极结型晶体管。

电力晶体管结构、外形和等效电路如图 1-21 所示。

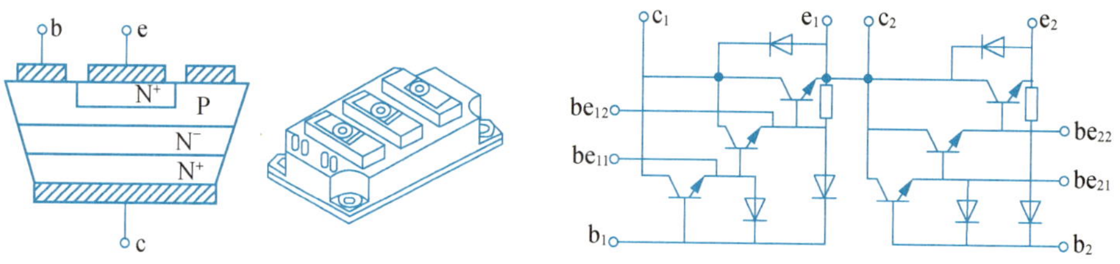

(a) GTR结构示意图　(b) GTR模块的外形　(c) GTR模块的等效电路

图 1-21　电力晶体管的结构、外形和等效电路

三、电力晶体管原理

电力晶体管（图 1-22）有集电极（C）、基极（B）和发射极（E）三个电极。基极（B）和发射极（E）之间超过开启电压后形成一个小电流，则在集电极（C）和发射极（E）间有大电流流过，由于输入的是小电流，输出是大电流，因此其是用电流来放大电流的元器件，电流的放大倍数用 β 表示。

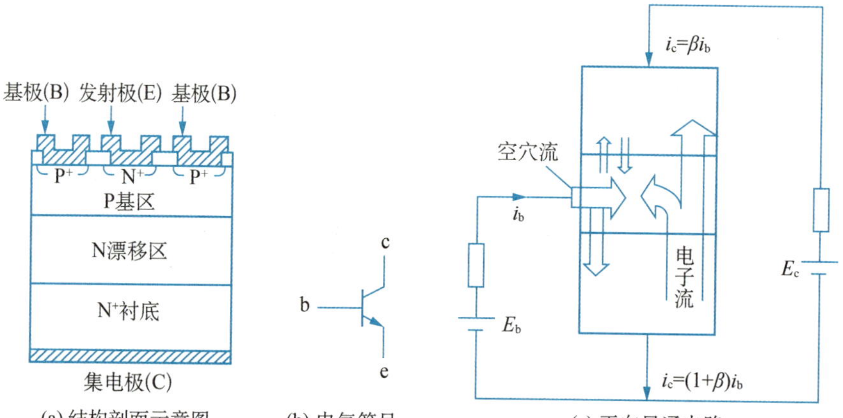

(a) 结构剖面示意图　(b) 电气符号　(c) 正向导通电路

图 1-22　电力晶体管内部结构、电气符号和基本原理

【特别说明】电力晶体管和电工电子学相关书籍中的三极管的工作原理相同，其优点是输出耐高压、大电流，但输入驱动电路复杂，输入电流较大。

四、电力晶体管模块化

电力晶体管模块化符号，如图 1-23 所示，其中图 1-23(c) 四单元模块可实现单相全桥逆变，图 1-23(d) 六单元模块可实现三相全桥逆变。

如图 1-24 所示为二单元电力晶体管模块实物，可见其外部端子较多。

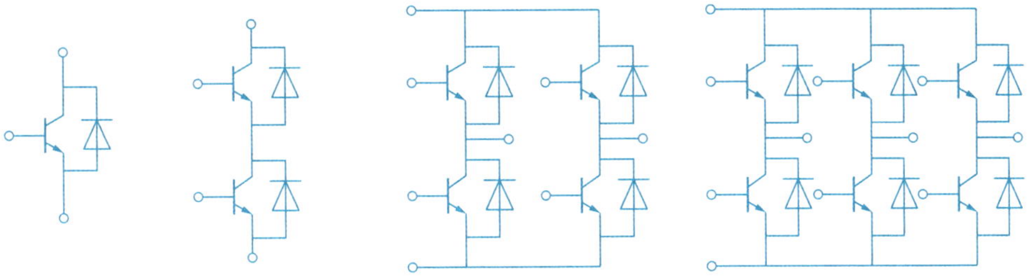

(a) 一单元模块　(b) 二单元模块　(c) 四单元模块　(d) 六单元模块

图 1-23　电力晶体管模块化符号

图 1-24　二单元电力晶体管模块实物

微课视频——电力晶体管模块化

图 1-25 为二单元电力晶体管模块的内部电路，三级放大结构在外部看来相当于一个大功率管，其本质是图 1-23 的二单元模块。

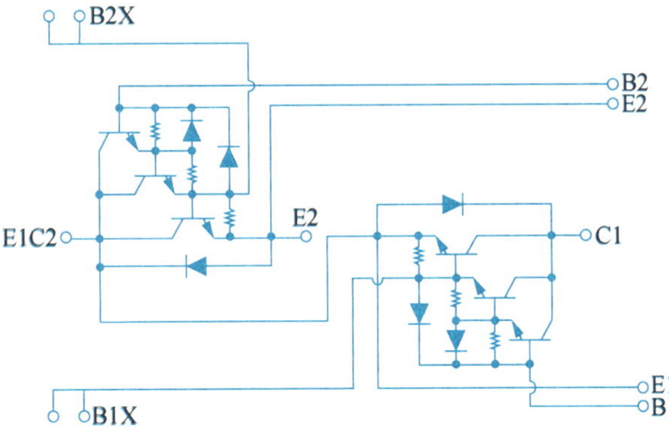

图 1-25　二单元电力晶体管模块的内部电路

任务五　电力场效应晶体管逆变、同步整流与测量诊断

一、电力场效应晶体管分类

电力场效应晶体管分为结型和绝缘栅型，通常绝缘栅型为电力金属氧化物半导体绝缘栅型场效应晶体管。

电力场效应晶体管按导电沟道不同还可分为N沟道型和P沟道型，每种再细分为增强型和耗尽型。增强型是对于N(P)沟道元器件，栅极电压大于(小于)零时才存在导电沟道，耗尽型是当栅极电压为零时漏源极之间就存在导电沟道。绝缘栅型电力场效应晶体管主要是N沟道增强型。

二、电力场效应管晶体结构

电力场效应晶体管内部结构、电气符号如图1-26所示，电力场效应晶体管有漏极(D)、栅极(G)和源极(S)三个电极。

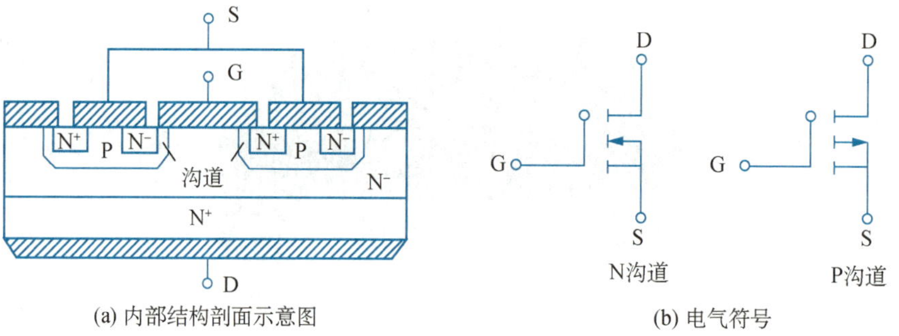

图1-26　电力场效应晶体管的内部结构、电气符号

电力场效应晶体管符号中，箭头向内为N沟道，向外为P沟道，三条不连通的竖线表示栅极电压大于零后才存在导电沟道，即事先不导通，三竖和栅极间的空隙为二氧化硅绝缘层。将增强型符号的三条竖线连在一起就成为了耗尽型，即栅极电压为零时仍存在导电沟道，或称事先导通。

三、电力场效应晶体管原理

电力场效应晶体管原理与相关电工电子学书中的场效应管相同。以N沟道的电力场效应管为例，在电力场效应晶体管的漏极(D)接工作电路电源正极，源极(S)接工作电路电源负极时，工作情况如下。

栅极(G)和源极(S)之间无驱动电压或低于开启电压时沟道不导电，电力场效应晶体管的漏极(D)和源极(S)处于截止(不导通)状态。

栅极(G)和源极(S)之间电压大于或等于电力场效应管的开启电压时沟道导电，电力场效应晶体管的漏极(D)和源极(S)处于导通状态，开启电压越大，导电能力越强，漏极电流越大。一旦导电沟形成，即使栅极(G)和源极(S)之间电压降低至电力场效应管的开启电压以下或为零电压(取消驱动电压)，导电沟仍不会消失，电力场效应晶体管的漏极(D)和源极(S)仍处于导通状态。

电力场效应晶体管的放大能力用输出电流比输入电压表示，量纲为电阻的倒数，称为跨导，单位是S(西门子)。

栅极（G）和源极（S）之间加负电压时导电沟道消失，电力场效应晶体管的漏极（D）和源极（S）处于截止状态，且负电压越大，导电沟道消失得越快，电力场效应晶体管截止。

四、电力场效应晶体管保护措施

电力场效应晶体管的绝缘层易被击穿是它的致命弱点，栅源电压一般不超过 ± 20 V，因此，在应用时必须采用相应的保护措施，通常有以下四种。

1. 防静电击穿

电力场效应晶体管最大的优点是有极高的输入阻抗，因此在静电较强的场合易被静电击穿，为此，储存时应放在具有屏蔽性能的容器中，取用时工作人员要通过腕带良好接地；在元器件接入电路时，工作台和烙铁必须良好接地，且烙铁断电焊接；测试元器件时，仪器和工作台都必须良好接地。

2. 防偶然性振荡损坏

当输入电路某些参数不合适时，可能引起振荡而造成元器件损坏，为此，可在栅极输入电路中串入电阻。

3. 防栅极过电压

可在栅源之间并联电阻或约 20 V 的稳压二极管，用于防栅极过电压。

4. 防漏极过电流

由于过载或短路都会引起过大的电流冲击，此时必须采用快速保护电路使元器件迅速断开主回路，防漏极过电流。

五、电力场效应晶体管的同步整流电路

1. 同步整流技术应用

如果整流电路的交流电源频率不高，如公用电网频率为 50 Hz，那么一般采用普通整流功率二极管就可以满足要求。但对于传导式充电系统中的高频变压器输出侧或者无线充电系统中耦合线圈输出侧的整流电路，则需要考虑二极管反向恢复特性对电路高频工作过程的影响，同时还要考虑正向导通压降对整流电路效率的影响。一般来说，当交流电源频率为几十千赫兹甚至上百千赫兹时，整流电路可采用肖特基二极管（SBD）或考虑采用同步整流技术。采用同步整流技术的整流电路称同步整流电路或同步整流器电路。

同步整流是指用通态损耗较低的电力场效应晶体管取代电力二极管用于整流电路中，起到整流的作用，其目的是减少整流过程产生的损耗。与整流功率二极管相比较，电力场效应晶体管具有正向压降小、反向阻断电压高、反向电流小等优点；但是，电力场效应晶体管无法像整流功率二极管一样进行自然换流，需要驱动电路才能正常工作。

2. 同步整流的基本原理

如图 1-27 所示为半波整流电路，其中图 1-27（a）使用的是整流功率二极管 D，在输入交流电源电压 u_i 为正半周时，D 导通；u_i 为负半周时，D 截止。图 1-27（a）同时给出了负

载电压 u_o 的波形。当图 1-27(a)中整流功率二极管 D 用电力场效应晶体管 V 代替时，电路如图 1-27(b)所示。如图 1-27(b)所示电路中，若始终不施加栅极驱动信号，则 V 不导通，此时在电源电压 u_i 正半周，电流流经电力场效应晶体管的寄生体二极管 VD。如图 1-27(b)和图 1-27(a)所示电路没有区别，都是由二极管完成整流。若在电源电压 u_i 正半周对 V 施加栅极驱动信号，则 V 反向导通，电流从源极流入，漏极流出；在电源电压 u_o 负半周期间，不对 V 施加栅极驱动信号，V 截止，其寄生体二极管 VD 因承受反向电压而截止，无电流流过 V。这样，V 就取代了图 1-27(a)中的 D，实现了整流功能。虽然通过电力场效应晶体管反接可以起到整流作用，但要求电力场效应晶体管的驱动信号必须和交流输入电压 u_i“同步”变化，这就是“同步整流”的含义。

微课视频——二极管整流与同步整流

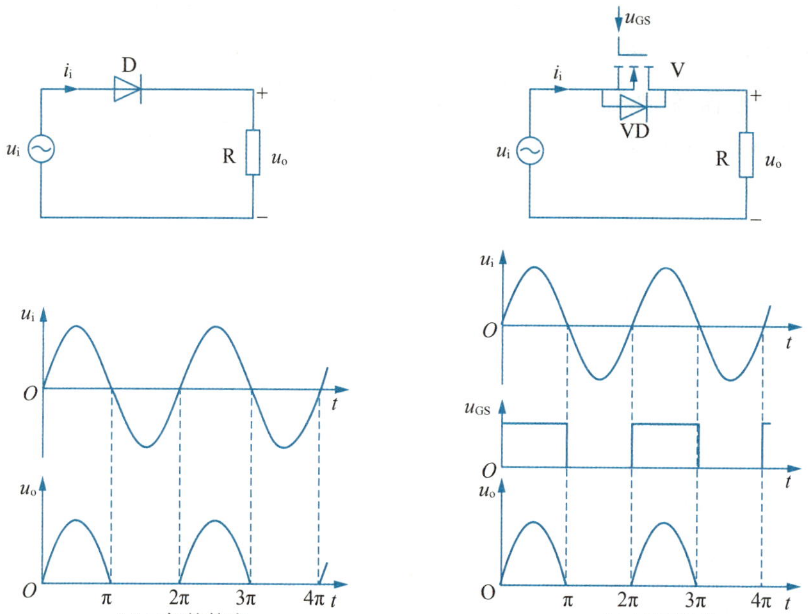

(a) 二极管整流　　(b) 同步整流

图 1-27　二极管整流与同步整流

需要指出的是：在通常情况下，电力场效应晶体管的寄生体二极管 VD 的正向导通压降会比一些整流功率二极管（如肖特基二极管）大，反向恢复时间也长，因此，一旦电流流过电力场效应晶体管的寄生体二极管 VD 而不是电力场效应晶体管的导电沟道，整流损耗将明显增加。

3. 同步整流的驱动方式

由于同步整流对电力场效应晶体管的栅极驱动信号提出了严格的时序要求，因此驱动电路的设计是同步整流电路正常工作和具有良好性能的关键。

如图 1-28 所示为传导式充电系统中全桥逆变经高频变压器后的同步整流电路，两个电力场效应晶体管通过检测变压器二次侧电压实现驱动，这种驱动方式称为自驱动方式。自驱动方式具有时序准确、可靠性高的特点。

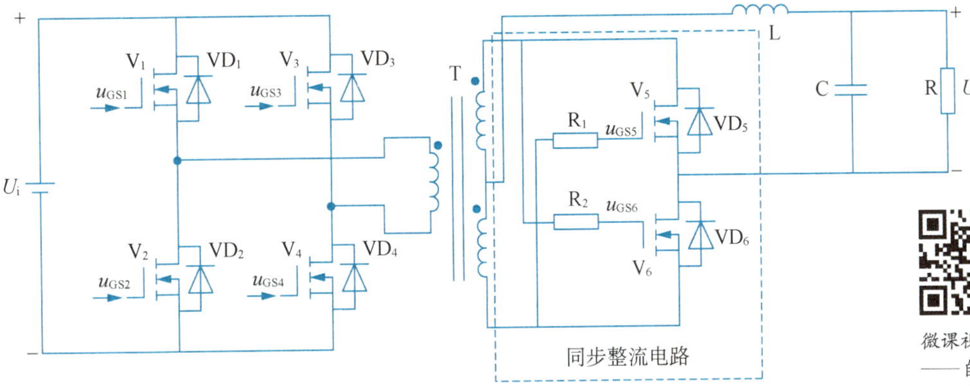

图 1-28 自驱动的同步整流电路

微课视频
——自驱动
的同步整流

在充电系统中，构成整个系统的环节以及使用的电力电子元器件较多，为保证各电能转换环节中各元器件可靠、准确地工作，通常对整个系统采用以数字信号处理器（DSP）或微控制器（MCU）为核心的数字化控制方式。在这种情况下，同步整流电路中的电力场效应晶体管的驱动信号就来自 DSP 或 MCU，这种驱动方式称为外驱动。外驱动要求驱动信号产生电路（各类数字电路或模拟电路）的运算或信号处理快速、准确，以保证驱动信号具有较好的实时性。

仍以图 1-28 所示电路为例，可以得到 6 个电力电子元器件 $V_1 \sim V_6$ 的控制时序如图 1-29 所示。当 V_1 和 V_4 导通、V_2 和 V_3 关断时，V_6 应导通；当 V_2 和 V_3 导通、V_1 和 V_4 关断时，V_5 应导通；当 $V_1 \sim V_4$ 都关断时，V_5 和 V_6 都导通、续流。根据图中控制时序，数字化控制电路可以同时给出元器件 $V_1 \sim V_6$ 的驱动信号，从而使同步整流电路中 V_5 和 V_6 做到“同步”驱动。

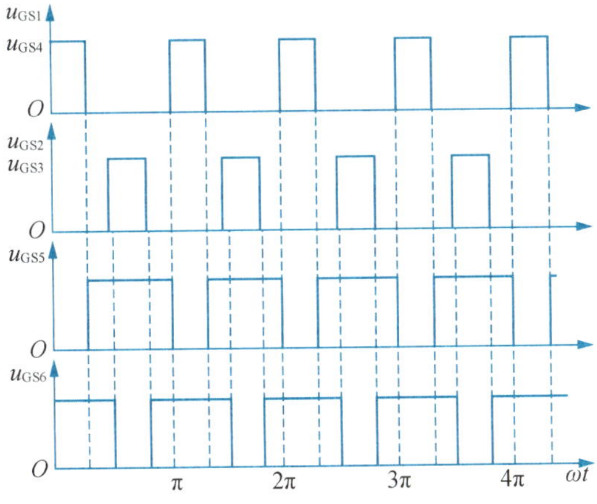

图 1-29 全桥逆变同步整流电路的控制时序

六、电力场效应晶体管的测量诊断

1. 用指针式万用表对电力场效应晶体管进行判别

(1) 用测电阻法判别结型场效应晶体管的电极

根据电力场效应管的PN结正、反向电阻值不一样的现象，可以判别出结型场效应晶体管的三个电极。具体方法：将万用表置于R×1 k挡上，任选两个电极，分别测出其正、反向电阻值。当某两个电极的正、反向电阻值相等，且为几千欧姆时，则该两个电极分别是漏极(D)和源极(S)。因为对结型场效应晶体管而言，漏极(D)和源极(S)可互换，剩下的电极肯定是栅极(G)。也可以将万用表的黑表笔(或红表笔)任意接触一个电极，另一只表笔依次去接触其余的两个电极，测量其电阻值。当出现两次测得的电阻值近似相等时，则黑表笔所接触的电极为栅极(G)，其余两电极分别为漏极(D)和源极(S)。若两次测出的电阻值均很大，说明是反向PN结，即都是反向电阻，可以判定其是N沟道场效应晶体管，且黑表笔接的是栅极(G)；若两次测出的电阻值均很小，说明是正向PN结，即是正向电阻，判定其为P沟道场效应管，黑表笔接的也是栅极(G)。若不出现上述情况，可以调换黑、红表笔按上述方法再进行测试，直到判别出栅极(G)为止。

(2) 用测电阻法判别电力场效应晶体管的好坏

测电阻法是用万用表测量电力场效应晶体管的源极(S)与漏极(D)、栅极(G)与源极(S)、栅极(G)与漏极(D)、栅极 G_1 与栅极 G_2 之间的电阻值同电力场效应管手册标明的电阻值是否相符，从而判别管的好坏的方法。具体方法：首先将万用表置于R×10或R×100挡，测量源极(S)与漏极(D)之间的电阻，通常在几十欧到几千欧范围(在手册中可知，各种不同型号的管，其电阻值是各不相同的)，如果测得阻值大于正常值，可能是由于内部接触不良；如果测得阻值是无穷大，可能是内部断极。然后把万用表置于R×10 k挡，再测栅极 G_1 与 G_2 之间、栅极(G)与源极(S)、栅极(G)与漏极(D)之间的电阻值，当测得其各项电阻值均为无穷大时，则说明电力场效应晶体管是正常的；若测得上述各阻值太小或为通路，则说明电力场效应晶体管是坏的。要注意，若两个栅极在管内断极，可用元器件代换法进行检测。

(3) 用感应信号输入法估测电力场效应晶体管的放大能力

具体方法：将万用表置于电阻的R×100挡，红表笔接源极(S)，黑表笔接漏极(D)，给电力场效应晶体管加上1.5 V的电源电压，此时表针指示漏源极间的电阻值，然后用手捏住结型场效应晶体管的栅极(G)，将人体的感应电压信号加到栅极上。这样，由于电力场效应晶体管的放大作用，漏源电压 V_{DS} 和漏极电流 I_b 都要发生变化，也就是漏源极间电阻发生了变化，由此可以观察到表针有较大幅度的摆动。如果手捏栅极表针摆动幅度较小，说明电力场效应晶体管的放大能力较差；表针摆动幅度较大，表明电力场效应晶体管的放大能力大；若表针不动，说明电力场效应晶体管是坏的。

根据上述方法，我们用万用表的R×100挡，测结型场效应晶体管3DJ2F。先将管的栅极(G)开路，测得漏源电阻 R_{DS} 为600 Ω，用手捏住栅极(G)后，表针向左摆动，指示的电阻 R_{DS} 为12 kΩ，表针摆动的幅度较大，说明该电力场效应晶体管是好的，并有较大的放大能力。

运用这种方法时要注意三点：首先，在测试电力场效应晶体管用手捏住栅极(G)时，万用表针可能向右摆动(电阻值减小)，也可能向左摆动(电阻值增加)，这是由于人体感应的交流电压较高，而不同的电力场效应晶体管用电阻挡测量时的工作点可能不同(或者工作在饱和区或者在不饱和区)所致。试验表明，多数管的 R_{DS} 增大，即表针向左摆动；少数管的 R_{DS} 减小，使表针向右摆动。但无论表针摆动方向如何，只要表针摆动幅度较大，就说明电力场效应晶体管有较大的放大能力。其次，此方法对场效应晶体管也适用。但要注意，场效应晶体管的输入电阻高，栅极(G)允许的感应电压不应过高，所以不要直接用手去捏栅极，必须手握螺丝刀的绝缘柄，用金属杆去碰触栅极(G)，以防止人体感应电荷直接加到栅极(G)，引起栅极(G)击穿。最后，每次测量完毕，应当栅源极间短路。这是因为栅源结电容上会充有少量电荷，存在电压 V_{GS}，造成再进行测量时表针可能不摆动，只有将栅源极间电荷短路放掉才可以再次测量。

(4) 用测电阻法判别无标志的场效应晶体管

首先用测量电阻的方法找出两个有电阻值的管脚，也就是源极(S)和漏极(D)，余下两个脚为第一栅极(G_1)和第二栅极(G_2)。先把用两表笔测得的源极(S)与漏极(D)之间的电阻值记下来，对调表笔再测量一次，把其测得电阻值记下来，两次测得阻值较大的一次中黑表笔所接的电极为漏极(D)，红表笔所接的为源极(S)。用这种方法判别出来的源极(S)和漏极(D)，还可以用估测其管的放大能力的方法进行验证，即放大能力大的黑表笔所接的是漏极(D)，红表笔所接的是源极(S)，两种方法检测结果应一致。当确定了漏极(D)、源极(S)的位置后，按 D、S 的对应位置装入电路，一般 G_1、G_2 也会依次对准位置，这就确定了两个栅极 G_1、G_2 的位置，从而就确定了 D、S、G_1、G_2 管脚的顺序。

(5) 用测反向电阻值的变化判断跨导的大小

在测量 N 沟道增强型场效应晶体管跨导性能时，可用红表笔接源极(S)、黑表笔接漏极(D)，这就相当于在源漏极之间加了一个反向电压，此时栅极(G)是开路的，VMOS 的反向电阻值是很不稳定的。将万用表的欧姆挡置于 R×10 k 的高阻挡，此时表内电压较高。当用手接触栅极(G)时，会发现 VMOS 的反向电阻值有明显的变化，其变化越大，说明 VMOS 的跨导值越高；如果被测 VMOS 的跨导很小，用此法测时，反向阻值变化不大。

2. 电力场效应晶体管的使用注意事项

为了安全使用电力场效应晶体管，线路的设计值不能超过其耗散功率、最大漏源电压、最大栅源电压和最大电流等参数的极限值。

各类型电力场效应晶体管在使用时，都要严格按要求的偏置接入电路中，要遵守场效应晶体管偏置的极性。如结型场效应晶体管的栅源漏之间是 PN 结，N 沟道管栅极不能加正偏压；P 沟道管栅极不能加负偏压，等等。

电力场效应晶体管由于输入阻抗极高，所以在运输、贮藏中必须将引出脚短路，要用金属屏蔽包装，以防止外来感应电势将栅极击穿。尤其要注意，不能将电力场效应晶体管放入塑料盒子内，保存时最好放在金属盒内，同时也要注意防潮。

为了防止电力场效应晶体管栅极感应击穿，要求一切测试仪器、工作台、电烙铁、线路本身都必须有良好的接地；管脚在焊接时，先焊源极；在连入电路之前，电力场效应晶体管的全部引线端保持互相短接状态，焊接完成后才能把短接材料去掉；从元器件架上取下电力场效应晶体管时，应以适当的方式确保人体接地，如采用接地环等；在未关断电源时，绝对不可以把电力场效应晶体管插入电路或从电路中拔出。以上安全措施在使用电力场效应晶体管时必须注意。

在安装电力场效应晶体管时，注意安装的位置要尽量避免靠近发热元器件；为了防止管件振动，有必要将管壳体紧固起来；管脚引线在弯曲时，应在大于根部尺寸 5 mm 处进行，以防止弯断管脚等。

对于功率场效应晶体管，要具备良好的散热条件。功率场效应晶体管在高负荷条件下应用，必须设计足够的散热器，确保壳体温度不超过额定值，使元器件长期稳定可靠地工作。

总之，确保电力场效应晶体管安全使用，要注意的事项是多种多样的，采取的安全措施也是各种各样的。广大的专业技术人员，特别是广大的电子爱好者，都要从自己的实际情况出发，采取切实可行的办法，安全有效地用好电力场效应晶体管。

七、功率场效应管——VMOS 场效应管

1. VMOS 场效应管简介

VMOS 场效应管（VMOSFET），简称 VMOS 管或功率场效应管，其全称为 V 形槽 MOS 场效应管。它是继 MOSFET 之后新发展起来的高效、功率开关元器件。它不仅继承了 MOS 场效应管输入阻抗高（≥108 W）、驱动电流小（0.1 μA 左右），还具有耐压高（最高 1 200 V）、工作电流大（1.5～100 A）、输出功率高（1～250 W）、跨导线性好、开关速度快等优良特性。正是由于它将电子管与功率晶体管之优点集于一身，因此在电压放大器（电压放大倍数可达数千倍）、功率放大器、开关电源和逆变器中获得广泛应用。VMOS 场效应管具有极高的输入阻抗及较大的线性放大区等优点，尤其是其具有负的电流温度系数，即在栅源电压不变的情况下，导通电流会随管温升高而减小，故不存在由于“二次击穿”现象所引起的管子损坏现象。因此，VMOS 场效应管的并联得到广泛应用。

传统的场效应晶体管的栅极（G）、源极（S）和漏极（D）大致处于同一水平面的芯片上，其工作电流基本上是沿水平方向流动。VMOS 场效应管则不同，其具有两大结构特点：第一，金属栅极（G）采用 V 形槽结构；第二，具有垂直导电性。由于漏极（D）是从芯片的背面引出的，所以 I_D 不是沿芯片水平流动，而是自重掺杂 N^+ 区（源极）出发，经过 P 沟道流入轻掺杂 N^- 漂移区，最后垂直向下到达漏极（D）。因为流通截面积增大，所以能通过大电流。由于在栅极（G）与芯片之间有二氧化硅绝缘层，因此它仍属于绝缘栅场效应晶体管。

2. VMOS 管的检测方法

（1）判定栅极（G）

将万用表置于 R×1 k 挡分别测量三个管脚之间的电阻。若发现某脚与其中两脚的电阻均呈无穷大，并且交换表笔后仍为无穷大，则证明此管脚为栅极（G），因为它和另外两个

管脚是绝缘的。

(2) 判定源极(S)、漏极(D)

在源漏极之间有一个 PN 结,因此根据 PN 结正、反向电阻存在的差异,可识别源极(S)与漏极(D)。用交换表笔法测两次电阻,其中电阻值较低(一般为几千欧至十几千欧)的一次为正向电阻,此时黑表笔接的是源极(S),红表笔接的是漏极(D)。

(3) 测量漏源通态电阻 R_{DS}(on)

将栅源极短路,选择万用表的 R×1 挡,黑表笔接源极(S),红表笔接漏极(D),阻值应为几欧至十几欧。

由于测试条件不同,测出的 R_{DS}(on)值比手册中给出的典型值要高一些。例如用 500 型万用表 R×1 挡实测一个 IRFPC50 型 VMOS 管,R_{DS}(on) = 3.2 W,大于 0.58 W(典型值)。

(4) 检查跨导

将万用表置于 R×1 k(或 R×100)挡,红表笔接源极(S),黑表笔接漏极(D),手持螺丝刀去碰触栅极(G),表针应有明显偏转,偏转幅度愈大,VMOS 场效应管的跨导愈高。

3. 注意事项

(1) VMOS 管亦分 N 沟道管与 P 沟道管,但绝大多数产品属于 N 沟道管。对于 P 沟道管,测量时应交换表笔的位置。

(2) 有少数 VMOS 管在栅源极之间并联有保护二极管,本检测方法中的(1)、(2)项不再适用。

(3) 目前市场上还有一种 VMOS 管功率模块,专供交流电机调速器、逆变器使用。例如美国 IR 公司生产的 IRFT001 型模块,内部有 N 沟道管、P 沟道管各三个,构成三相桥式结构。

(4) 现在市售 VNF 系列(N 沟道)产品,是美国 Supertex 公司生产的超高频功率场效应管,其最高工作频率 f_p = 120 MHz,I_{DSM} = 1 A,P_{DM} = 30 W,共源小信号低频跨导 g_m = 2 000 μS,适用于高速开关电路和广播、通信设备中。

(5) 使用 VMOS 管时必须加合适的散热器。以 VNF306 为例,该管只有加装 140 mm×140 mm×4 mm 的散热器后,最大功率才能达到 30 W。

(6) 多管并联后,由于极间电容和分布电容相应增加,使放大器的高频特性变坏,通过反馈容易引起放大器的高频寄生振荡。为此,并联复合管一般不超过 4 只,而且在每管基极(B)或栅极(G)上串接防寄生振荡电阻。

任务六　绝缘栅双极晶体管认知与诊断

一、绝缘栅双极晶体管(IGBT)简介

绝缘栅双极晶体管是由场效应晶体管和双极型晶体管复合而成的一种元器件,其输入

极为场效应晶体管，输出极为 PNP 晶体管。它融合了这两种元器件的优点，既具有场效应晶体管元器件驱动功率小和开关速度快的优点，又具有双极型元器件饱和压降低而容量大的优点，其频率特性介于场效应晶体管与功率晶体管之间，可正常工作于几十千赫兹频率范围内，在现代电力电子技术中得到了越来越广泛的应用，在较高频率的大、中功率应用中占据了主导地位。

二、绝缘栅双极晶体管(IGBT)结构

IGBT 的是电力晶体管(GTR)和电力场效应晶体管(P-MOSFET)结构的复合而成，IGBT 结构如图 1-30 所示。电力晶体管(GTR)由 N^+、P、N^-、N^+ 四层半导体组成，无二氧化硅绝缘层；电力场效应晶体管(P-MOSFET)由 N^+、P、N^-、N^+ 四层半导体组成，但有二氧化硅绝缘层；绝缘栅双极晶体管(IGBT)由 N^+、P、N^-、N^+、P^+ 五层半导体组成，有二氧化硅绝缘层。

微课视频——绝缘栅双极晶体管(IGBT)

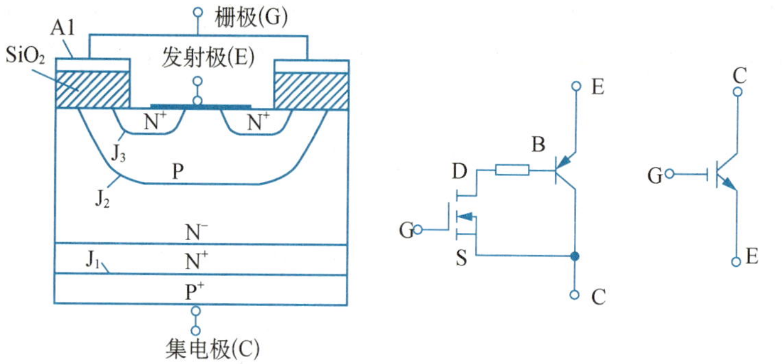

(a) 内部结构　(b) 等效电路　(c) 电气符号

图 1-30　绝缘栅双极晶体管(IGBT)内部结构、等效电路和最终的电气符号

【注】关于 IGBT 的集成和最终符号的关系：一是要进行电力场效应晶体管和电力晶体管集成的要用 PNP 型，带箭头端为总电流，总电流在发射极(E)中有一部分经流向基极(B)时就会有大电流流经集电极(C)。二是为了将电力场效应晶体管和 PNP 型电力晶体管集成后要用一个简化符号表示，需要将发射极(E)标为 C，集电极(C)标为 E，这样标示是为了方便使用者能像普通三极管或电力场效应晶体管一样直接应用，而不用考虑内部结构。另外，后文讲解本元器件原理时要参见图 1-30(b)，不要直接用图 1-30(c)。

IGBT 的常见结构包括穿通型(Punch-Through，PT)，非穿通型(NPT)和薄晶圆穿通型[又称为场截止型(FS)]三种。

1. PT IGBT

自从 IGBT 问世以来，穿通型一直使用 PT 结构。集电极侧的 P 层很厚，低电流区的正向电压很高。

2. NPT IGBT

继 PT IGBT 之后出现了 NPT IGBT，如图 1-31 所示。NPT IGBT 具有很强的耐久

性，可用于硬开关和其他逆变器。

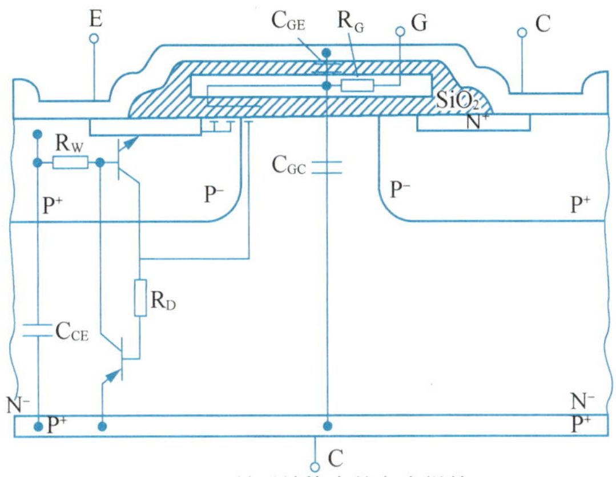

(a) 单元结构内的寄生组件

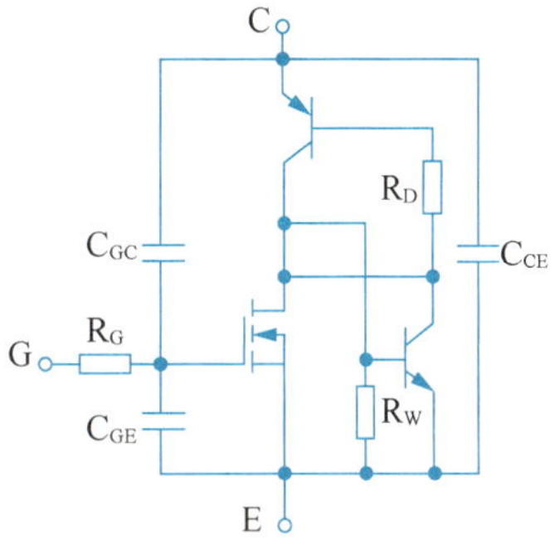

(b) 带有寄生组件的等效电路

图 1-31 NPT IGBT 的主要寄生组件和等效电路

3. FS IGBT

FS IGBT 是最新的 IGBT 结构之一，使用薄晶圆技术来改善正向电压降和开关速度之间的平衡性，凭借其低损耗的特点，被广泛使用。

逆导 IGBT（Reverse Conducting IGBT，RC-IGBT）使用最新的薄晶圆技术，并集成了一个快速恢复二极管（(Fast Recovery Diode，FRD)。RC-IGBT 可用于电压谐振和其他应用。

三、绝缘栅双极晶体管（IGBT）工作原理

IGBT 是通过栅极驱动电压来控制的开关晶体管，工作原理同电力场效应晶体管（P-MOSFET）和电力晶体管（GTR）相似。因此，它具有输入栅极（G）和发射极（E）之间驱动功率很小，开关速度快，输出集电极（C）和发射极（E）之间饱和压降低，工作电流大的优点。

由图 1-30(c)可知 IGBT 有 C、G、E 三个极，工作原理是在 IGBT 的 GE 间施加一个电压，则在 CE 间有大电流流过，是电压放大电流的元器件。

1. 不导通

当栅极（G）和内部源极（S）之间无驱动电压或低于开启电压时，电力晶体管的发射极（E）和集电极（C）处于不导通状态。

2. 导通

当电力场效应晶体管栅极（G）和内部发射极（E）之间电压大于或等于本身的开启电压时，在大功率 PNP 三极管内，电流经内部发射极（E）流向基极（B），流经内部漏极（D）和源极（S）间形成导电沟道到达外部集电极（C）。由于在大功率 PNP 管中有电流经发射极（E）流向内部基极（B），在内部发射极（E）和内部集电极（C）就有相应放大倍数电流形成，且栅极（G）与内部源极（S）间开启电压越大，内部发射极（E）和集电极（C）间电流越大。

3. 保持

一旦导电沟形成，即使电力场效应晶体管栅极(G)和源极(S)之间电压降低至开启电压以下或为零电压(取消驱动电压)，导电沟仍不会消失，电力场效应晶体管的发射极(E)和集电极(C)仍处于导通状态。

4. 截止

当栅极(G)和内部源极(S)之间加负电压时，导电沟道消失，电力场效应晶体管发射极(E)和集电极(C)处于截止状态，且负电压越大，导电沟道消失得越快。

【技师指导】电力场效应晶体管开启电压的大小问题。

不同电力场效应晶体管的开启电压是不同的，低的为 2～5 V，高的为 5～10 V，具体开启电压需要查询相应型号电力场效应晶体管手册。

四、绝缘栅双极晶体管(IGBT)模块化类型

IGBT 模块的内部电路与 IGBT 单管及分立元器件构成的电路形式略有不同。

1. 单管模块(1 in 1 模块)

单管模块的内部由若干 IGBT 并联，以达到所需要的电流规格，可以视为大电流规格的 IGBT 单管。受机械强度和热阻的限制，IGBT 的管芯面积不能做得太大，大电流规格的 IGBT 需要将多个管芯装配到一块金属基板上。单管模块外部标签上的等效电路如图 1-32 所示，副发射极(第二发射极)连接到栅极(G)驱动电路，主发射极连接到主电路中。

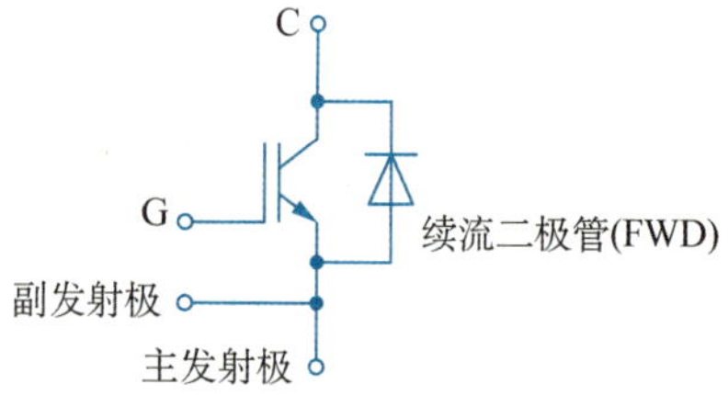

图 1-32 单管模块的内部等效电路

多个管芯并联时，栅极(G)已经加入栅极电阻，实际的等效电路如图 1-33 所示。不同制造商的模块，栅极电阻的阻值也不相同；不过，同一个模块内部的栅极电阻，其阻值是相同的。

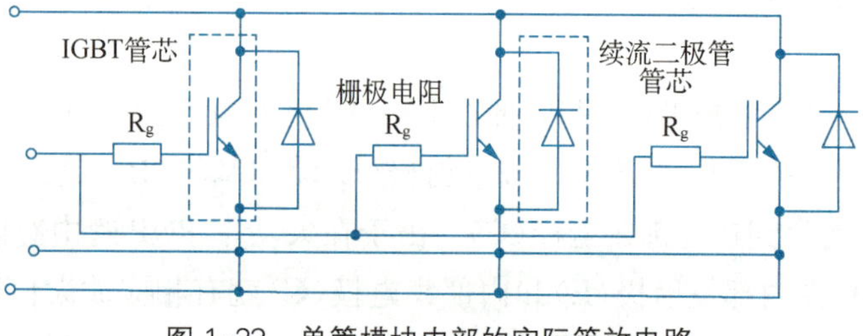

图 1-33 单管模块内部的实际等效电路

IGBT 单管模块通常称为 1 in 1 模块，前面的“1”表示内部包含一个 IGBT 管芯，后面的“1”表示在同一个模块塑壳之中。

2. 半桥模块(2 in 1 模块)

半桥模块也称为二合一模块，可直接构成半桥电路，也可以用 2 个半桥模块构成全桥，3 个半桥模块构成三相桥。因此，半桥模块有时候也称为桥臂模块。

图 1-34 是半桥模块的内部等效电路。不同的制造商的接线端子名称也有所不同，如 C_2E_1 可能会标识为 E_1C_2，有的模块只在等效电路图上标识引脚编号等。

半桥模块的电流/电压规格指的均是其中的每一个模块单元均为此规格。如 1 200 V/400 A 的半桥模块，表示其中的 2 个 IGBT 管芯的电流/电压规格都是 1 200 V/400 A，即 C_1 和 E_2 之间可以耐受最高 2 400 V 的瞬间直流电压。不仅半桥模块，所有模块均是如此标注的。

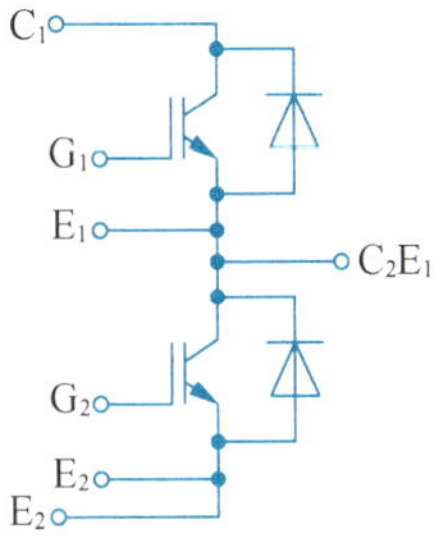

图 1-34　半桥模块的内部等效电路

从二单元 IGBT 模块实物(图 1-35)可知，3 脚接动力电池正极，2 脚接动力电池负极，1 脚接电机三相电缆中的一根，3 个端子称为主电路，一个三相电机的 3 根电缆要分别连到 3 个二单元 IGBT 的 1 脚。6、7 脚是下桥管的驱动，4、5 脚是上桥管的驱动。

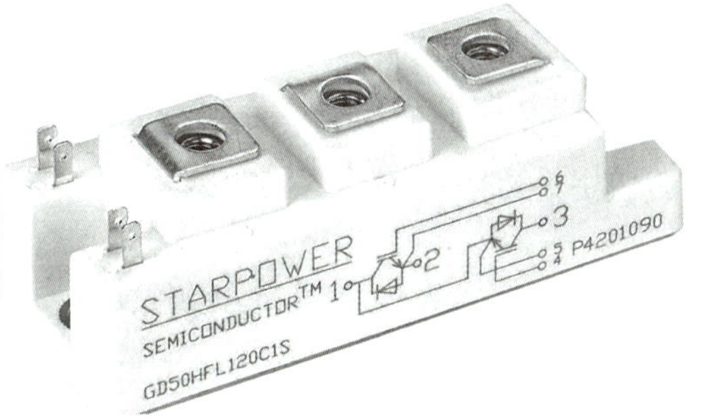

图 1-35　二单元绝缘栅双极晶体管(IGBT)实物

3. 全桥模块(4 in 1 模块)

全桥模块的内部等效电路如图 1-36 所示。

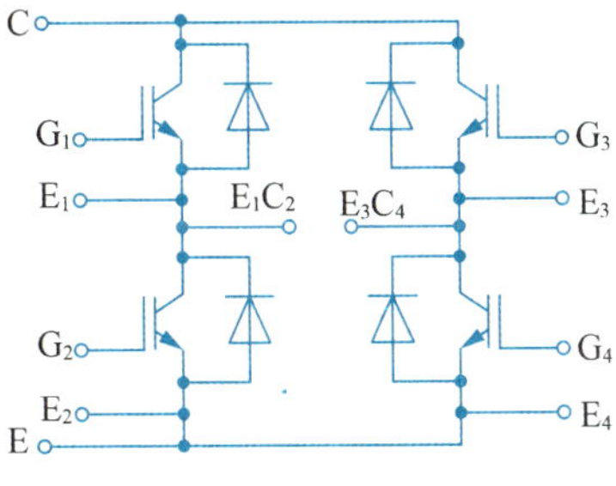

图 1-36　全桥模块内部等效电路

全桥模块也称为四合一模块，用于直接构成全桥电路；也可以用模块中的 2 个半桥电路并联构成电流规格大 2 倍的半桥模块，即将分别将 G_1 和 G_3、G_2 和 G_4、E_1 和 E_3、E_2 和 E_4、E_1C_2 和 E_3C_4 短接。

4. 三相桥模块(6 in 1 模块)

三相桥模块的内部等效电路如图 1-37 所示。

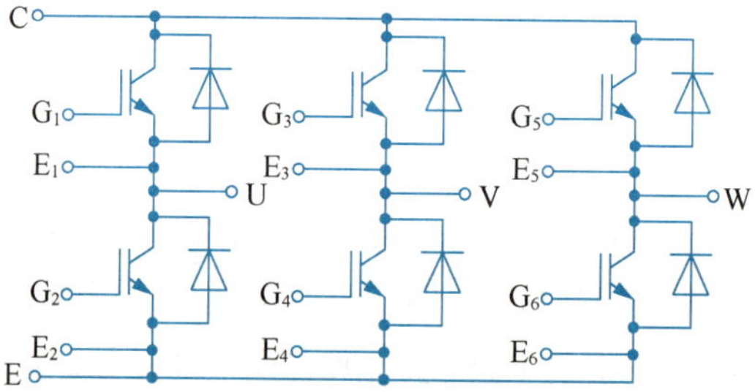

图 1-37　三相桥模块的内部等效电路

三相桥模块也称为六合一模块，用于直接构成三相桥电路，也可以将模块中的 3 个半桥电路并联构成电流规格大 3 倍的半桥模块。三相桥模块常用的领域是变频器和三相 UPS、三相逆变器，不同的应用对 IGBT 的要求有所不同，故制造商习惯推出以实际应用为产品名称的三相桥模块，如三相逆变器模块等。

5. CBI 模块(PIM 模块)(7 in 1 模块)

欧美厂商一般将包含图 1-38 的七合一模块称为 CBI（Converter-Brake-Inverter，整流-刹车-逆变）模块，日系厂商则习惯称其为 PIM 模块。

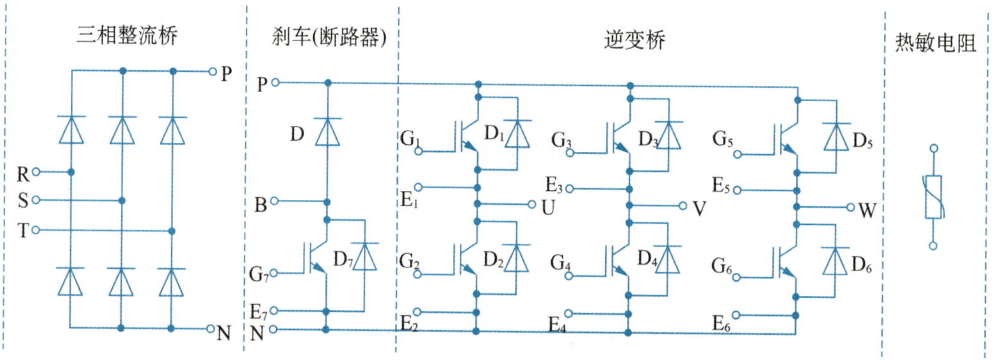

图 1-38　七合一模块内部的等效电路

IGBT 模块的多引脚引出，如图 1-39 所示，在电源正、负极三相输出都采用多个引脚备用的形式。

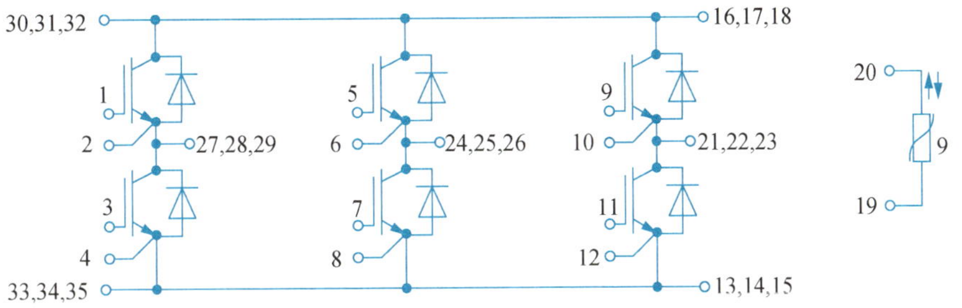

图 1-39　IGBT 模块的多引脚引出(中间为 7、8;上 16、17、18;下 13、14、15;右侧为 19 和 20)

五、驱动电压对 IGBT 的影响

作用在 IGBT 栅极和发射极之间的电压会有如下表现:

在 0~4.0 V,和未加电源的状态一样,由于外部噪声可能导致误动作,电源电压欠压保护(UV)不动作,也没有故障信号输出。在 4.0~12.5 V,即使有控制输入信号,开关也会停止,电源电压欠压保护(UV)动作,对外部微控制电路输出故障信号。在 12.5~13.5 V,开关可以动作,但在推荐范围外,违反了 IPM 的规格书中的规定值,集电极功耗增加,结温上升。在 13.5~16.5 V,控制电压在正常范围内(通常取 +15 V 作 IGBT 的正常导通驱动,取 −10 V 作关断驱动)。在 16.5~20.0 V,开关可以动作,但在推荐范围外,违反了 IPM 的规格书中的规定值,短路时的电流峰值大,可能超过硅片的耐量而损坏。20 V 以上,IPM 内部的控制电路和 IGBT 栅极部分损坏。

六、IGBT 的串、并联

与传统晶闸管元器件相比,IGBT 的开关损耗和驱动功率都比较小、通态压降也明显降低,但开关速度和输入阻抗则比较高,因此在高压固态开关、柔性直流输电等需要大功率的设备和场合更为适用。但这些大功率的设备同时也需要较高的电压,通常能达到数十甚至数百千伏,然而目前单个 IGBT 最高只能达到 6.5 kV 电压,因此急需提升容量。研究人员要兼顾经济性和元器件的可靠性,因此就需要对多只 IGBT 采取串联或并联的措施,以实现大功率的需要。

七、IGBT 的栅极驱动

1. IGBT 驱动电路功能

IGBT 的驱动电路必须具备以下两个功能:栅极驱动功能,提供合适的栅极驱动脉冲电压值,使集电极和发射极充分导通和截止,因此,要有开关变压器降压。电隔离功能,实现控制电路(低压部分)与 IGBT 栅极(集电极和栅极击穿,栅极可能成为高压部分)的电隔离。实现电隔离可采用脉冲变压器、光电耦合器,汽车上应用最多的是光电耦合器隔离。

2. 典型驱动电压

典型的 IGBT 栅极驱动电压为 15 V ± 10%的正栅极电压，该电压足以使 IGBT 完全饱和。在任何情况下，+ V_{GE} 均应为 12～20 V。为了保证不会因为 d_i/d_t 噪声产生误开通，故 − V_{GE} 采用反偏压来作为关断电压，为 −5～−15 V。

3. IGBT 驱动方式

(1) 小功率的 IGBT 驱动

220 V 交流电采用自举 IGBT 驱动，高频脉冲变压器，直流电压驱动。

【典型驱动例】自举产生驱动电压。

在正常变频器驱动电路、伺服驱动器电路或步进电机驱动电路中，上桥电路的驱动一般都会设计独立的电源。典型的变频器驱动电路会设计四路电源，分别给上桥和下桥驱动使用。其中上桥三路电源是独立的，下桥因为 IGBT 共地的原因可以共用一组电源，此组电源相对另外三组，提供的功率要大一些。通常提供四组电源的方法：由开关变压器四组输出经二极管整流、电容滤波，得到 15 V 左右的电压，此电压加至光耦的输出端电源脚。

在实际的小功率的驱动电路中，为了简化设计，通常采用自举电路产生驱动 IGBT 的 15 V 和 −10 V 电压，不用开关变压器输出经二极管整流、电容滤波产生驱动电压。

(2) 中等功率的 IGBT 驱动

400 V 交流电采用自举供电的光耦，690 V 交流电采用隔离的脉冲变压器。

【典型驱动电路】光电隔离直接驱动方式。

如图 1-40 所示为 M57957L 光电隔离驱动芯片内部结构。

微课视频——M57957L光电隔离驱动芯片的内部结构

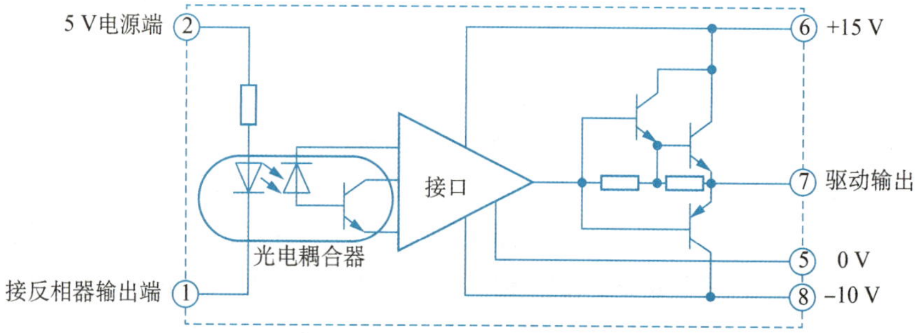

图 1-40　M57957L 光电隔离驱动芯片的内部结构

如图 1-41 所示，来自脉冲形成单元的驱动信号为高电平时光耦导通，接口电路把该信号整形后由功放级的两级达林顿 NPN 晶体管放大后输出，驱动功率 IGBT 模块导通。在驱动信号为低电平时光耦截止，此时接口电路输出亦为低电平，功放输出级 PNP 晶体管导通，给被驱动的功率 IGBT 栅射极间施加反向电压，使被驱动功率 IGBT 模块恢复关断状态。

M57957L 光电隔离驱动芯片引脚号用法如下：①脚驱动脉冲输入负端(V_{IN}^-)，使用中通过反相器接用户脉冲形成电路的输出；②脚驱动脉冲输入正端(V_{IN}^+)，使用中通过电阻接用户脉冲形成部分电源；⑤脚驱动脉冲输出地端(GND)，接驱动脉冲输出级电源地端，该端电

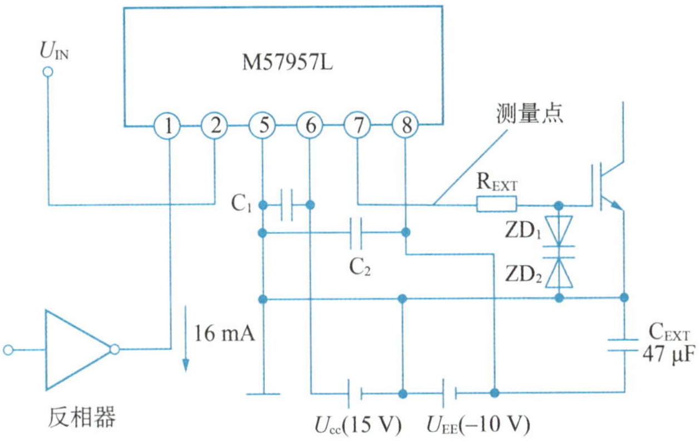

微课视频——M57957L光电隔离驱动芯片外部电路

图 1-41 M57957L 光电隔离驱动芯片外部电路及要被驱动的 IGBT

位应与用户脉冲形成部分完全隔离；⑥脚驱动功放级正电源端（V_{CC}），接用户提供的驱动脉冲功放级正电源端；⑦脚驱动脉冲输出端（V_{out}），直接接被驱动 IGBT 栅极；⑧脚驱动功放级负电源端（V_{EE}），接用户提供的驱动脉冲功放级负电源端。

(3) 大功率 IGBT 驱动

大功率 IGBT 驱动采用隔离变压器驱动。

【典型驱动例】集成驱动模块驱动 + 保护。

Infineon（英飞凌）公司、Concept 公司和 Semikron（西门康）公司是世界上著名的半导体生产商，配套生产 IGBT 驱动器，对大功率 IGBT 进行驱动保护。

下面以 2SP0115T 驱动器（图 1-42）为例介绍。

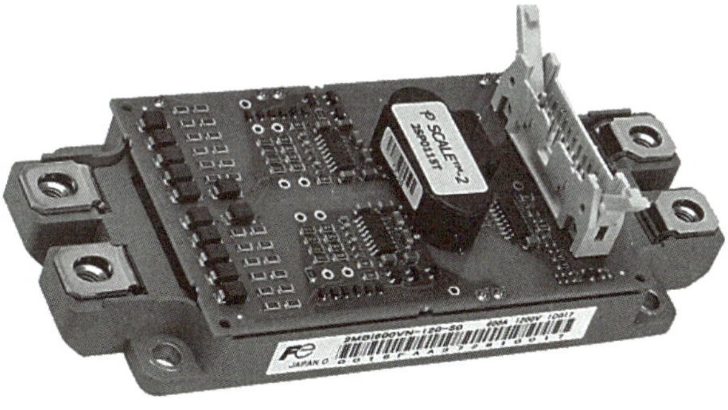

图 1-42 2SP0115T 带驱动器、保护电路的二单元 IGBT 模块

如图 1-43 所示为 2SP0115T 带驱动器、保护电路的二单元 IGBT 模块详细结构。

如图 1-44 所示为 2SP0115T 二单元 IGBT 驱动器内部结构，包括 2 套隔离变压器、1 个 NTC 温度传感器、2 套驱动和保护电路。

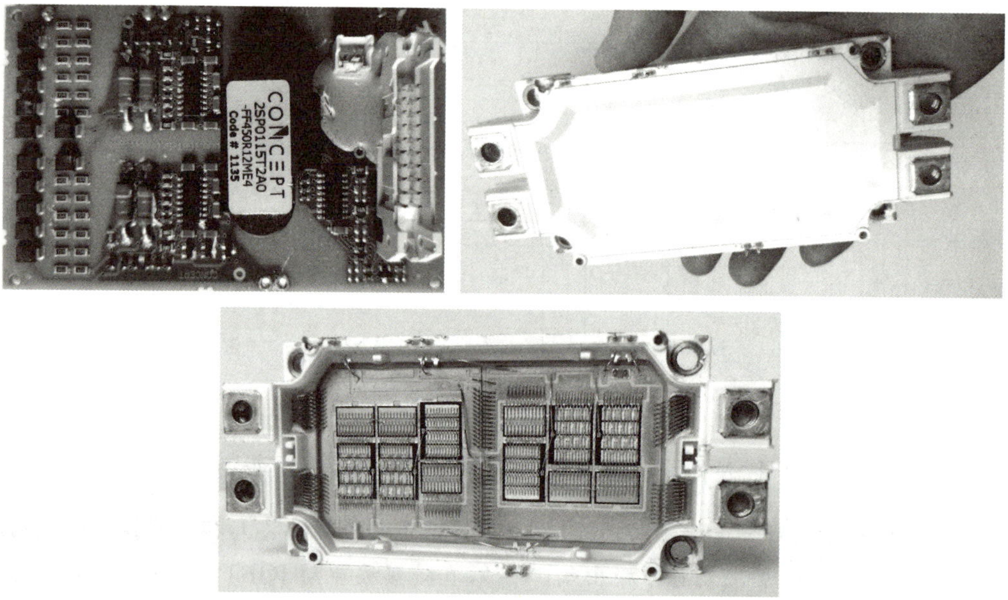

图 1-43　2SP0115T 二单元 IGBT 驱动器内部结构

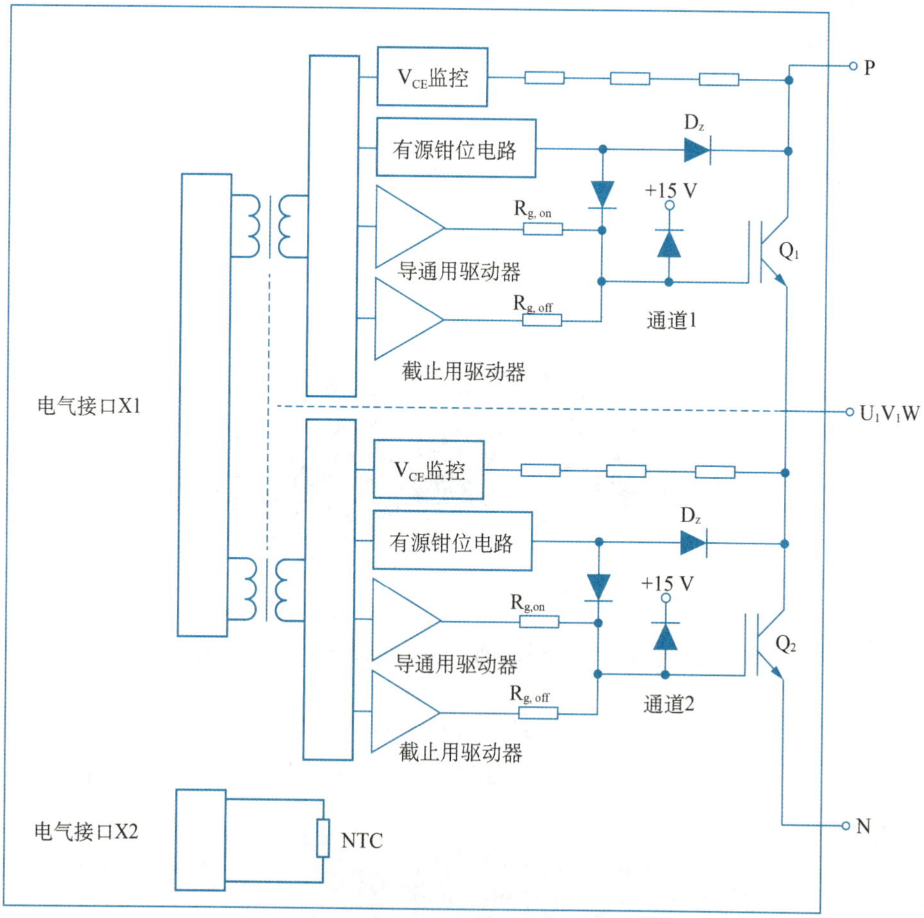

图 1-44　2SP0115T 二单元 IGBT 驱动器内部结构电路

4. IGBT 驱动设计规则

(1) 采用合适的开通和关断电阻;

(2) 考虑过压和反向恢复电流;

(3) 设计 IGBT 栅极和发射极的保护措施;

(4) 必须进行防静电处理;

(5) 电路的保护措施,包括栅极和发射极间的电阻(4.7～10 kΩ),双向稳压二极管(16.8～17.5 V),在栅极和发射极间加入小电容去掉振荡,必须考虑上下管同时导通的情况,因为电压变化率太高(米勒电容会产生一个电流,而且还改变集射极的电压),考虑到门限电压值,所以在栅极和发射极中加入负电压进行关断可以避免这个问题出现;

(6) 上下桥臂 IGBT 的开通和关断延迟。

八、IGBT 失效机制及损坏原因

1. IGBT 的失效机理

IGBT 的失效机理包括以下四点:

第一,MOS 绝缘栅结构在高温情况下会失去绝缘能力。

第二,由于硅芯片与铝导线之间热膨胀系数的差异,在输出电流剧烈变化时,铝导线与硅芯片之间的接触面会形成热应力,从而造成裂纹,并会逐步导致铝线断裂。

第三,由于处于芯片和散热铜底板间的陶瓷绝缘/导热片的热膨胀系数和散热铜底板的热膨胀系数不同,在底板温度不断变化时,连接两种材料的焊锡层会形成裂纹,从而导致散热能力下降,进而导致 IGBT 温度过高而失效。

第四,由于振动,可能造成陶瓷片破裂,从而降低散热能力和绝缘能力。

上述失效机理是综合影响的结果总结。例如,在 IGBT 输出大电流时,铝线会受到热应力;同时芯片温度会上升,将热传导到底板,造成底板温度上升;当温度过高时,会直接导致 MOS 绝缘栅结构失去绝缘能力。再加上汽车运行工况所带来的颠簸振动,可能造成陶瓷片破裂,降低散热和绝缘能力。

汽车级电力电子模块重点改善功率循环和温度循环(温度冲击)所引起的失效机理。IGBT 的最大结温是 150 ℃,在任何情况下都不能超过该值。

2. IGBT 失效及保护措施

若芯片温度超过硅本征温度(约 250 ℃),元器件将失去阻断能力,栅极控制就无法保护,从而导致 IGBT 失效。实际运行时,一般最高允许的工作温度为 130 ℃左右。IGBT 芯片温度的瞬间上升或长期高温运行都会造成损坏,IGBT 损坏也可能造成驱动用的图腾柱电路损坏。

1) 一次击穿

IGBT 在运行过程中所承受的大幅值过电流除短路、直通等故障产生的电流外,还有续流二极管的反向恢复电流、缓冲电容器的放电电流及噪声干扰造成的尖峰电流。这种瞬态过电流虽然持续时间较短,但如果不采取措施,将增加 IGBT 的负担,也可能会导致 IGBT

失效。

保护措施：通过电流传感器（也可采用变压器、精密电流采样电阻等）检测是否过流，过流时间若较长，停止驱动输出。

（1）栅极负压不正常

在下桥 IGBT 应关闭时，栅极负压（一般为 −7 V 至 −9 V）不足导致栅极放电不够快，使同桥臂同时导通造成逆变桥短路，在这种情况下开机就会炸管，且上、下桥管同时炸管。

（2）供电出现纹波

给图腾柱供电的电压有纹波，造成 IGBT 的栅极充电时有纹波，原因是供电变压器次级整流及滤波能力下降。给图腾柱供电的整流二极管要用 R×1 挡测量，反向漏电用 R×10 k 挡测量，数字万用表不能测量整流二极管。此处滤波电路一般是一个电解电容器（滤低频）和一个涤纶电容器（滤高频）。电解电容器容量不能下降。一般标称 100 μF 的电容器，实际测量为 200 μF 或更多是正常的，但随着使用容量会下降，当小于 100 μF 时就不能用了。

2）二次击穿

（1）负载过重或负载短路

集电极电流过大引起的瞬时过热，使得负载过重或负载。如果元器件持续大电流（相当于短路），大电流产生的功耗将引起温升，由于芯片的热容量小，其温度迅速上升，这种温升会使集电极电流过大再次引起过热，形成恶性循环。

保护措施：提高散热能力及避免过载。

（2）栅极充放电不够快

栅极的驱动电阻过大或其他原因，造成驱动电压上升和下降慢，在高频下 IGBT 开启阶段和关闭阶段升温高。

保护措施：保证栅极驱动的激励电压。

（3）过电压

过电压会造成集电极、发射极间击穿。过电压也会造成栅极、发射极间击穿。

保护措施：监测 V_{CE} 电压降。如果电压降过小，可采用降栅压来降功率驱动或停止驱动输出。

（4）散热器出现故障

如风冷散热器前的风扇不转，水冷的水循环不畅及散热器堵塞或散热器的风扇不转。

若变频器的电机是普通电机，电机可能损坏的原因如下：

① 普通电机按工频正弦交流电设计，电流不存在过大情况，而变频器输出的是高频波，电机定子线圈更易击穿。

② 定子线圈对转子的感应造成多余电流，电流要通过轴承到定子然后通到地下，这个过程轴承会产生接触电火花，因此更易坏。

③ 低速时，电机散热能力不足。

对 IGBT 损坏的变频器修复后需要进行以下四项检查：

① 必须对驱动电路的负载能力进行检查；

② 必须对 IGBT 的负的驱动电压进行检查；

③ 对供电及滤波电容进行检查，电容不能容量不足或漏电；

④ 驱动电路供电的整流二极管不能有长期过热引起的老化，内阻会增大。

九、IGBT 使用和故障检测

1. 使用注意事项

IGBT 是逆变器中最容易损坏的部分。由于 IGBT 模块为 MOSFET 结构，IGBT 的栅极通过一层氧化膜与发射极实现电隔离。由于此氧化膜很薄，其一般仅能承受 20～30 V 击穿电压。因此，因静电而导致栅极击穿是 IGBT 失效的常见原因之一。

在使用 IGBT 模块时，尽量不要用手触摸驱动端子部分，当必须要触摸模块端子时，要先将人体或衣服上的静电用大电阻接地进行放电后，再触摸；在用导电材料连接模块驱动端子时，在配线未接好之前先不要接上模块；尽量在底板良好接地的情况下操作。在应用中有时虽然保证了栅极驱动电压没有超过栅极最大额定电压，但栅极连线的寄生电感和栅极与集电极间的电容耦合，也会产生使氧化层损坏的振荡电压。为此，通常采用双绞线来传送驱动信号，以减少寄生电感。在栅极连线中串联小电阻也可以抑制振荡电压。

此外，在栅极-发射极间开路时，若在集电极与发射极间加上电压，随着集电极电位的变化，由于集电极有漏电流流过，栅极电位升高。这时，如果集电极与发射极间存在高电压，则有可能使 IGBT 发热，甚至损坏。

在使用 IGBT 的场合，当栅极回路不正常或栅极回路损坏时(栅极处于开路状态)，若在主回路上加上电压，则 IGBT 就会损坏，为防止此类故障发生，应在栅极与发射极之间串接一只 10 kΩ 左右的电阻。

在安装或更换 IGBT 模块时，应十分重视 IGBT 模块与散热片的接触面状态和拧紧程度。为了减少接触热阻，最好在散热器与 IGBT 模块间涂抹导热硅脂，安装时应受力均匀，避免用力过度而损坏。一般逆变器的底部为水道，当水循环泵损坏或发动机仓前部的冷却风扇不转时将导致 IGBT 模块发热而发生故障，逆变器的过热保护措施会使电机工作电流时有时无。

IGBT 和散热器间需涂抹使用温度范围大，且性质稳定，具有优良热传导率的硅脂。为了填补 IGBT 和散热器间弯曲的缝隙，须均匀涂抹硅脂，厚度标准为 150 μm(推荐的厚度范围为 100～200 μm)。

2. IGBT 过载使用

IGBT 不会轻易爆炸。如果因为过电压、过电流触发的紊乱而爆炸，那是变频器的质量问题。一般采用 IGBT 作为整流或者逆变电路的元器件，具有自诊断、自保护功能，大多数情况是保护起作用，可以自动封锁功率元器件。如果变频器的输出短路，上电时 IGBT 会立即报故障，但不会爆炸。这就是 IGBT 的抗短路功能，其保护的速度是很快的，比快速熔断器还要快，这是 IGBT 的一大亮点。IGBT 不怕短路，但是害怕过热（过载）。如果过载使用，IGBT 自身就没有保护功能了（变频器对它的热保护也是比较弱的），使用时需要注意散热条件、环境温度、长期连续的工作电流选择和限制。

3. 逆变器短路原因

（1）桥臂直通短路

由于某一个元器件（包括反并联的二极管）损坏，控制或驱动电路的故障，以及干扰引起驱动电路误触发，会造成一个桥臂中两个 IGBT 同时导通。

直通保护电路必须有非常快的响应速度，在一般情况下，如果 IGBT 的额定参数选择合理，10 μs 之内的过流不会损坏元器件，所以必须在这个时间内关断 IGBT。母线电流检测用霍尔传感器，响应速度快，是短路保护检测的最佳选择。检测值一旦超过设定值，马上输出保护信号封锁驱动。同时，用触发器构成记忆锁定保护电路，以避免保护电路在过流时的频繁动作。

（2）负载电路短路

在某些升压变压器输出场合，负载电路的短路也会导致逆变器短路。

（3）逆变器输出直接短路

逆变器输出的三相交流电压供电线间直接短路也会导致逆变器短路。

4. 正常 IGBT 管极性判断

判断极性首先将万用表置于 R×1 k 挡，用万用表测量时，若某一极与其他两极阻值为无穷大，调换表笔后该极与其他两极的阻值仍为无穷大，则判断此极为栅极（G）。其余两极再用万用表测量，若测得阻值为无穷大，调换表笔后测量阻值较小，则判断红表笔接的为集电极（C），黑表笔接的为发射极（E）。

5. 有故障 IGBT 的检测

IGBT 的好坏可用指针万用表的 R×1 k 挡来检测，或用数字万用表的“二极管”挡来测量 PN 结正向压降进行判断。检测前先将 IGBT 三只引脚短路放电，避免影响检测的准确度，然后用指针万用表的两支表笔正反测 G、E 两极及 G、C 两极的电阻，对于正常的 IGBT（正常 G、C 两极与 G、E 两极间的正反向电阻均为无穷大；内含阻尼二极管的 IGBT 正常时，E、C 极间均有 4 kΩ 正向电阻），上述所测值均为无穷大。最后用指针万用表的红表笔接 C 极，黑表笔接 E 极，若所测值在 3.5 kΩ 左右，则所测管为含阻尼二极管的 IGBT；若所测值在 50 kΩ 左右，则所测 IGBT 内不含阻尼二极管。对于数字万用表，正常情况下，IGBT 的 C、E 极间正向压降约为 0.5 V。

综上所述，内含阻尼二极管的 IGBT 连接检测除上述情况以外，其他连接检测的读数均为无穷大。测得 IGBT 三个引脚间电阻均很小，则说明该 IGBT 已击穿损坏；若测得 IGBT 三个引脚间电阻均为无穷大，说明该 IGBT 已开路损坏。

任务七 智能功率模块认知与自诊断

一、智能功率模块简介

智能功率模块(IPM)是一种先进的功率开关元器件,具有电力晶体管高电流密度、低饱和电压和耐高压的优点,以及场效应晶体管高输入阻抗、高开关频率和低驱动功率的优点。IPM 内部集成了逻辑、控制、检测和保护电路,使用方便,不仅减小了系统的体积、缩短了开发时间,也大大增强了系统的可靠性,适应当今功率元器件的发展方向——模块化、复合化和功率集成电路(PIC),在电力电子领域得到了越来越广泛的应用。

二、智能功率模块结构

微课视频——全桥智能功率模块

智能功率模块在 IGBT 的外围集成了驱动和诊断电子电路,从而实现驱动和诊断的功能。随着 IGBT 在工作频率 20 kHz 的硬开关及工作频率更高的软开关中的应用,IPM 逐渐代替了电力晶体管和场效应晶体管。

如图 1-45 所示为全桥智能功率模块,说明如下:

(1) V_{CC} 为电源,Vin 为驱动信号,ALM 是 Alarm 的缩写,为警告的意思,这里译为故障,GND 为负极,不能译为接地。U、V、W 是对应输出的三根相线。

(2) 内含 6 个 IPM 的内部保护电路,分别独立驱动 6 个 IGBT。

(3) 上边 3 个 IGBT 是上桥管,下边 3 个 IGBT 是下桥管。

(4) 3 个上桥 IGBT 中,出现故障时能进行单独的反馈;3 个下桥 IGBT 共用一个故障反馈通道。

(5) 3 个上桥 IGBT 中每个 V_{CC} 需要一个单独的电源;3 个下桥 IGBT 共用 V_{CC} 电源。

如图 1-46 所示为带制动控制的全桥智能功率模块内含的 7 个 IPM 的内部保护电路,下桥合并驱动。

(1) P 为上桥管(Positive);N 为下桥管(Negative);V_{NC} 译为下桥共地(负);V_{N1} 为电源;F_O 为故障输出(Fault Output);BR 为制动电阻(Brake Resistance);V_{WP1} 为 W 相上桥管的驱动电压输入。

(2) 内含 4 个 IPM 的内部保护电路,分别独立驱动 7 个 IGBT。

(3) 在 P 和 B 之间可接制动电阻,快速消耗电机制动中发出的电能,实现电机快速停机的目的。控制方法是在外部进行制动时给 BR 端子一个驱动信号,电流经 P、制动电阻、模块 B 端子、最上部的 IGBT 到 GND。

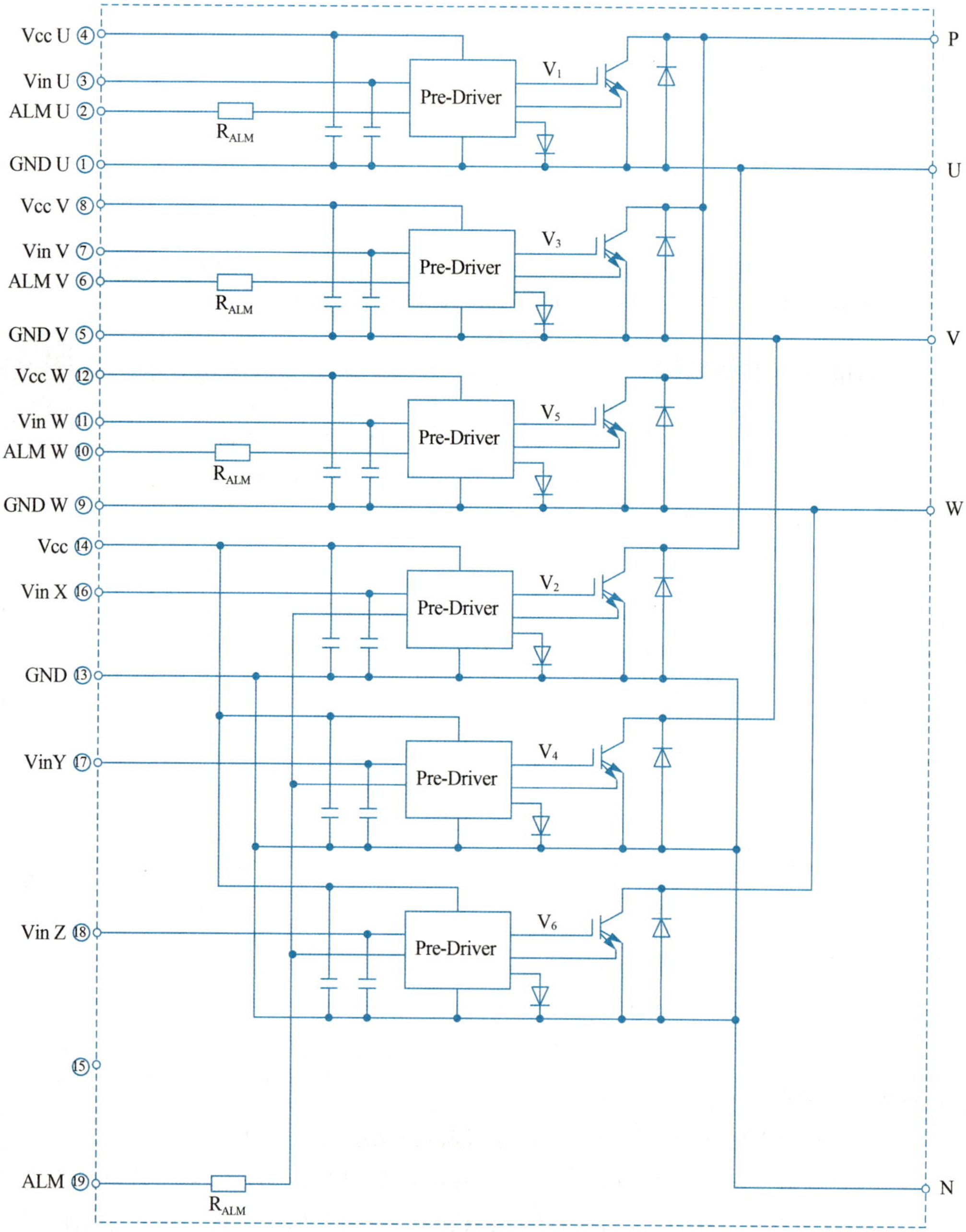

图 1-45　全桥智能功率模块

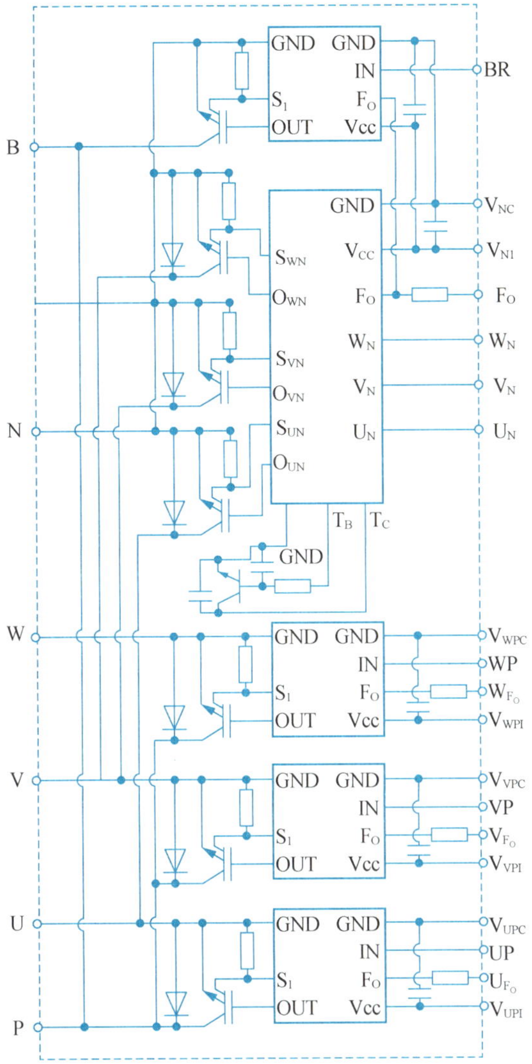

图 1-46　带制动控制的全桥智能功率模块

三、智能功率模块的功能

1. 驱动功能

IPM 内的 IGBT 芯片都选用高速型，导通压降低，而且驱动电路紧靠 IGBT 芯片，驱动延时小，所以 IPM 开关速度快，损耗小。

IGBT 的驱动电路前文已有介绍，在此不再赘述。

2. 保护功能

当出现过电压、过电流（过载或直接短路引起的过流）和过热等故障时，IPM 自身先停止 IGBT 的驱动，同时将检测信号送到上部控制器，停止全部 IGBT 的驱动，并对外输出故障码。

（1）过流保护功能

IPM 实时检测 IGBT 电流，当发生严重过载或直接短路引起过流时，IGBT 将被软关断，同时输出一个故障信号。

（2）过温保护功能

在靠近 IGBT 的绝缘基板上安装有一个温度传感器，当基板过热时，IPM 内部控制电路将截止栅级驱动，不响应输入控制信号。

（3）欠压保护功能

驱动电压过低（一般为 15 V）会造成驱动力不足，增加导通损坏可能性。IPM 可以自动检测驱动电源电压，当其低于 10 V 时，将截止驱动信号。

（4）短路保护功能

在串联的桥臂上，上下桥臂的驱动信号互锁，可以有效防止上下桥臂同时导通。优化的栅级驱动与 IGBT 集成，布局合理，无外部驱动线，抗干扰能力强。当发生负载短路或上下臂导通时，IPM 立即关断 IGBT 并输出故障信号。

四、IPM 与微控制器的隔离

为防止主电路强电损坏控制器电路，如图 1-47 所示在微控制器输出的反相器部分和 IPM 之间增加了光电隔离驱动电路。

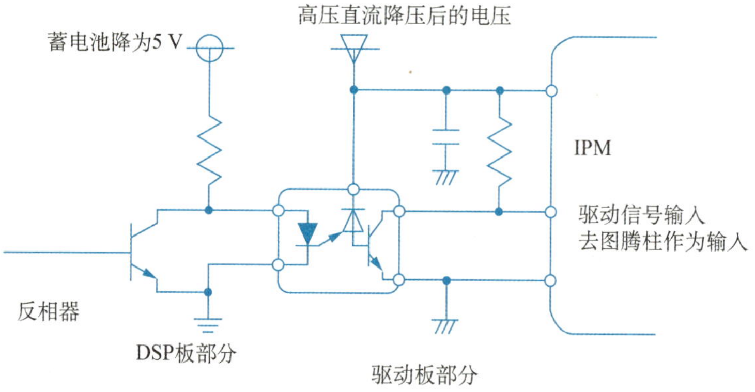

图 1-47　IPM 光电隔离驱动电路

在如图 1-48 所示 IPM 的电机驱动电路中，光耦在高压主回路和低压回路使用时，四路低速光耦可用于故障输出端和制动输入端。位置①散热器可和 N 侧一样接地；位置②平滑电容和薄膜电容应放在 IPM 附近；位置③三相输出不能接电容；位置④输入端子和光耦间配线尽量短；位置⑤为了让六路高速光耦稳定动作输入加电解电容或陶瓷电容。控制电源共 4 组，其中 3 组控制电源控制 3 个桥臂的上桥，而 3 个桥臂的下桥则共用 1 个控制电源供电。

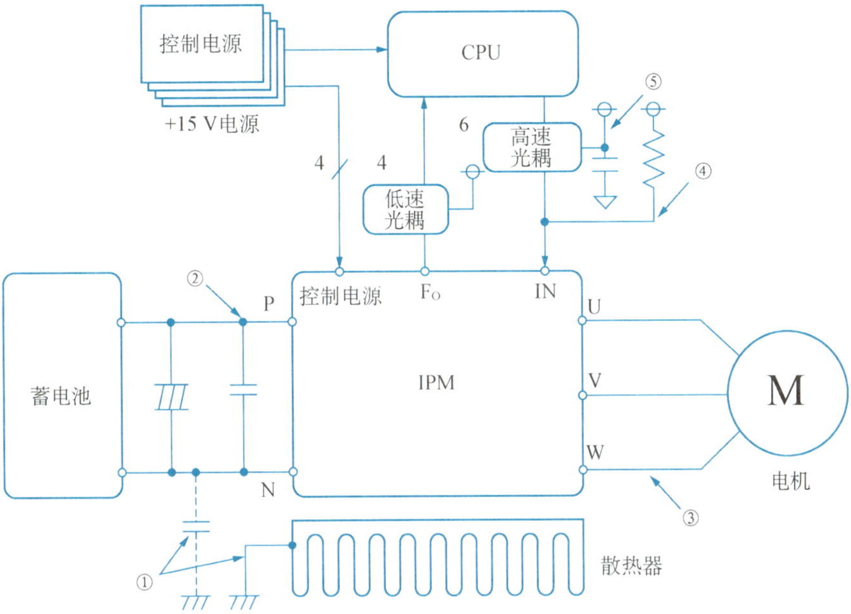

图 1-48　IPM 的电机驱动电路

任务八　电力开关管的测量

一、电力二极管的测量

1. 数字万用表测量电力二极管

如图 1-49 所示，测量电力二极管 2CZ10A 时将万用表在电阻挡按黄色功能切换钮切换到二极管挡，将红表笔(表内电池的正极)接电力二极管的阳极，黑表笔接阴极，测量导通电压压降为 0.394 V。如图 1-50 所示，反向测量显示 OL(Open Line，开路)。

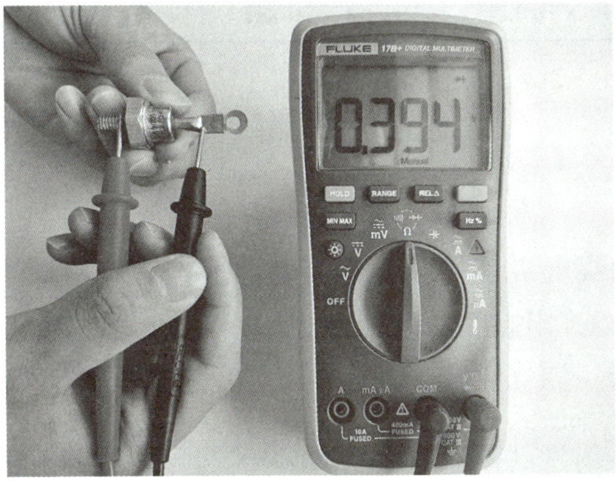

图 1-49　数字万用表对电力二极管正向测量

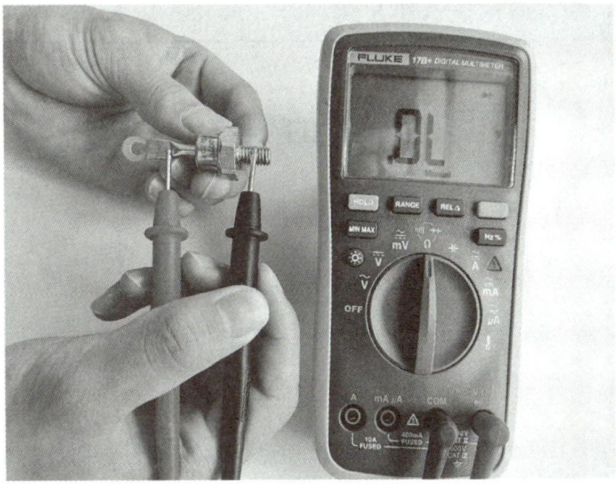

图 1-50　数字万用表对电力二极管反向测量

2. 模拟万用表测量电力二极管

如图 1-51 所示，测量电力二极管 2CZ10A 时将模拟万用表切换到×1 挡，黑表笔（表内电池的正极）接电力二极管的阳极，红表笔接阴极，测量电阻为 9.5×1 Ω。如图 1-52 所示，交换表笔测量，指针向左侧摆动，显示电阻接近无穷大。

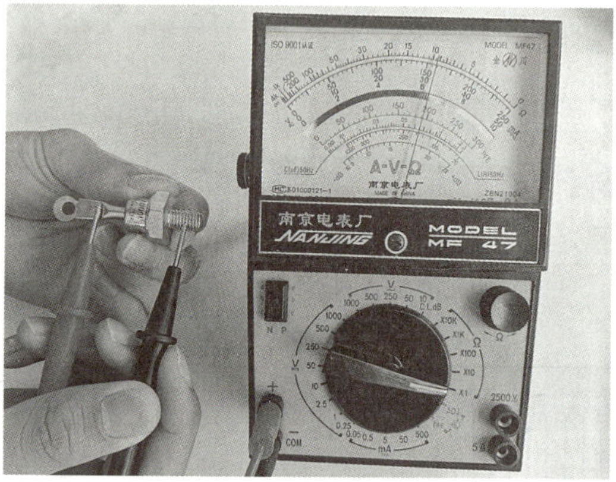

图 1-51　模拟万用表对电力二极管的正向测量

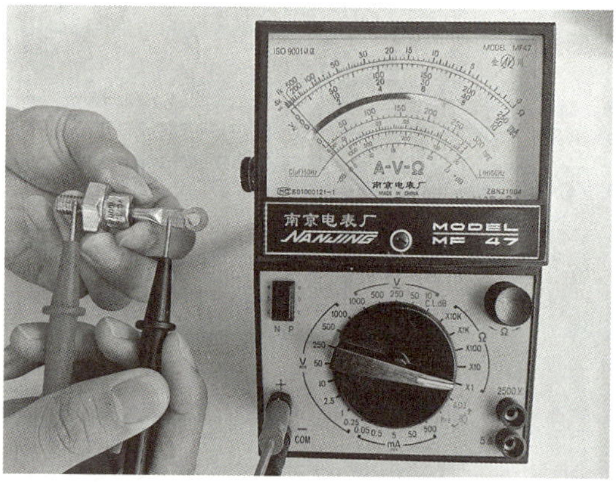

图 1-52　模拟万用表对电力二极管的反向测量

不同最大工作电流的电力二极管用数字万用表和模拟万用表测量的结果见表 1-3。

表 1-3　不同电流的电力二极管用数字万用表和模拟万用表测量的结果

型号	ZP200A	2CZ10A	ZP5A	2CW138
最大工作电流	200 A	10 A	5 A	2 A
数字万用表测量	0.346 V	0.394 V	0.450 V	0.602 V
模拟万用表×1 挡	7.0×1 Ω	9.5×1 Ω	11.0×1 Ω	13.0×1 Ω
模拟万用表×10 挡	5.5×10 Ω	7.0×10 Ω	8.0×10 Ω	11.0×10 Ω
模拟万用表×100 挡	4.0×100 Ω	5.2×100 Ω	6.0×100 Ω	9.0×100 Ω
模拟万用表×1 k 挡	3.0×1 kΩ	4.0×1 kΩ	4.5×1 kΩ	7.5×1 kΩ
模拟万用表×10 k 挡	0.42×10 kΩ	0.49×10 kΩ	0.52×10 kΩ	0.75×10 kΩ

二、电力晶体管的测量

1. 普通达林顿管的测量

普通达林顿管内部由两个或多个晶体管的集电极连接在一起复合而成，其基极（B）与发射极（E）之间包含多个发射结。检测时可使用万用表的 R×1 k 挡或 R×10 k 挡来测量。

测量达林顿管各电极之间的正、反向电阻值正常时，集电极（C）与基极（B）之间的正向电阻值[测 NPN 管时，黑表笔接基极（B）；测 PNP 管时，黑表笔接集电极（C）]与普通硅晶体管集电极的正向电阻值相近，为 3～10 kΩ，反向电阻值为无穷大。而发射极（E）与基极（B）之间的正向电阻值[测 NPN 管时，黑表笔接基极（B）；测 PNP 管时，黑表笔接发射极（E）]是集电极(C)与基极(B)之间正向电阻值的 2～3 倍,反向电阻值为无穷大。集电极(C)与发射极(E)之间的正、反向电阻值均应接近无穷大。若测得达林顿管的 C、E 极间的正、反向电阻值或 B、E 极,B、C 极之间的正、反向电阻值均接近 0,则说明该管已击穿损坏;若测得达林顿管的 B、E 极,B、C 极之间的正、反向电阻值为无穷大,则说明该管已开路损坏。

2. 大功率达林顿管的测量

大功率达林顿管在普通达林顿管的基础上增加了由续流二极管和泄放电阻组成的保护电路,在测量时应注意这些元器件对测量数据的影响。

用模拟万用表 R×1 k 挡或 R×10 k 挡,测量达林顿管集电极(C)与基极(B)之间的正、反向电阻值正常时,正向电阻值[NPN 管的基极(B)接黑表笔时]应较小,为 1～10 kΩ,反向电阻值应接近无穷大。若测得的正、反向电阻值均很小或均为无穷大,则说明该管已击穿短路或开路损坏。

用模拟万用表 R×100 挡,测量达林顿管发射极(E)与基极(B)之间的正、反向电阻值的正常值均为几百欧姆至几千欧姆(具体数据根据 B、E 极之间两只电阻器的阻值不同而有所差异。例如,BU932R、MJ10025 等型号大功率达林顿管 B、E 极之间的正、反向电阻值均为 600 Ω 左右),若测得阻值为 0 或为无穷大,则说明被测管已损坏。

用模拟万用表 R×1 k 挡或 R×10 k 挡,测量达林顿管发射极(E)与集电极(C)之间的正、反向电阻值正常时,正向电阻值[测 NPN 管时,黑表笔接发射极(E),红表笔接集电极(C);测 PNP 管时,黑表笔接集电极(C),红表笔接发射极(E)]应为 5～15 kΩ(BU932R 为 7 kΩ),反向电阻值应为无穷大,否则是该管的 C、E 极(或二极管)击穿或开路损坏。

如图 1-53 所示,根据端子提示图找到 4 个端子 C、E、B、BX(图 1-54),明确 B 是第一级的基极,BX 是第二级的基极。

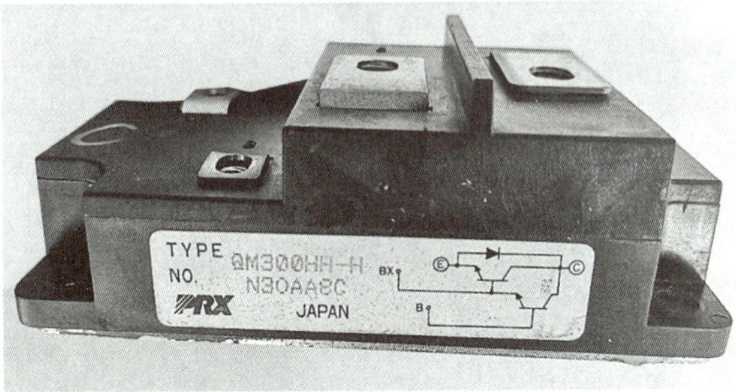

图 1-53　内部电路识别

图 1-54　对应引脚识别

先检查第一级电力晶体管放大能力(图 1-55),将黑表笔放在集电极(C)上,红表笔放在发射极(E)上,拇指放在集电极(C)上,食指放在基极(B)上,将集电极(C)上的电压引到基极(B)进行驱动,可见指针右摆,说明第一级电力晶体管正常。

再检测第二级电力晶体管放大能力(图 1-56),将黑表笔放在集电极(C)上,红表笔放在发射极基极(BX)上,拇指放在基极(B)上,食指放在集电极(C)上,将集电极(C)上的电压引到基极(B)进行驱动,可见指针右摆,说明第二级电力晶体管正常。

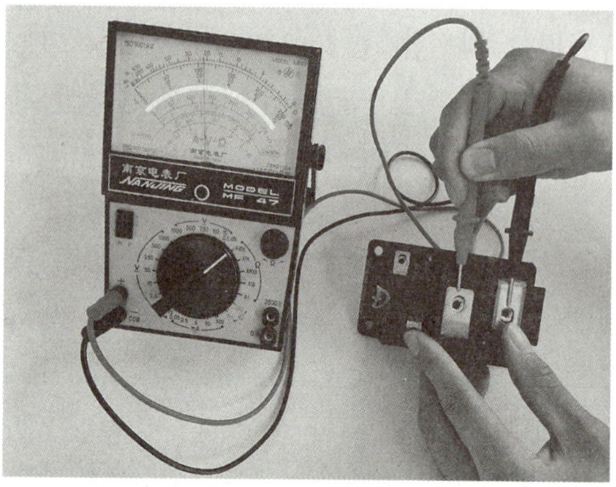

图 1-55　第一级电力晶体管放大能力检查

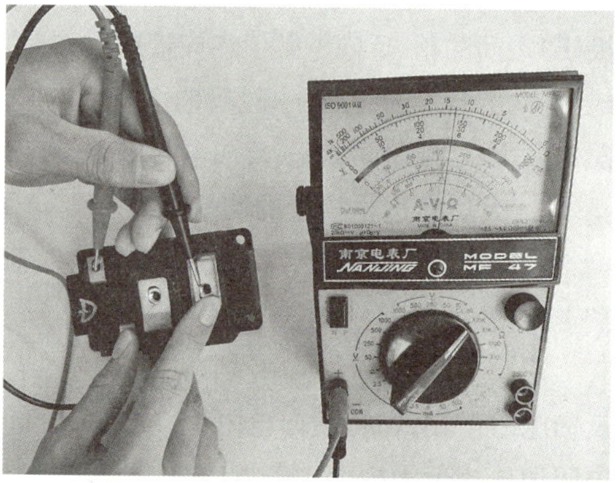

图 1-56　第二级电力晶体管放大能力检查

三、电力场效应晶体管的测量

1. 测量上桥续流二极管

(1) 检查电力场效应晶体管内续流二极管正向导通电阻

如图 1-57 所示，将数字万用表置于 R×100 挡或 R×1 k 挡，将黑表笔接源极(S)，红表笔接漏极(D)，测量续流二极管的正向导通电阻，本例测量值为 3.5×1 kΩ，正常。

(2) 检查场效应管体内续流二极管反向截止电阻

如图 1-58 所示，将模拟万用表置于 R×100 挡或 R×1 k 挡，将黑表笔接漏极(D)，红表笔接源极(S)，测量续流二极管的反向截止电阻，本例为无穷大。

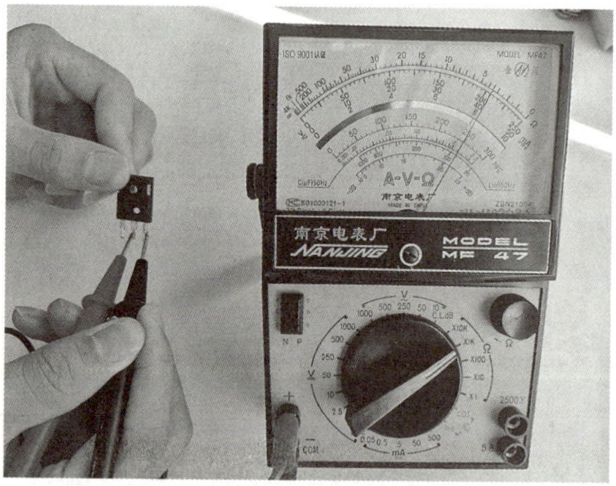

图 1-57　检查 IGBT 内续流二极管正向导通电阻

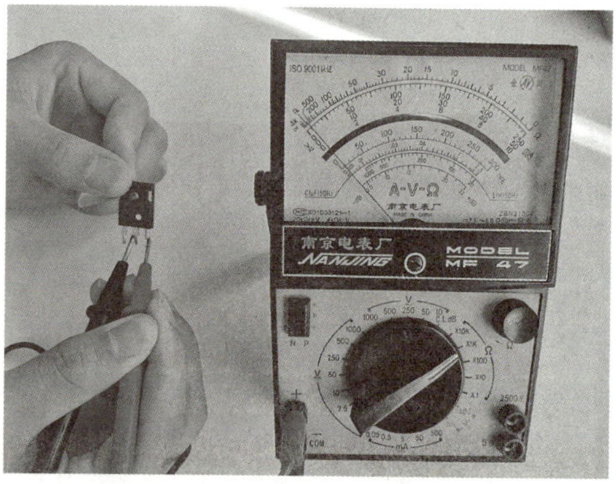

图 1-58　检查 IGBT 内续流二极管反向截止电阻

2. 测量栅漏极间和栅源极间二氧化硅是否击穿

(1) 检查栅漏极间二氧化硅是否击穿

如图 1-59 所示，将模拟万用表置于 R×100 k 挡，将黑表笔接栅极(G)，红表笔接漏极(D)，指针在左侧，测量电阻无穷大，说明二氧化硅未击穿。

（2）检查栅源极间二氧化硅是否击穿

如图 1-60 所示，将模拟万用表置于 R×100 挡，将黑表笔接栅极（G），红表笔接源极（S）。指针在左侧，测量电阻无穷大，说明二氧化硅未击穿。

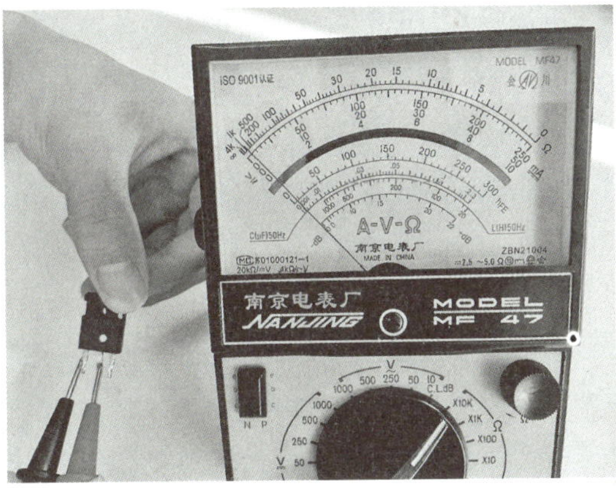

图 1-59　测量栅漏极间二氧化硅是否击穿

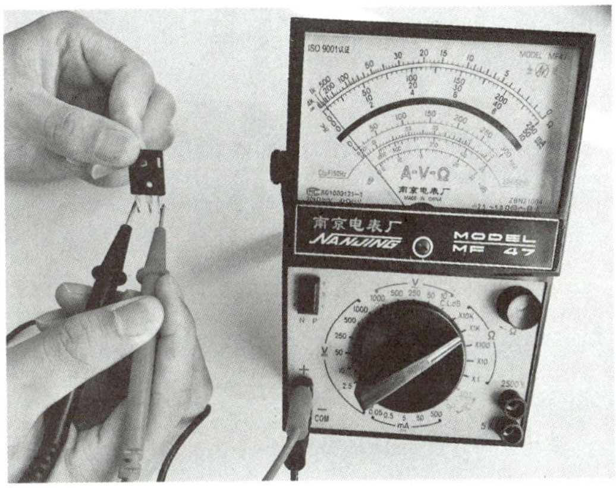

图 1-60　测量栅源极间二氧化硅是否击穿

3. 进行导通、保持、截止测试

（1）导通测试

如图 1-61 所示，将数字万用表置于 R×10 k 挡，将黑表笔接漏极（D），红表笔接源极（S），将食指按压在漏极（D）上，指针在中间，说明有电流通过漏极（D）流过源极（S），电力场效应晶体管正常导通。

（2）保持测试

如图 1-62 所示，食指离开电力场效应晶体管端子，撤消驱动电压，指针仍稳定保持在表盘中间，说明有电流通过，电力场效应晶体管能保持正常导通。

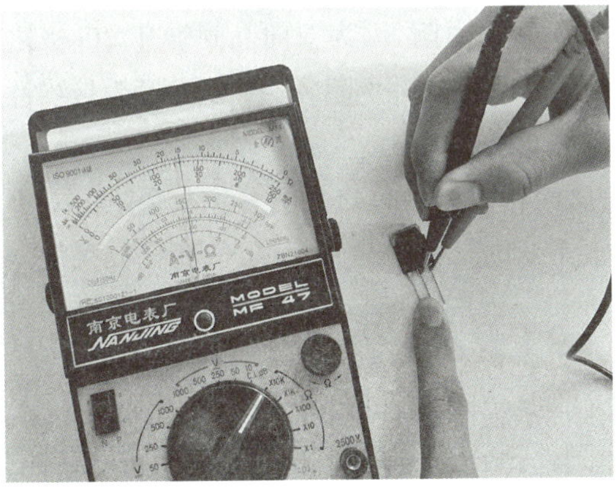

图 1-61　导通测试

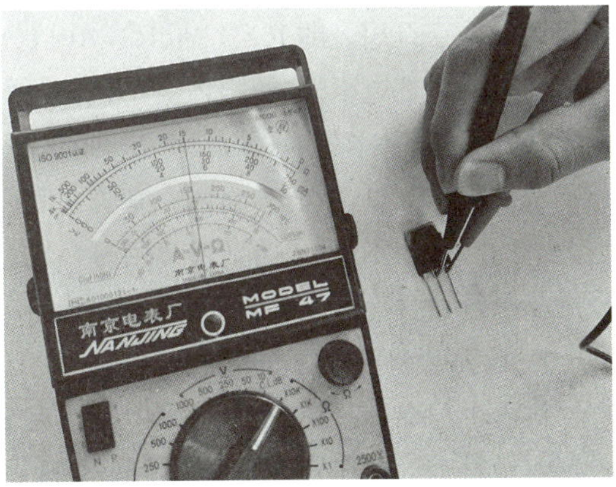

图 1-62　保持测试

（3）截止测试

如图 1-63 所示，将食指和中指按压在栅极（G）和源极（S）进行放电，指针向左摆动至电阻无穷方向，说明电力场效应晶体管驱动放电成功，截止功能正常。

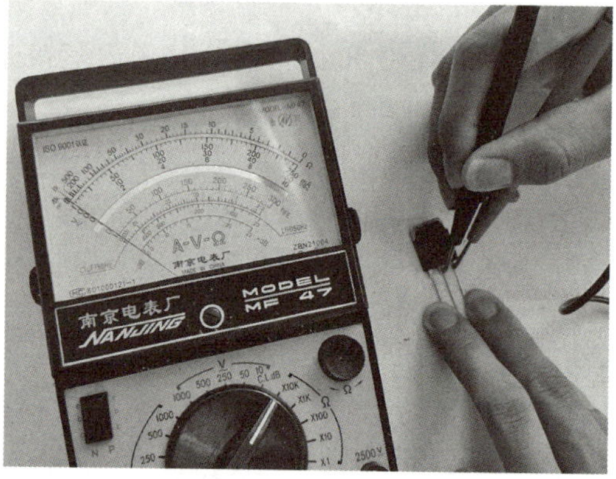

图 1-63　截止测试

四、晶闸管的测量

1. 判断晶闸管是单向晶闸管还是双向晶闸管

通常我们认为判断晶闸管是单向晶闸管还是双向晶闸管的方法是用数字万用表 R×1 挡量程分别测量晶闸管的任意两个管脚之间的正反向电阻，其中两个脚有正反向特性的是单向晶闸管，两个管脚正反向电阻接近的是双向晶闸管。但此方法对于大功率可控硅将产生误判，例如常用的 KP20A 型晶闸管，通过测量可知该管的 G、K 极之间并没有正反向特性，但数字万用表显示阻值为 100 Ω 左右，若根据以上方法进行判断，它应为双向晶闸管，其实 KP20A 为单向晶闸管，显然该方法产生了误判。

通过仔细测量双向晶闸管 T_1、G 极之间的电阻和大功率单向晶闸管的 G、K 极之间的电阻可以发现，双向晶闸管的 T_1、G 极之间的电阻为非线性电阻，是由晶闸管内部的 PN 结产生的，而像 KP20A 这样的大功率晶闸管 G、K 极间的电阻为线性电阻。根据以上分析我们可以用数字万用表的 R×1 挡、R×10 挡分别测量两次电阻，因为双向晶闸管 T_1、G 极之间电阻是非线性电阻，它的阻值大小是变化的，而大功率单向晶闸管 G、K 极的阻值是线性电阻，两次测量基本相同，据此即可判断晶闸管是单向还是双向。

根据以上测量，我们判断两个管脚之间有正反向特性的是单向晶闸管。两个阻值差不多大小的宜采用 R×10 挡量程再测量一次，阻值不变的是单向晶闸管，阻值变化较大的是双向晶闸管，这样可以确保判断的准确性。

2. 单向晶闸管管脚判断

对于小功率单向晶闸管，用模拟万用表 R×1 挡量程或数字万用表相应量程进行测量，分别测量每个管脚和另外两个管脚间的正反向电阻，其中有一个管脚对另外两个管脚的正反向电阻都是无穷大，则该管脚是阳极（A）。其他两个管脚之间有一个 PN 结有正反向特性，当万用表黑表笔接 K 极红表笔接 G 极时不导通，当万用表黑表笔接 G 极、红表笔接 K 极时导通。

对于大功率单向晶闸管，可以从封装形式上直接判断管脚。

3. 双向晶闸管管脚判断

对于双向晶闸管一般教科书都是这样讲解，用万用表 R×1 挡量程，判断出 T_2，然后假设一个管脚是 T_1，万用表一个表笔接 T_2 一个表笔接 T_1，如果 T_2 和 G 瞬间短路，晶闸管触发导通，那么假设就是正确的。但对于常用的双向晶闸管，即使将 G 假设成 T_1，有些晶闸管依然可以触发导通，显然不能区分 T_1 和 G。对于常用的 MAC97A6、TLC336A、BTA06 等双向晶闸管，只要 T_2 判断正确，其他两个管脚，无论如何假设，都是能触发导通的，这给我们判断双向晶闸管的管脚增加了难度。

下面以 BTA06 型晶闸管为例，介绍双向晶闸管管脚判断过程。

第一步，判断出第二电极 T_2，方法和前述相同。

第二步，区分出第一电极 T_1 和控制极 G。区分 T_1 和 G 依然是根据晶闸管的原理进行测试，要进行两个步骤四次测量。第一个步骤是先假设除 T_2 以外的两个管脚中的任何一个是第一电极 T_1，再进行正反向两次触发测试。第一次用万用表的红表笔接 T_2 黑表笔接第一电极 T_1，此时电阻为无穷大，短路 T_2 和控制极 G，晶闸管被触发导通，此时断开控制极 G，晶闸管将维持导通，记录此时的导通电阻；第二次是假设 T_1 不变，万用表的黑表笔接 T_2，红表笔接第一电极 T_1，此时电阻为无穷大，短路 T_2 和控制极 G，晶闸管被触发导通，此时断开控制极 G，晶闸管也将维持导通，同样记录此时的导通电阻。第二个步骤是假设另外一个脚是 T_1，重复以上测试过程，分析四次测量结果发现双向晶闸管均能触发导通，但触发导通后的电阻值有差异，其中有一次假设，正反向触发导通后的电阻相对较大，并且导通电阻阻值有明显的差异，该次假设是错误的；另一次假设，正反向触发后的导通电阻都较小，并且阻值基本相同，则这次假设是正确的。

归纳得到：正反向导通电阻一致并阻值较小的假设正确，正反向触发导通电阻大小不同，阻值较大的假设错误。

4. 晶闸管好坏判断

对于双向晶闸管的好坏判断，按照管脚判断的方法，只要测试正向触发或反向触发一次能触发导通就表示晶闸管是好的。一般不需要完成正反两次测试，因为双向晶闸管如果损坏，一般不会只损毁内部的部分功能。

判断单向晶闸管好坏时要注意，大功率单向晶闸管 G、K 之间的正反向电阻为几十至几百欧姆，无正反向特性，小功率晶闸管 G、K 之间有正反特性。

在进行触发特性测试时，小功率晶闸管直接用万用表的 R×1 挡量程测量。对于大功率晶闸管，万用表的 R×1 挡量程的电流往往小于晶闸管的维持电流，测试时虽然可以看到触发，但不能维持。此时必须在万用表上串联 1～3 节 1.5 V 干电池进行测量，电路如图 1-64 所示，测量方法相同，如果晶闸管能够触发导通，则说明它的性能良好。

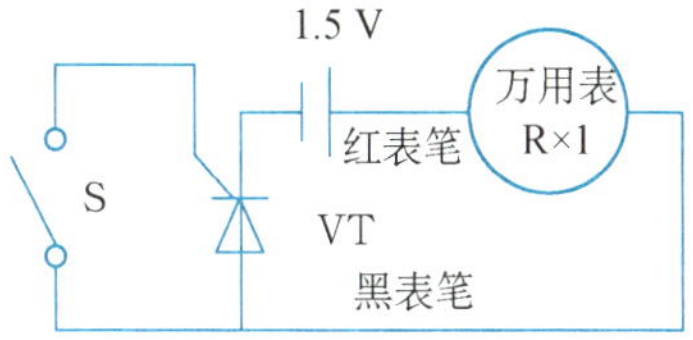

图 1-64　在万用表上串联 1～3 节 1.5 V 干电池后进行测量的电路

一个具体的晶闸管整流桥的测量操作如下，如图 1-65 所示，选择 3 脚和 1 脚之间的下桥晶闸管进行测量，先在原理图上找到对应的控制极 G_2 端子和 K，在 G_2 端子上插入短接线，如图 1-66 所示。再将黑表笔接 A，红表笔接 K(图 1-67)，按图 1-68 所示将黑表笔 A 电压引至 G_2，可见万用表指针右摆。当然这种右摆大多数情况下是保持不住的(即导线撤下指针就回摆)，要想取得更好的效果，需要在万用表上串联几节干电池。

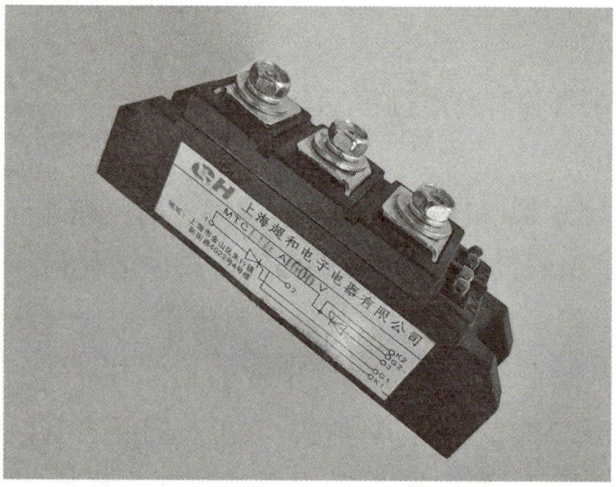

图 1-65　利用原理图找出相应引脚

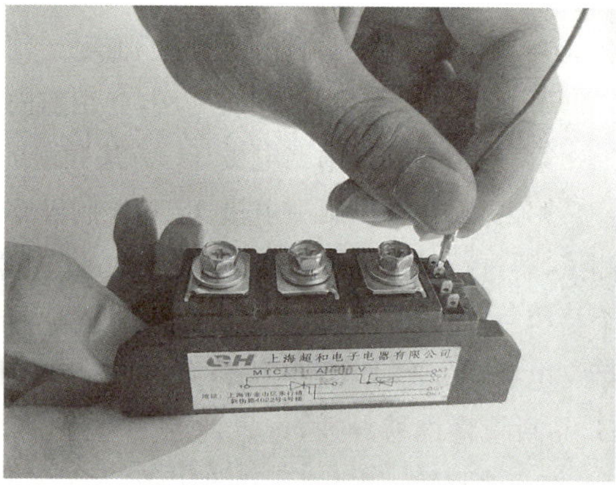

图 1-66　在 G_2 端子上插入短接线

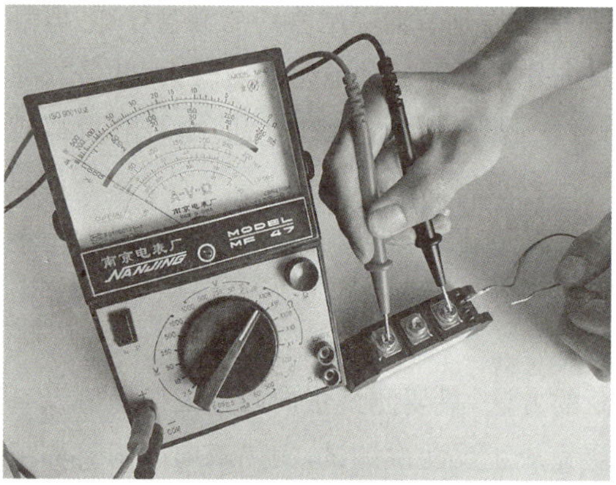

图 1-67　黑表笔接 A，红表笔接 K

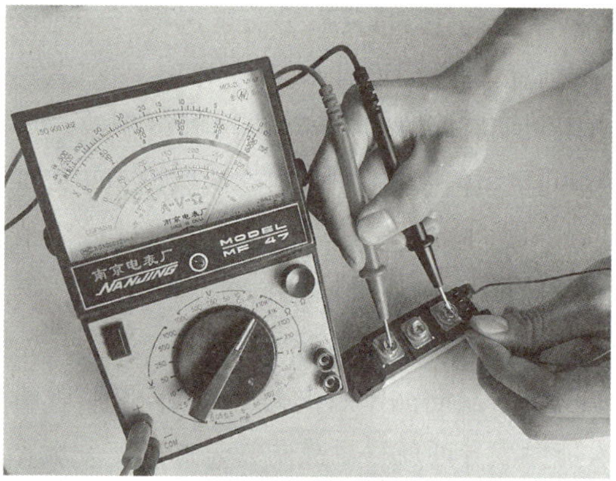

图 1-68　黑表笔 A 电压引至 G_2

任务九　绝缘栅双极晶体管驱动检查与测量

一、绝缘栅双极晶体管(IGBT)驱动板的检查

1. 目视及味道检查

(1) 检查驱动板正面

如图 1-69 所示，检查元器件表面是否变色、开裂，细闻是否有焦糊味。检查元器件引脚是否有开焊或变色。

（2）检查驱动板背面

如图 1-70 所示，检查驱动板背面直插元器件引脚是否有开焊或变色。

图 1-69　目视检查 IGBT 驱动板正面

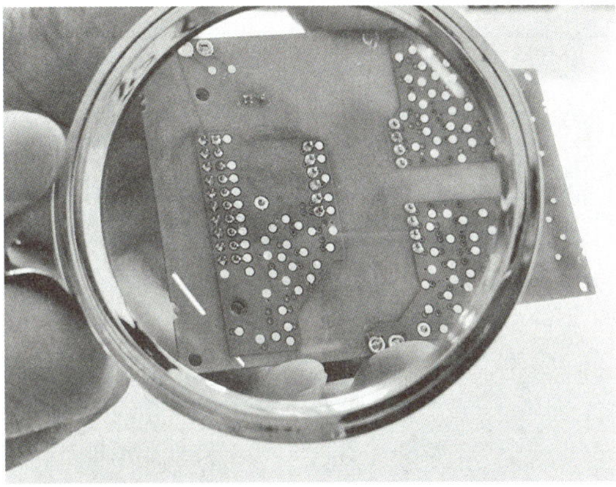

图 1-70　目视检查 IGBT 驱动板背面

2. 二极管和三极管测量

（1）二极管测量

如图 1-71 所示为用数字万用表测量驱动板上二极管的操作。需要注意的是，驱动板上的二极管的材料类型不同，正向导通电压也会有不同，不过只要正向导通、反向截止即可，本例正向导通电压为 0.588 V。

（2）三极管测量

如图 1-72 所示为用数字万用表测量驱动板上三极管的操作，驱动输出三极管有两个，其中一个是 NPN 型，一个是 PNP 型，不过都可当作两个二极管的组合进行测量，本例二极管的导通电压为 0.529 V。

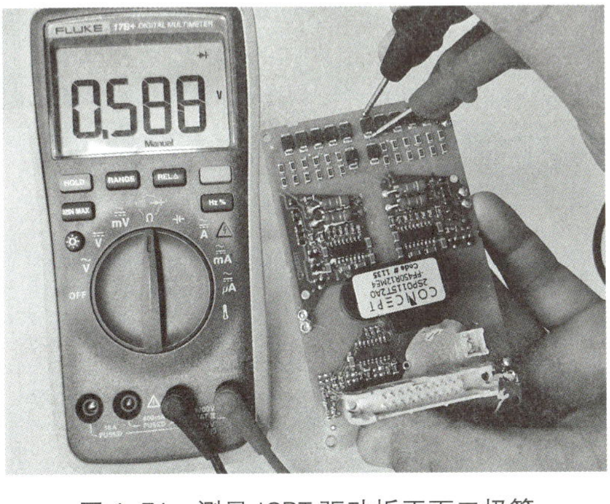

图 1-71　测量 IGBT 驱动板正面二极管

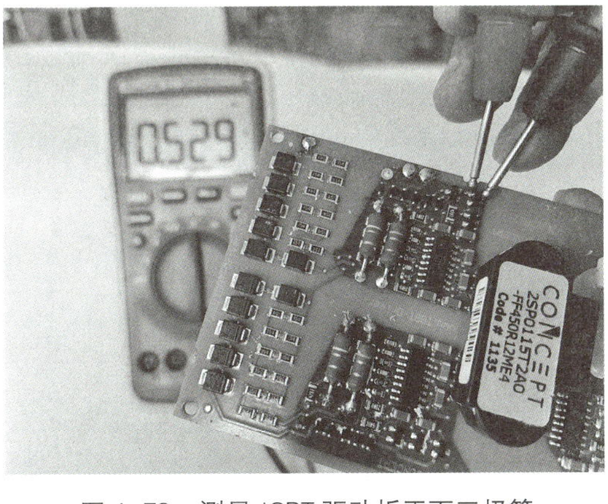

图 1-72　测量 IGBT 驱动板正面三极管

3. 死区设定电阻测量

（1）IGBT 驱动板死区设定电阻 1 测量

如图 1-73 所示为测量 IGBT 驱动板死区设定电阻 1，与其色环读数电阻进行比较。

（2）IGBT 驱动板死区设定电阻 2 测量

如图 1-74 所示为测量 IGBT 驱动板死区设定电阻 2，与其色环读数电阻进行比较。

也可采用将上桥设定电阻与下桥设定电阻进行对比的测量方法，若电阻相同，说明没有故障。

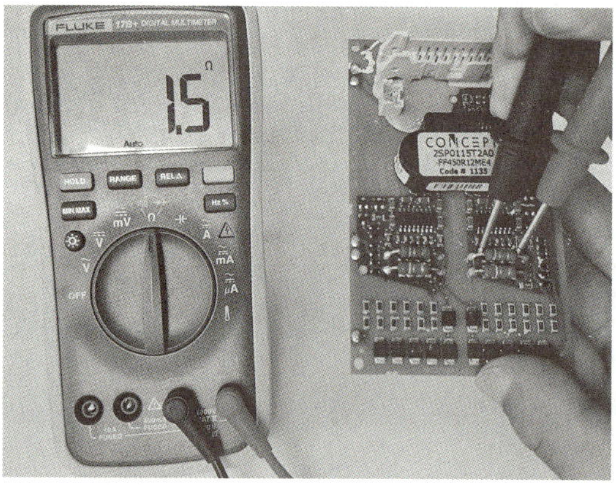

图 1-73　测量 IGBT 驱动板死区设定电阻 1

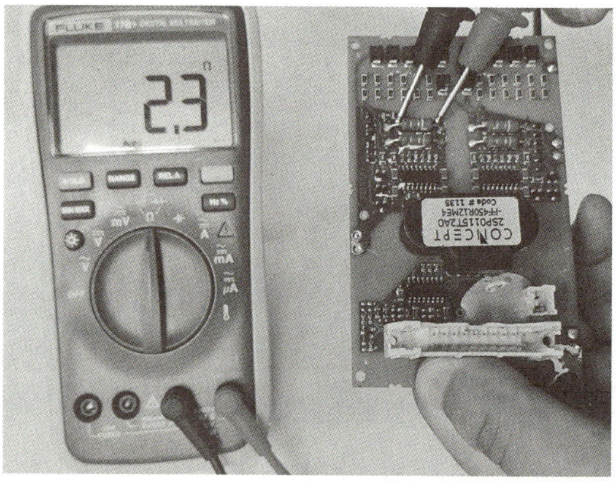

图 1-74　测量 IGBT 驱动板死区设定电阻 2

二、IGBT 的检查

1. 测量上桥续流二极管好坏

（1）测量 IGBT 内续流二极管正向导通电阻

如图 1-75 所示，将万用表置于 R×100 挡，将黑表笔接上桥 IGBT 的发射极（E），红表笔接上桥 IGBT 的集电极（C），测量续流二极管的正向导通电阻，本例为 390 Ω，正常。

（2）测量 IGBT 内续流二极管反向截止电阻

如图 1-76 所示，将万用表置于 R×100 挡，将黑表笔接上桥 IGBT 的集电极（C），红表笔接上桥 IGBT 的发射极（E），测量续流二极管的反向截止电阻，电阻显示为无穷大。

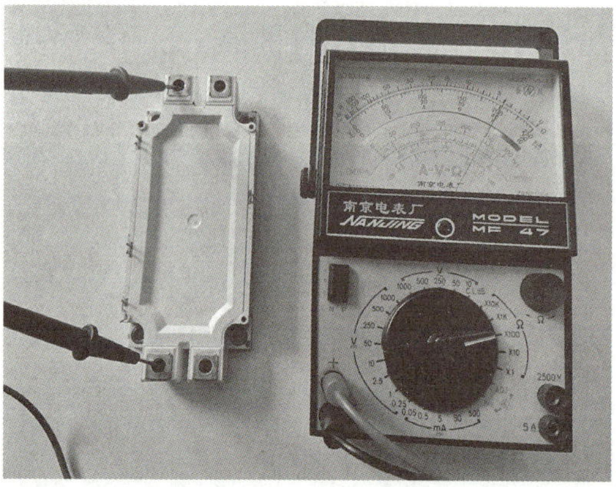

图 1-75　测量 IGBT 内续流二极管正向导通电阻

图 1-76　测量 IGBT 内续流二极管反向截止电阻

2. 检查栅漏极和栅源极间二氧化硅是否击穿

（1）检查 IGBT 栅漏极间二氧化硅是否击穿

如图 1-77 所示，将万用表置于 R×100 挡，将黑表笔接上桥 IGBT 的栅极（G），红表笔接上桥 IGBT 的集电极（C），指针在左侧，说明测量电阻无穷大，二氧化硅未击穿。

（2）检查 IGBT 栅源极间二氧化硅是否击穿

如图 1-78 所示，将万用表置于 R×100 挡，将黑表笔接上桥 IGBT 的栅极（G），红表笔接上桥 IGBT 的源极（S），注意发射极（E）和漏极（D）是一个极，也可红表笔接发射极（E），指针在左侧，说明测量电阻无穷大，二氧化硅未击穿。

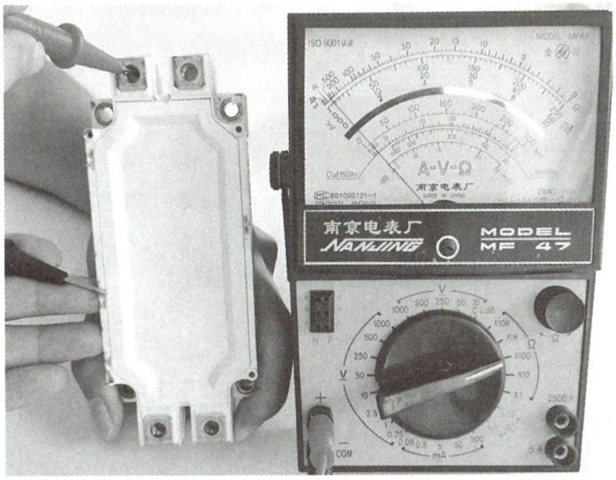

图 1-77　测量栅极与漏极间二氧化硅是否击穿

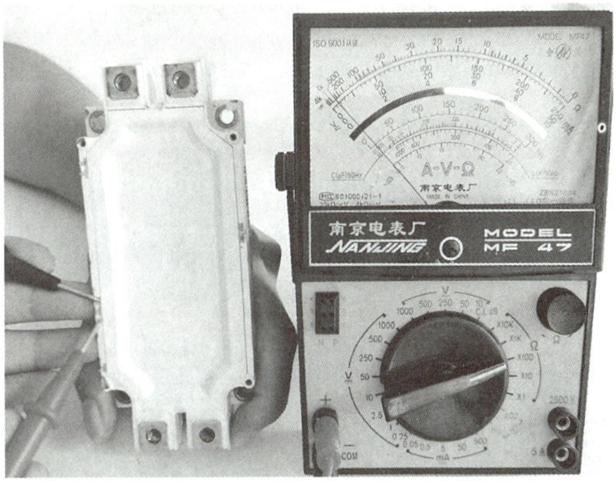

图 1-78　测量栅极与源极间二氧化硅是否击穿

3. 对 IGBT 进行导通、保持、截止测试

（1）导通测试

如图 1-79 所示，将万用表置于 R×10 k 挡，将黑表笔接上桥 IGBT 的集电极（C），红表笔接上桥 IGBT 的发射极（E），食指按压在集电极（C）上，拇指按压在栅极（G）上，指针摆在中间，说明有电流通过，IGBT 能正常导通。

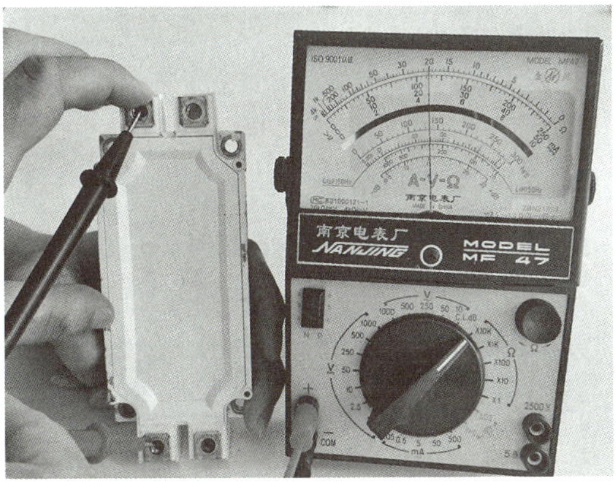

图 1-79　用大拇指将 R×10 k 挡输出电压引至栅极驱动 IGBT 导通

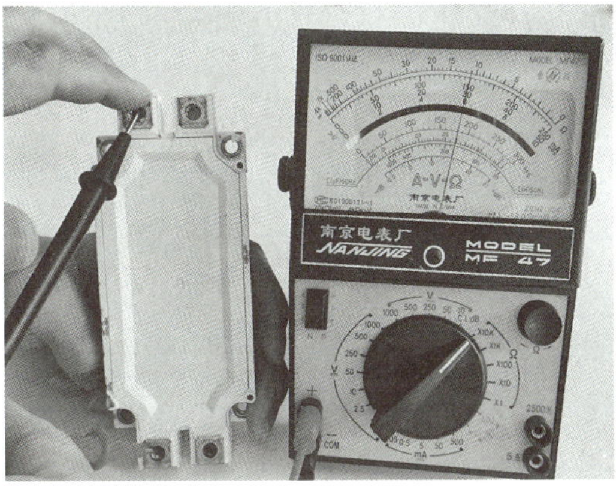

图 1-80　撤掉大拇指驱动电压后的 IGBT 保持导通

（2）保持测试

如图 1-80 所示，拇指离开 IGBT 端子，驱动电压消失，表指针仍稳定保持在表盘中间，说明有电流通过集电极（C）流过发射极（E），IGBT 能保持正常导通。

（3）截止测试

如图 1-81 所示，将拇指按压在栅极（G）和源极（S）进行放电，表指针向左摆至电阻无穷方向，说明 IGBT 驱动放电成功，IGBT 截止功能正常。

4. 物理分拆查找是否有损坏

很多 IGBT 模块是可以分拆开盖的（图 1-82），对于这种结构，可直接拆开 IGBT 检查是否有烧毁或钎焊线断开的情况，若仅是钎焊线断开，采用特种焊接是可以修复的，不过建议直接更换。

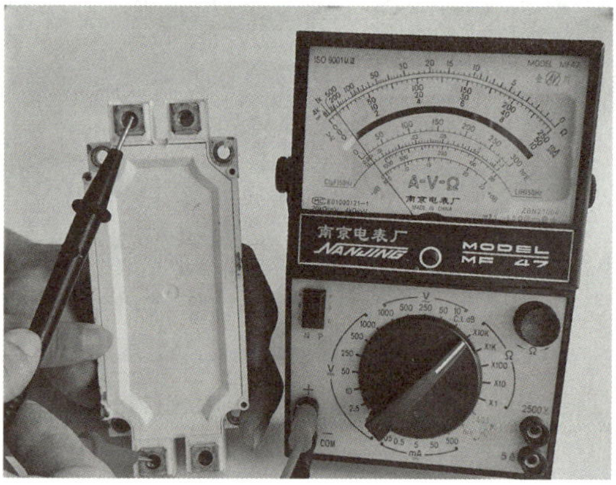

图 1-81　短接集电极和源极对驱动进行放电

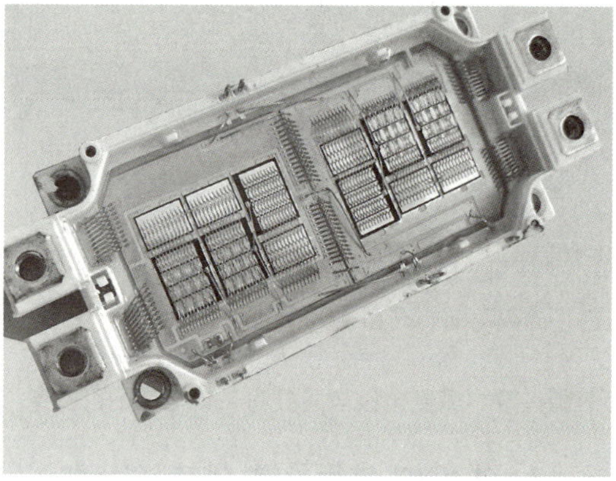

图 1-82　拆开 IGBT 检查是否有损坏

实训任务单　电力电子元器件的测量

一、任务布置

电力二极管、电力场效应晶体管、绝缘栅双极晶体管的测量。教师准备好正常和烧坏的电力电子元器件按组分配。实训任务单电子版可扫描本页二维码下载。

实训任务单

二、任务分配

按照前面所了解的知识内容，落实各项工作负责人（表 1-4），如任务实施前的准备工作、实施中主要操作及协助支持工作、实施过程中相关要点及数据的记录工作等。

表 1-4　工作任务分配

步骤	工作内容	负责人
1	组长	
2	第一操作人	
3	第二操作人	
4	数据记录人	
5	安全员	
6	场地规格布置及结束 5S 收尾	

三、操作步骤合理性评估和纠正

教师用所提供的资料或相关视频进行提示，以帮助学生完成主要工作步骤的填写（表 1-5）。教师评估通过后，方可实施具体操作。学生可先行在草稿纸上填写，任务实施中若有改变须教师再次评估，以确认安全和可行。

表 1-5　主要工作步骤

内容	序号	为解决问题的主要操作步骤（不含准备及 5S）	通过/不通过
学生完成	1		
	2		

（续表）

内容	序号	为解决问题的主要操作步骤(不含准备及5S)	通过/不通过
学生完成	3		
	4		
	5		
	6		
	7		
	8		
	9		
	10		
教师完成	1	步骤可行	
	2	安全可行	
	3	时间可行	
	4	成本可行	

四、任务实施前的设备和工具准备

请各小组完成设备和工具准备自检表(表 1-6)填写。

表 1-6　设备和工具准备自检表

序号	设备及工具名称	数量	设备及工具是否完好
1			□是□否
2			□是□否
3			□是□否
4			□是□否
5			□是□否
6			□是□否
7			□是□否
8			□是□否

五、任务实施

请各小组根据操作完成电力电子元器件测量记录单(表 1-7),如果要同时测量多个元器件,本页可多张打印。

表 1-7　电力电子元器件测量记录单

序号	步骤或测量对象	记录	完成情况
1	1.1　电力二极管的正向电阻测量		正常□ 异常□
2	1.2　电力二极管的反向电阻测量		正常□ 异常□
3	2.1　电力场效应晶体管 D 极和 S 极的判定		正常□ 异常□
4	2.2　电力场效应晶体管 G 极的判定		正常□ 异常□
5	2.3　G 极和 D 极之间的二氧化硅是否击穿		正常□ 异常□
6	2.4　G 极和 S 极之间的二氧化硅是否击穿		正常□ 异常□
7	2.5　在 G 极和 S 极之间加驱动电压,判断 D 极和 S 极之间是否导通		正常□ 异常□
8	3.1　IGBT C 极和 E 极的判定		正常□ 异常□
9	3.2　IGBT G 极的判定		正常□ 异常□
10	3.3　G 极和 D 极之间的二氧化硅是否击穿		正常□ 异常□
11	3.4　G 极和 S 极之间的二氧化硅是否击穿		正常□ 异常□
12	3.5　在 G 极和 S 极之间加驱动电压,判断 D 极和 S 极之间的是否导通		正常□ 异常□
最终的故障点:			

注:记录数据,精确到小数点后两位。

课后习题

一、单选题

1. Power Diode 译为(　　)。
A. 电力二极管　　B. 电力三极管
C. 晶闸管　　D. 绝缘栅双极晶体管

2. Silicon Controlled Rectifier 译为(　　)。
A. 电力二极管　　B. 电力三极管
C. 晶闸管　　D. 绝缘栅双极晶体管

3. Giant Transistor 译为(　　)。
A. 电力二极管　　B. 电力晶体管
C. 晶闸管　　D. 绝缘栅双极晶体管

4. Power-MOSFET 译为(　　)。
A. 电力二极管　　B. 电力三极管
C. 电力场效应晶体管　　D. 绝缘栅双极晶体管

5. Insulated Gate Bipolar Transistor 译为(　　)。
A. 电力二极管　　B. 电力三极管
C. 晶闸管　　D. 绝缘栅双极晶体管

6. Intelligent Power Modules 译为(　　)。
A. 电力二极管　　B. 电力三极管
C. 智能功率模块　　D. 绝缘栅双极晶体管

7. 电力场效应晶体管多用于(　　)的场合。
A. 12 V 以下　　B. 12～200 V　　C. 200～500 V　　D. 200～100 V

8. 晶闸管多用于(　　)的场合。
A. 小于 1 kW　　B. 小于 10 kW　　C. 小于 100 kW　　D. 小于 100 kW

9. IGBT 多用于(　　)的场合。
A. 小于 1 kW　　B. 小于 10 kW　　C. 小于 100 kW　　D. 小于 1 000 kW

10. 电力二极管通常工作于大电流状态,在电流值达到额定电流时压降一般在(　　)之间。
A. 小于 1 V　　B. 1.0～2.0 V　　C. 2.0～3.0 V　　D. 3.0～4.0 V

11. 电力二极管所能承受的反向电压一般为(　　)。
A. 十几伏至几十伏　　B. 几十伏至几百伏
C. 几百伏至几千伏　　D. 几千伏至几万伏

12. 普通二极管(整流二极管),用于开关频率不高的场合,一般适用于(　　)。

A. 5 Hz 以下　　B. 10 Hz 以下　　C. 1 kHz 以下　　D. 10 kHz 以下

13. 快速恢复二极管恢复过程很短，特别是反向恢复过程很短，一般为(　　)。

A. 1 μs 以下　　B. 2 μs 以下　　C. 5 μs 以下　　D. 10 μs 以下

14. 肖特基二极管的优点是反向恢复时间很短，一般为(　　)。

A. 1～4 ns　　B. 10～40 ns　　C. 100～400 ns　　D. 1 000～4 000 ns

15. 肖特基二极管的反向耐压提高时其正向压降也会高得不能满足要求，因此多用于以下哪个低压场合？(　　)

A. 20 V 以下　　B. 200 V 以下　　C. 200～500 V　　D. 500～700 V

16. IPM 和散热器间涂抹使用温度范围大，且长期性能稳定，具有优良热传导率的硅脂是为了填补 IPM 和散热器间弯曲的缝隙，厚度标准为(　　)。

A. 50 μm　　B. 100 μm　　C. 150 μm　　D. 200 μm

17. 测量 IGBT 时，用指针万用表的红表笔接 C 极，黑表笔接 E 极，若所测值在 3.5 kΩ 左右，则所测管(　　)。

A. 内置电阻　　B. 内置稳压管　　C. 外置电阻　　D. 内置阻尼二极管

18. 在测量 IGBT 时，用指针万用表的红表笔接 C 极，黑表笔接 E 极，若所测值在 50 kΩ 左右，则所测 IGBT 管内不含(　　)。

A. 内置电阻　　B. 内置稳压管　　C. 内置电阻　　D. 阻尼二极管

二、判断题

1. 带驱动板的 IGBT 模块上的 MOD(模式选择)端子，是用于选择工作模式的。　(　　)
2. 带驱动板的 IGBT 模块上的 TB 允许通过连接 1 个外部电阻到 GND，来增加闭锁时间。　(　　)
3. IGBT 超出关断安全工作区时，停止 15 V 驱动的输出。　(　　)
4. 检测 IGBT 前先将 IGBT 三只引脚短路放电，避免影响检测的准确度。　(　　)
5. 测得 IGBT 三个引脚间电阻均很大，则说明该 IGBT 已击穿损坏。　(　　)

三、多选题

1. 晶闸管有三个电极，分别是(　　)。

A. 阳极 A　　B. 阴极 K

C. 控制极 G　　D. 控制极 C

2. 晶闸管广泛应用于(　　)等电路中。

A. 交流调压　　B. 调速　　C. 调光　　D. 交流开关

3. 双向晶闸管的三个端子是(　　)。

A. 端子 T_1　　B. 端子 T_2　　C. 控制栅 G　　D. 控制极 C

4. 电力晶体管是(　　)。

A. 电流控制电流的大功率电力电子元器件

B. 高反压电力电子元器件

C. 自关断能力电力电子元器件

D. 非自关断能力电力电子元器件

5. 电力晶体管的三个极是(　　)。

A. 集电极(C)　　B. 发射极(E)

C. 基极(B)　　D. 控制极(G)

6. 电力晶体管的模块化组合为(　　)。

A. 一单元　　B. 二单元　　C. 四单元　　D. 六单元

7. 电力场效应晶体管为(　　)。

A. 结型　　B. 硅型　　C. 锗型　　D. 绝缘栅型

8. 电力场效应晶体管有三个极分别为(　　)。

A. 漏极(D)　　B. 栅极(G)

C. 源极(S)　　D. 控制极(C)

9. 电力场效应晶体管保护措施有(　　)。

A. 防静电击穿　　B. 防偶然性振荡损坏

C. 防栅极过电压　　D. 防漏极过电流

10. 电力场效应晶体管为防栅极过电压,采用栅源极之间(　　)。

A. 并联电阻　　B. 并联约 20 V 的稳压二极管

C. 串联电阻　　D. 串联约 20 V 的稳压二极管

11. IGBT 栅极和发射极之间的电压控制在正常范围内是指(　　)。

A. 导通用 2～4 V 电压驱动　　B. 截止用 −5～0 V 电压驱动

C. 导通用在 13.5～16.5 V 之间电压驱动　　D. 截止用在 −15～−5 V 之间电压驱动

12. IGBT 的驱动电路必须具备以下两个功能是(　　)。

A. 栅极驱动功能　　B. 截止用 −5～0 V 电压驱动

C. 导通用在 13.5～16.5 V 之间电压驱动　　D. 电隔离功能

13. 220 V 交流小功率的 IGBT 驱动采用(　　)。

A. 自举 IGBT 驱动　　B. 高频脉冲变压器

C. 低频脉冲变压器驱动　　D. 直流电压驱动

14. 中等功率 IGBT 的驱动(　　)。

A. 400 V 交流采用自举供电的光耦　　B. 690 V 交流采用隔离的脉冲变压器

C. 400 V 交流采用隔离的脉冲变压器　　D. 690 V 交流采用自举供电的光耦

15. IGBT 过热损坏的失效保护措施有(　　)。

A. 增强散热能力　　B. 降栅压来降功率驱动

C. 停止主电路供电　　D. 停止驱动电路供电

16. IGBT 的瞬态过电流检测方法有(　　)。

A. 电流传感器检测　　B. 变压器检测

C. 精密电阻检测　　D. 光耦检测

17. IGBT过电压会造成集电极、发射极间击穿，处理方法有（　　）。

A. 降栅压来降功率驱动　　B. 增栅压来减压降

C. 停止驱动输出　　D. 停止主电路供电

18. 逆变器短路原因有（　　）。

A. 直通短路桥臂　　B. 负载电路短路

C. 逆变器输出直接短路　　D. 散热不良

19. 智能功率模块驱动功能包括（　　）。

A. 驱动电源欠压锁定（UV）　　B. 过热保护（OT）

C. 过流保护（OC）　　D. 短路保护（SC）

20. 智能功率模块保护功能包括（　　）。

A. 过流保护功能　　B. 过温保护功能

C. 欠压保护功能　　D. 上下桥臂的驱动信号互锁

项目二

传统汽车中的电力电子技术认知

情景引入

一汽解放柴油货车发动机出现缺缸故障，更换喷油器、检查线束后，故障仍未排除。经检查发现这个缸的喷油器没有被发动机电子控制单元（Electronic Control Unit，ECU）控制，检修人员确定为发动机ECU的喷油器驱动电路损坏。更换新的发动机ECU价格较贵，所以车主想修理。修理人员打开发动机ECU，经检查为一个电力场效应晶体管损坏。检修人员更换电力场效应晶体管，又进行了一些检查后，将这个发动机ECU装回车上，发动机运行正常。

学习目标

知识目标

- 了解传统汽车发动机喷油器升压电路工作原理；
- 掌握发电机整流板工作原理；
- 了解点火放大器电路工作原理。

能力目标

- 了解传统汽车发动机喷油器升压电路电路板的测量方法；
- 了解发电机整流板电路的测量方法；
- 了解点火放大器及放大电路的整体测量方法。

素养目标

- 培养学生查询和使用资料的能力；
- 培养学生规范操作、安全操作的意识；
- 培养学生善于发现问题、处理问题的能力。

任务一 传统汽车中的电力电子技术应用

一、传统汽车电力电子技术

电力电子技术在以内燃机为动力的传统汽车上的应用主要集中在汽车发动机控制、电气控制、底盘控制三个方面。传统汽车中的电力电子元器件为P-MOSFET和IGBT,和新能源汽车相比,其电压和电流普遍较小。

如图2-1所示,常见的汽车电子控制系统由传感器、电子控制单元(ECU)和执行器三部分组成,而电子控制单元又由输入回路、单片机系统以及输出回路三部分构成。传感器的作用是检测受控对象及其相关联系统的状态,并将各种状态转化成电信号作为ECU的输入。执行器是将ECU输出的电信号转化成机械运动的机构或装置。

严格地说,汽车的点火模块不属于汽车执行器的范畴,但在现代汽车中,它和其他执行器的驱动都严重依赖于电力电子电路,所以也将其放入执行器中。对于电力电子电路来说,在执行器中,压电式蜂鸣器、压电式喷油器属于容性负载;车外照明、指示灯、加热器等接近于阻性负载;其他大多属于感性负载,如各种电磁阀、电机等。

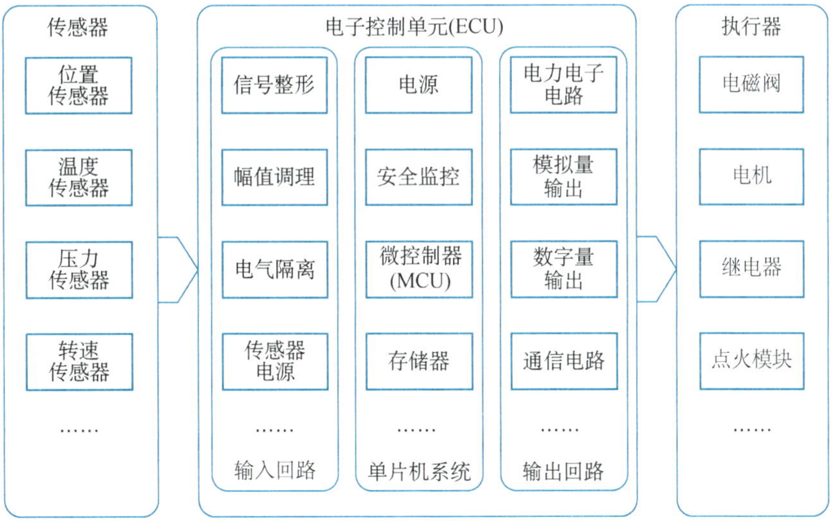

图2-1 汽车电子控制系统

二、电力电子驱动方式

微课视频——汽车执行器的驱动电路结构

汽车执行器的驱动电路,即ECU的电力电子电路,按电力电子元器件在电路中的位置可以分为五类,分别是低边驱动、高边驱动、高低边驱动(又称串联驱动)、半桥驱动(又称推挽式驱动)和全桥驱动,其中全桥驱动根据负载的不同,又可以分为 H 桥驱动和三相桥驱动。

ECU 中各种电力电子电路的结构，如图 2-2 所示，图中电力电子元器件均采用电力场效应晶体管。

如图 2-2(a)、(b)所示的低边驱动和高边驱动主要适用于由一个或多个负载共用一个全电子元器件来进行通断切换的场合。二者的区别只是电力电子元器件和负载所处的位置不同。

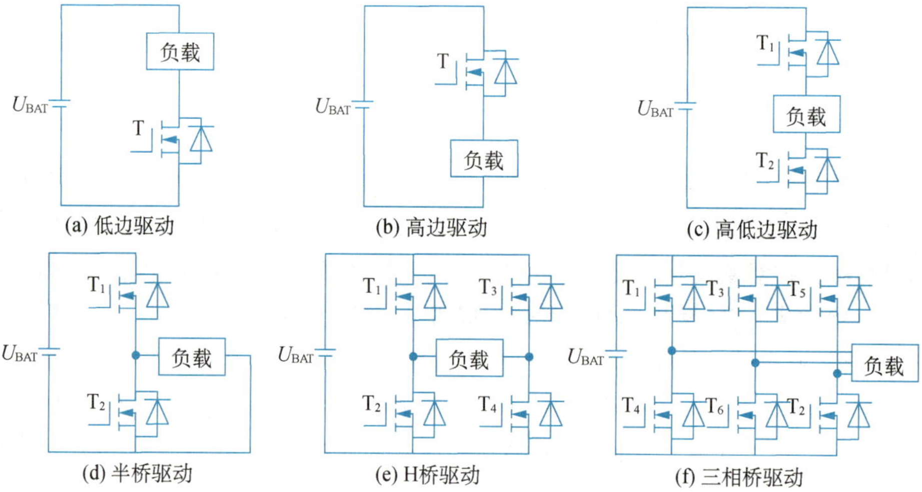

图 2-2　汽车执行器的驱动电路结构

因传统汽车的电气系统采用“负极搭铁”方式，高边驱动比低边驱动更具有优势，如负载出现短路或绝缘不良造成的危害较小，需要的连接线少使线束成本降低，电偶腐蚀程度轻等。但由于高边驱动中电力电子元器件的栅极“地”和 ECU“地”的电位不同，需要另外的隔离电源或升压电路为电力电子元器件提供驱动能量，也可采用“自举”的供电方式。

对于低边驱动和高边驱动，可采用精密电阻对负载支路电流进行采样。采样电阻的位置不同，可以构成不同的电路结构。四种电路结构及其特点见表 2-1。

表 2-1　具有采样电阻的低边驱动和高边驱动电路结构和特点

项目	低边驱动低边采样电阻	低边驱动高边采样电阻	高边驱动低边采样电阻	高边驱动高边采样电阻
电路结构	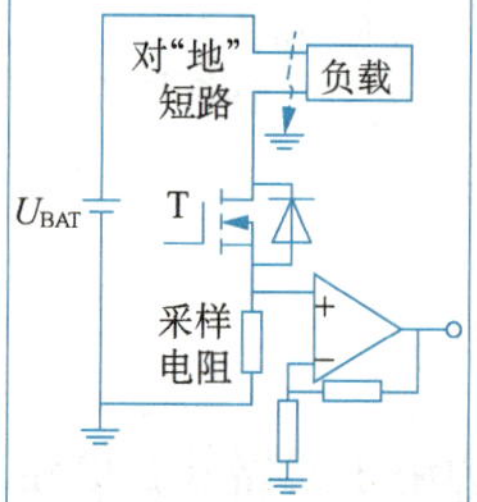	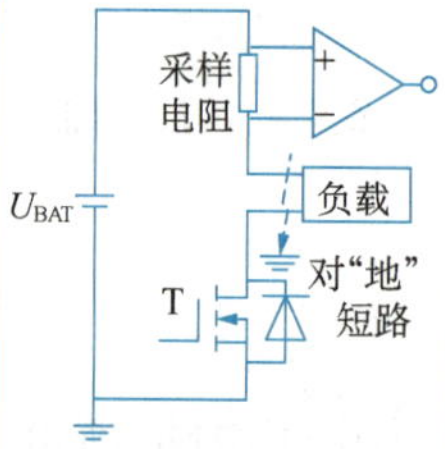	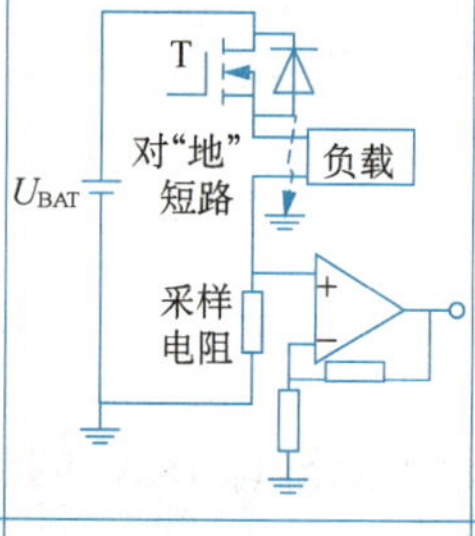	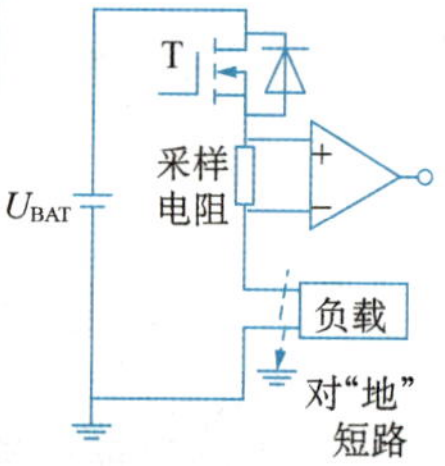
电力电子器件的驱动	简单，成本适中	简单，成本较低	复杂，成本较高	复杂，成本较高

（续表）

项目	低边驱动低边采样电阻	低边驱动高边采样电阻	高边驱动低边采样电阻	高边驱动高边采样电阻
采样电路	简单	复杂，采用差分电路	简单	复杂，采用差分电路
负载对地短路	无法检测	可检测	无法检测	可检测

如图 2-2(c)所示的高低边驱动主要用于对供电可靠性和安全性要求非常高的负载，如安全气囊等。

如图 2-2(d)所示的半桥驱动适用于流过单向电流且关断速度要求比较快的负载，如雨刷器等。

如图 2-2(e)所示的 H 桥驱动用于流过双向电流的负载，如直流电机等。通过控制 H 桥中对角电力电子元器件的通断状态或导通的占空比[即脉宽调制（Pulse Width Modulation，PWM）信号驱动电力电子元器件工作]，可以控制加到负载两端的直流电压幅值和极性。

如图 2-2(f)所示的三相桥驱动主要用于三相交流电机的控制。

汽车上的执行器负载种类和数量较多，如果所有执行器的驱动电路都由分立元器件搭建，会导致元器件多、ECU 体积大、电路板布线困难，同时控制系统的可靠性和稳定性很难得到保证，灵活性和扩展性也受限。随着微电子技术的发展和电子工艺水平的进步，汽车用集成化功率芯片出现，这些芯片的输入电气接口可以直接与单片机逻辑数字接口连接，输出电气接口可以直接连接执行器电气接口，芯片内部集成了电力电子元器件、保护电路、温度检测电路、电流采样电路等，很大程度上提高了 ECU 的集成度，改善了其驱动性能，降低了电控系统的设计和生产成本。

三、传统汽车电力电子元器件性能要求

传统汽车对电力电子元器件性能提出了严格的要求，这些要求与汽车运行环境和特点密切相关。

1. 电磁环境

从电源、ECU 到各种负载，传统汽车结构比较复杂，线束分布于车辆全身，构成了一个复杂的电磁环境。汽车行驶在道路上，穿行于高压输电线、通信基站和其他电磁辐射区域，司乘人员也可能使用计算机、手机等电子设备，因此，汽车 ECU 以及其内部的电力电子元器件需要有良好的电磁兼容性(Electro Magnetic Compatibility，EMC)才能满足汽车安全可靠行驶的要求。

2. 振动

车辆行驶过程中产生的振动会作用到电力电子元器件上，使位于发动机和变速器附近的 ECU 受到一定的振动冲击，ECU 内的电力电子元器件同时也会受到较剧烈振动的影

响。因此，ECU 及其内部电力电子元器件应具有一定的力学坚固性，不能因车辆产生的振动而松动或脱落。

3. 温度和湿度

汽车电气系统工作环境温度要求如下：最低温度为 -40 ℃，发动机舱内最高温度为 105 ℃（距热源较近的可达 120 ℃），其他区域最高温度为 85 ℃（阳光直射处为 105 ℃）。

电力电子元器件在开关过程中以及导通时均会产生一定的损耗，要充分考虑 ECU 壳体和 ECU 安装位置对散热的影响。

在湿度较大的环境下，ECU 内电力电子元器件以及电路板可能会因潮湿使自身绝缘强度降低进而引发电气故障。此外，潮湿的空气会对电力电子元器件的管脚以及电路板上的焊盘、导线具有一定的腐蚀作用。

4. 化学环境和盐雾

不同安装位置的 ECU 都有可能暴露在化学环境之中。车辆在行驶过程中，可能会出现燃油、冷却液、润滑油、电解液、清洗剂等化学品的泄漏，这些化学品对 ECU 内的电力电子元器件和电路板都会产生严重的腐蚀作用。此外，盐雾也可能对汽车电气部件产生侵蚀作用。虽然 ECU 壳体对内部元器件具有一定的保护作用，但电力电子元器件和电路板自身需具有一定的抗腐蚀能力。

5. 环境保护要求

汽车行业越来越强调汽车 ECU 生产中所使用的材料要满足环境保护方面的要求。一些汽车厂商和零部件企业已经采用了类似《关于限制在电子电器设备中使用某些有害成分的指令》（Restriction of Hazardous Substances，RoHS）或更为严格的环保标准，对电力电子元器件中铅、镉、汞、多溴联苯（Polybrominated Biphenyls，PBB）、多溴联苯醚（Polybrominated Diphenyl Ethers，PBDEs）等元素或相应物质含量提出了严格的限制要求。在选择电力电子元器件时，应选用符合 RoHS 规定的元器件。

任务二　汽车电气系统电力电子技术应用

一、汽车电源系统

在传统汽车中，供电电源由交流发电机与蓄电池构成。在发电机不工作时，整车电气系统由蓄电池供电；当发电机工作时，发电机带动发动机运行，根据车上电气负荷的高低以及蓄电池荷电状态（State of Charge，SOC），发电机不仅可为蓄电池充电，也可以和蓄电池一起为车上电气负载提供电能。蓄电池以及带有整流模块的发电机的负极就近“搭铁”，因此，除非特殊需要，汽车上电气网络普遍采用正极“单线制”连线方式，负极则经“搭铁”而形成供电回路。如图 2-3 所示为典型的汽车电气系统连接示意图。

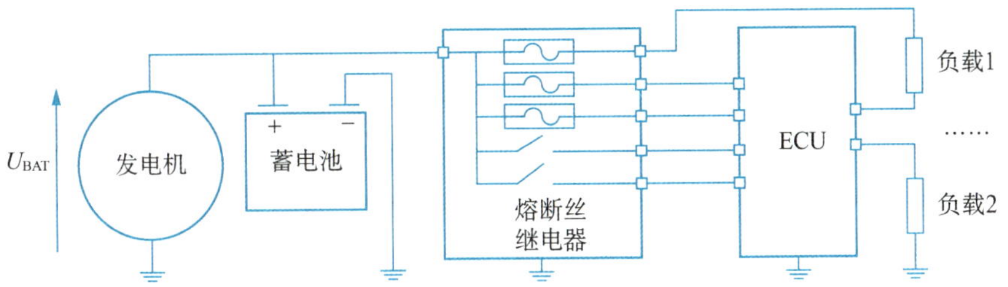

图 2-3　汽车电气系统连接示意图

二、三相整流电路

传统汽车上的交流发电机产生的交流电能需要经过整流电路才可以输出到蓄电池或用电部件。如图 2-4 所示，*B* 点为发电机直流输出，经负载后，其从 *E* 点回流至发电机。

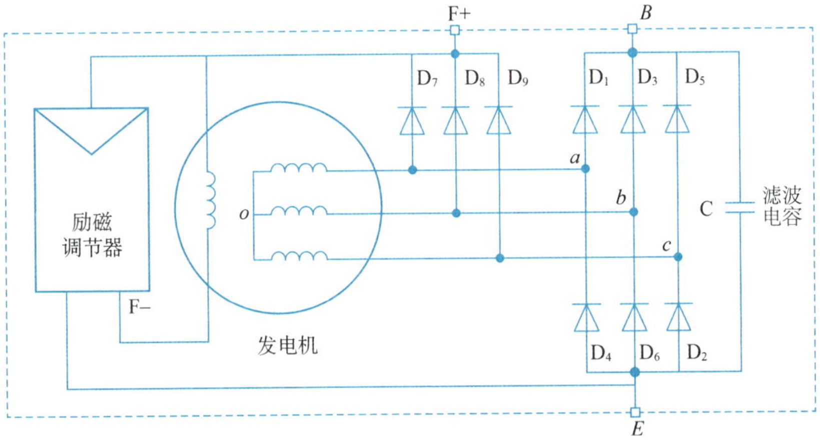

图 2-4　内置电压调节器和整流器的交流发电机内部原理

交流发电机输出的三相交流电压为

$$\begin{cases} u_{ao}=U_{m}\sin(\omega t) \\ u_{bo}=U_{m}\sin\left(\omega t-\dfrac{2\pi}{3}\right) \\ u_{co}=U_{m}\sin\left(\omega t+\dfrac{2\pi}{3}\right) \end{cases}$$

整流电路普遍采用三相全桥式整流电路，由 D_1～D_6 六个功率二极管构成，具体如图 2-5 所示。

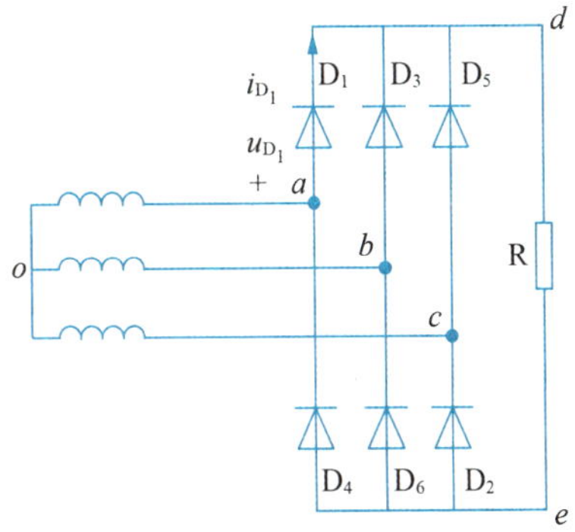

图 2-5　三相全桥式整流电路

在如图 2-5 所示电路中，在任一时刻，对于共阴极的二极管 D_1、D_3 和 D_5，阳极电位最高的电力二极管导通；对于共阳极的二极管 D_4、D_6 和 D_2，阴极电位最低的电力二极管导通。也就是说，在任一时刻，只有两个电力二极管导通，这两个电力二极管分别位于三相整流桥的上桥臂和下桥臂，并且不在同一桥臂上。施加在负载 R 上的电压为某两相间的电压，即火线间电压。

电路工作波形如图 2-6 所示，图中同时给出了流过电力二极管 D_1 电流 i_{D_1} 的波形，以及 D_1 两端承受电压 u_{D_1} 的波形。

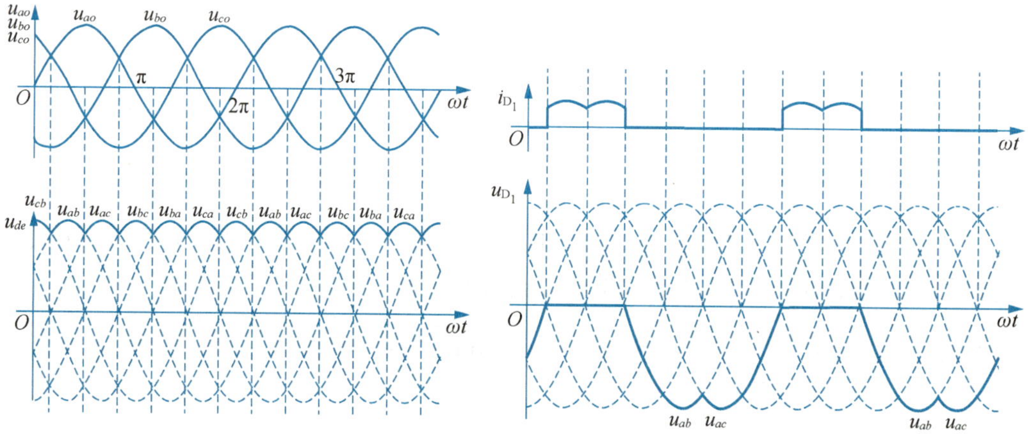

图 2-6　三相全桥式整流电路波形(左)及 D_1 电流(右上)、电压(右下)波形

从波形可以看出，在共阳极的三个电力二极管(或共阴极的三个电力二极管)中一个电力二极管从导通到关断时，必有另一个电力二极管从关断到导通，这个切换现象称为换相。换相的时刻是三相相电压 u_{ao}、u_{bo} 和 u_{co} 的交点，也是三相线电压 u_{ab}、u_{bc} 和 u_{ca} 的交点。图 2-5 中六个电力二极管的导通顺序依次为 D_1、D_2、D_3、D_4、D_5 和 D_6。三相全桥式整流电路输出电压 u_{de} 波形是三相相电压 u_{ao}、u_{bo} 和 u_{co} 波形中正包络线和负包络线的差值。三相全桥式整流电路的输出电压平均值为

$$\bar{U}_{\text{out}}=\frac{1}{\frac{\pi}{3}}\int_{\frac{\pi}{6}}^{\frac{\pi}{2}}(u_{ao}-u_{bo})\mathrm{d}t=\frac{3U_m}{\pi}\int_{\frac{\pi}{6}}^{\frac{\pi}{2}}\left[\sin(\omega t)-\sin\left(\omega t-\frac{2\pi}{3}\right)\right]\mathrm{d}t=1.654\,U_m$$

对于带励磁绕组的交流发电机，其正常工作时，励磁绕组需要通过电流，产生发电所需的磁场。为了向励磁绕组供电，图 2-4 中还有三个励磁电力二极管 D_7、D_8 和 D_9，它们和电力二极管 D_4、D_6 和 D_2 形成了另外一个三相全桥式整流电路，这个整流电路经励磁调节器为励磁绕组提供所需能量。由于发电机在不同转速下输出电压会发生变化，为了维持输出电压在合理的范围之内，需要调节发电机的励磁电流。励磁调节器的作用就是基于发电机输出电压对励磁电流进行调节。由 D_1～D_9 构成的整流电路通常会和发电机集成在一起，组成汽车交流发电机的整流器。

从图 2-6 中可以看出，三相全桥式整流电路输出电压瓤斑每个周期($\omega t=2\pi$)脉动 6 次，具有很大的纹波电压。由于蓄电池具有一定的平波作用，当把发电机整流输出和蓄电池并联后，纹波电压会受到一定的抑制。如果此时纹波电压仍超出允许范围，可以在整流输出端并联一个电容 C(图 2-4)，从而获得更好的平波效果。即使这样，发电机整流输出纹

波也不可能被完全消除。

此外，传统汽车电气系统直流电压，即蓄电池输出电压或发电机整流输出电压，还会因下列原因产生波动。

（1）负载的突然变化。在发动机起动瞬间或点火瞬间，由于瞬时功率消耗较大，电气系统直流电压急剧下降。尤其在发动机点火过程中，通常伴随出现电气系统直流电压的短时间电压振荡、尖峰或波动。

（2）集成式起动机发电机的工况变化。装配集成式起动机发电机（Integrated Starter and Generator，ISG）的车辆，当ISG在驱动和制动过程切换时，相当于较大的“负载”和“电源”在切换，会导致电气系统直流电压出现一定幅度的波动。

（3）蓄电池性能下降。在蓄电池长时间使用后，其性能会明显下降，内阻明显增加，对电压纹波抑制能力变差。发电机工作时，电气系统直流电压会迅速增高；而当发电机停止工作时，电气系统直流电压会迅速下降。此外，在冬季环境温度较低情况下，蓄电池放电性能会变差，如果负载较大，就会导致电气系统直流电压较低。

（4）负载突降。负载突降是指发电机工作时，蓄电池接线端子突然断开，发电机电压调节电路无法快速响应而使电气系统出现较高电压脉冲的现象，这属于汽车电气系统中严重的故障。

（5）蓄电池电量不足。当汽车长时间停泊或由于其他原因导致蓄电池电量较低时，在发电机工作前，电气系统直流电压会较低。如果此时起动发动机，就可能出现过低电压。

（6）应急起动或蓄电池反接。车辆在应急起动时应急电源电压等级不正确或蓄电池反接，会导致电气系统直流电压出现异常。

基于以上多种原因分析，汽车电气系统直流电压通常会在一定范围内变化。以标称12 V电压的蓄电池为例。

（1）当蓄电池电缆在蓄电池桩上被反接时，全车电气系统将出现0～16 V的反向电压，具体电压大小随蓄电池的电压大小变化。

（2）当蓄电池馈电时，全车电压在0～12 V之间，具体电压大小随蓄电池的电压大小变化。

（3）汽车上正常工作的蓄电池电压为13～14 V（从车上取下后通常在12.6～12.8 V），发动机起动瞬间，蓄电池输出电压会有较大的电压下降，严重时会超过6 V。

（4）车辆外接起动或充电机跨接起动时，起动瞬间需要给起动机供给更高的电压，这时输出电压会高于16 V。

（5）在大负载突然关断时，例如大功率直流电机在关断后，电气系统产生的电压瞬间上升可到40 V左右。

汽车上所有的ECU和用电部件在－16 V到＋40 V的电压范围内都不会损坏。事实上，汽车电气系统还混有其他电感类电源，比如点火线圈，但由于其作用回路阻抗非常大，作用时间又极短，点火线圈的高压对电子元器件损坏可以不计。

任务三 汽油发动机电力电子技术应用

一、汽油发动机电子点火系统

如图 2-7 所示，汽油发动机电子点火系统分为有分电器的电子点火系统和无分电器的单缸独立电子点火系统。汽油发动机电子点火系统由电控发动机的传感器输入信号给发动机电控单元，经电控单元处理后驱动点火执行器。点火执行器是一个开关变压器电路，包括 IGBT 驱动电路和点火线圈初级线圈。高压经点火次级电路、高压线和火花塞形成回路。

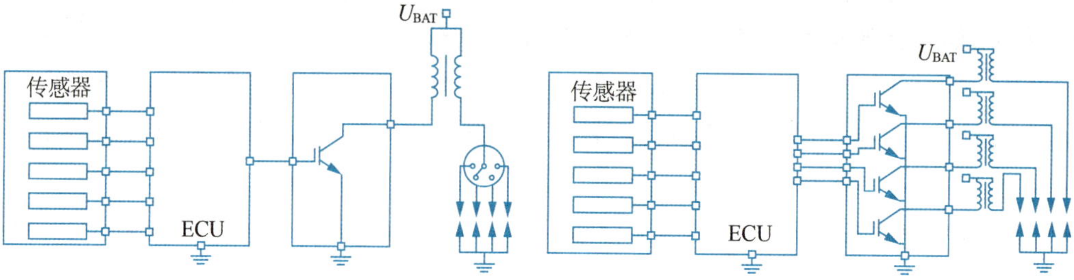

(a) 有分电器的电子点火系统 (b) 无分电器的单缸独立电子点火系统

图 2-7 汽油发动机电子点火系统

为保证汽油发动机在各种工况下性能可靠并准确点火，点火系统应满足以下要求：

(1) 次级线圈要产生足够高的电压，使火花塞电极间击穿，从而产生电火花。现代发动机的点火系统普遍能提供 20 kV 以上的次级电压。

(2) 电火花要有足够的能量。若点火能量不够，缸内混合气就不能被点燃，燃烧也就不能发生。目前点火线圈存储的能量一般为 60～120 mJ。

(3) 点火系统应按点火顺序并在最佳时刻(点火提前角)进行点火。点火提前角是由发动机动力性能、经济性能和排放性能共同确定的。

(4) 需要进行爆震燃烧控制时，点火提前角推迟。

下面结合图 2-8 分析电子点火系统的工作原理。IGBT 导通时，点火线圈储能；IGBT 断开时，次级线圈产生高压传递给火花塞实现点火，双向稳压管背向串联实现双向稳压，防止 IGBT 的集电极、栅极间和栅极、发射极间过压。

二、汽油发动机缸内直喷系统

为了实现缸内直喷汽油发动机(Gasonline Direct Injection，GDI)喷油量、喷油正时和喷油速率的精确控制，喷油器驱动电路需要满足更高的要求。GDI 发动机喷油器驱动电路由升压电路(BOOST)、高端自举驱动电路和电流分段控制电路等模块组成，采用双电源供

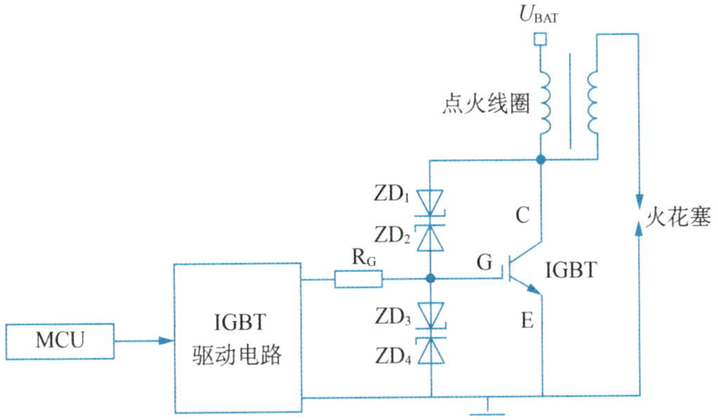

图 2-8　基于 IGBT 的电子点火系统原理

电，以实现三段驱动反馈电流控制。该电路可以有效减少喷油器的开启时间和关闭时间，满足喷油器对驱动性能的要求。

1. 喷油器驱动电流要求

如图 2-9 所示，理想的喷油器驱动电流要求分为三个阶段：上升阶段（$T_0 \sim T_1$）、拾波阶段（$T_1 \sim T_2$）和保持阶段（$T_2 \sim T_3$）。在上升阶段，需要一个高电压直接作用在喷油器电磁阀线圈上，加快驱动电流上升速度，以缩短喷油器开启时间；在拾波阶段，仍需提供较大保持电流，以防止电流突变导致喷油器针阀意外落座；在保持阶段，驱动电流下降到一个较小的值，保证喷油器处于打开状态且功耗降低。

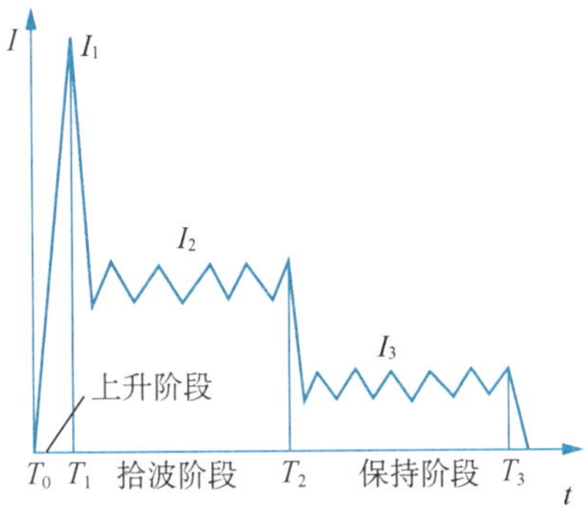

图 2-9　理想喷油器的驱动电流波形

2. 喷油器驱动电路结构

喷油器驱动电路结构如图 2-10 所示，由升压电路、高端自举驱动电路、电流分段控制电路等组成。

发动机喷油时，ECU 同时产生选缸信号和高压触发信号，其中，选缸信号通过低端驱动电路控制相应缸号的低端电力场效应晶体管导通，其脉宽决定了喷油时间；高压触发信号通过高端自举驱动电路控制高端电力场效应晶体管 M_1 导通，其脉宽决定了高电压通电时长。此时，通过升压电路得到的高电压 V_H 对喷油器供电，形成较大的电流，使喷油器快速开启。

高压触发信号结束时，其下降沿触发单稳态触发器，产生一个低电平信号，控制基准电压设定电路产生一个高基准电压。当采样电压低于基准电压时，比较器输出高电平，通过与门逻辑输出高电平信号，允许高端电力场效应晶体管 M_2 工作，低电压 V_L 开始供电，电流增加。当采样电压高于基准电压时，比较器输出低电平。此时，M_2 截止，低电压 V_L 停止供电，电流减小。如此循环，使第一段保持电流始终稳定在由高基准电压确定的范围内。

单稳态触发器产生的低电平信号结束后，基准电压设定电路产生低基准电压。类似

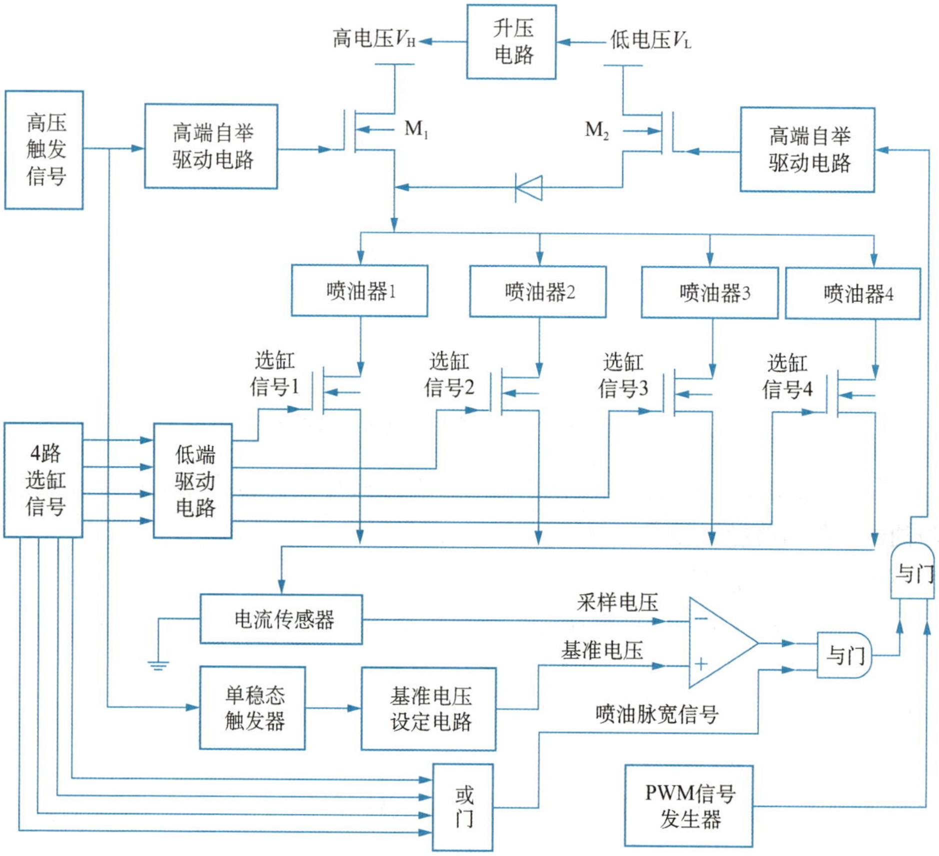

图 2-10　喷油器驱动电路结构组成

地，第二段保持电流始终稳定在由低基准电压确定的范围内，直到喷油结束。

3. 直流-直流升压电路

直流-直流升压电路采用 Boost 变换方式。如图 2-11 所示，升压电路由电流型 PWM 控制器 UC3843、多量程电流传感器 LA28_NP、电力场效应晶体管 Q_1、储能电感 L_1、二极管 D_1、储能电容 C_4 和电压反馈电阻 R_5、R_V 等组成。

升压原理：当电力场效应晶体管 Q_1 导通时，二极管 D_1 反相截止，电感线圈 L_1 与供电电源形成闭合回路，能量以磁能形式储存在 L_1 中；当电力场效应晶体管 Q_1 截止时，由于流过 L_1 的电流不能发生突变，所以 L_1 两端会产生一个与供电电源同向的感应电动势。在它们的共同作用下，二极管 D_1 导通，以高于电源的电压向储能电容 C_4 充电。如果电力场效应晶体管反复导通和截止，就可以在储能电容 C_4 两端得到高于电源电压的电压输出。

UC3843 通过 PWM 的方式控制升压电路的工作，其工作原理如下：当电压反馈引脚 V_{FB} 输入电压高于 2.5 V 时，输出引脚 OUT 为低电平，升压电路停止工作；当电压反馈引脚 V_{FB} 输入电压低于 2.5 V 时，输出引脚 OUT 输出 PWM 信号，升压电路开始工作。

电容 C_4 两端电压经电阻 R_5、R_V 分压后输入到 V_{FB} 引脚。调整电阻 R_5、R_V 大小，使

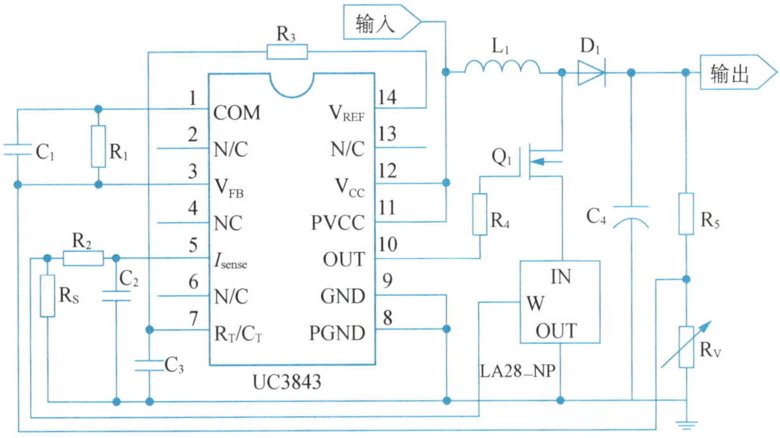

图 2-11 基于 UC3843 的直流-直流升压电路

得输出电压为目标电压时，输入 V_{FB} 引脚的电压恰好为 2.5 V，从而实现对输出电压大小的控制。

PWM 输出频率由 R_T/C_T 引脚外接的 R_3 和 C_3 确定，最大工作频率可达 500 kHz，计算公式为

$$f=\frac{1.72}{R_3 \cdot C_3}$$

电流传感器 LA28_NP 对电流进行检测，与 UC3843 配合工作，实现过流保护功能。当 LA28_NP 检测到流过蓄能电感 L_1 的电流为 I_1 时，其信号输出引脚产生与 I_1 成正比的电流 $I_1/k(k=1\ 000)$，经过采样电阻 R_S 转化成电压信号后，送入 UC3843 的电流取样引脚 I_{sense}。当 I_{sense} 引脚输入电压高于 1.0 V 时，UC3843 启动过流保护功能，OUT 引脚停止输出 PWM 波，升压电路停止工作。

因此，通过调整电阻 R_S 的阻值，即可确定允许流过蓄能电感 L_1 的最大电流 I_{Pk}，I_{PK} 与采样电阻 R_S 的关系为

$$I_{PK}=\frac{k}{R_S}$$

4. 高端自举驱动电路

为保证电力场效应晶体管饱和导通，栅极与源极之间的压差应大于其开启电压 $V_{GS(th)}$，且栅极电压一般以地为参考点。在喷油器驱动电路中，高端电力场效应晶体管的栅极接电源，源极接喷油器。为此，需要设计一个高端自举驱动电路，以提高栅极的驱动电压，保证高端电力场效应晶体管的正常工作。

高端自举驱动电路如图 2-12 所示，主要包括栅极驱动芯片 IR2110、电力场效应晶体管、自举电容 C_2、自举二极管 D_2。

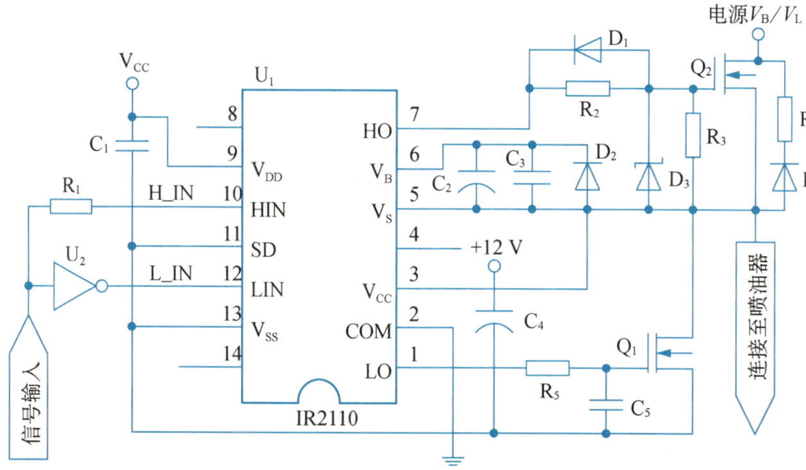

图 2-12 高端自举驱动电路

栅极驱动芯片 IR2110 具有独立的高端和低端输入通道，高端工作电压可达 500 V，输出的电源端电压范围为 10～20 V，逻辑电源电压为 5～15 V，可方便地与 TTL、CMOS 电平相匹配，具有工作频率高，导通、关断延迟小等特点。

高端自举驱动电路的工作原理如下：PWM 信号 H_IN 输入到 IR2110 的高端信号输入引脚 HIN，其反相信号 L_IN 输入到低端信号输入引脚 LIN。当 HIN 引脚输入低电平、LIN 引脚输入高电平时，HO 输出为低电平，LO 输出为高电平，此时，电力场效应晶体管 Q_1 导通，由 + 12 V、D_2、C_2、Q_1、GND 构成的充电回路对自举电容 C_2 充电；当 HIN 引脚输入高电平、LIN 引脚输入低电平时，C_2 充电完毕，IR2110 的引脚 HO 与引脚 V_B（C_2 正极）导通。此时，Q_2 栅极电压高于其开启电压，高端电力场效应晶体管被打开，自举完成。此外，电阻 R_5 和电容 C_5 用于延时 LO 引脚信号输出，以防止高压端对地短路。

自举元器件 D_2、C_2 的选取直接影响自举电路的驱动性能。在电路中，自举二极管起到隔离高端电源与低端电源的作用。当 Q_2 导通时，其栅极开启电压 $V_{GS(th)}$ 完全由自举电容提供，选用的超快速恢复二极管 MUR160 能够承受电路中的全部电压，且可以减小自举电容反馈进电源的电荷量。此外，C_2 必须具有足够的储能才能驱动 Q_2 的栅极，应选用钽电容，并尽量靠近芯片。自举电容最小的电荷量可由下式计算：

$$Q_{bs}=2Q_g+\frac{I_{qbs(max)}}{f}+Q_{ls}+\frac{I_{Cbs(leak)}}{f}$$

其中，Q_g 为电力场效应晶体管栅极电荷；f 为工作频率；$I_{qbs(max)}$ 为高端驱动最大静态电流；$I_{Cbs(leak)}$ 为自举电容漏电流；Q_{ls} 为每个工作周期内电平转换电路中的电荷。

自举电容必须能够提供不低于上述要求的电荷，为保证一定的裕量，自举电容上的电荷必须是最小电荷量的两倍。利用下式可以计算自举电容的电容量：

$$C \geqslant \frac{2\left[2Q_g + \frac{I_{qbs(max)}}{f} + Q_{ls} + \frac{I_{Cbs(leak)}}{f}\right]}{V_{CC} - V_f - V_{LS} - V_{Min}}$$

其中，V_f 为自举二极管的正向压降；V_{LS} 为低端电力场效应晶体管的压降；V_{Min} 为 V_B 与 V_{CC} 之间的最小压差。由上式计算得自举电容应当大于 0.26 μF，实际选取 0.47 μF、耐压为 35 V 的钽电容。

5. 电流分段控制电路

电流分段控制电路由基准电压设定电路 A 和电流反馈控制电路 B 组成，如图 2-13 所示。其中，电流传感器反馈电压 V_f 与喷油器驱动电流大小成正比，拾波阶段和保持阶段驱动电流的大小则通过输出信号 S_IN 控制喷油器低压电源的通断来实现。

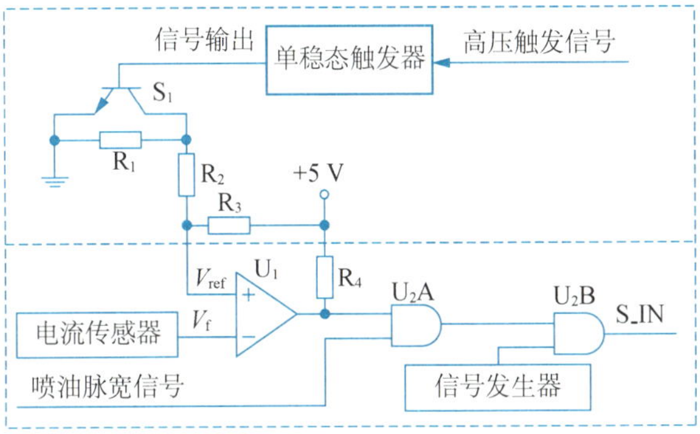

图 2-13　电流分段控制电路

如图 2-13 上半部分所示，基准电压 V_{ref} 大小由分压电阻 R_1、R_2、R_3 和三极管 S_1 共同决定：正常情况下，单稳态触发器输出保持高电平，三极管 S_1 导通，$V_{ref} = (5 - 0.6)[R_2/(R_2 + R_3)]$；当高压触发信号结束时，其下降沿会触发单稳态触发器输出一个设定脉宽的低电平脉冲，三极管 S_1 截止，$V_{ref} = 5[(R_1 + R_2)/(R_1 + R_2 + R_3)]$。

如图 2-13 下半部分所示，电流反馈控制电路主要由电压比较器 U_1 和与门 U_2 构成，工作原理：当 V_{ref} 大于 V_f 时，U_1 输出高电平，与喷油脉宽信号和 PWM 信号相遇后，S_IN 输出一个 PWM 信号，控制低压电源对喷油器供电，使电流不断上升，电流传感器反馈电压 V_f 也随着上升；当 V_f 大于 V_{ref} 时，U_1 输出低电平，与喷油脉宽信号和 PWM 信号相遇后，S_IN 输出低电平，低压电源停止对喷油器供电，使电流下降，直到 V_f 小于 V_{ref}。不断重复上述动作，实现电流的反馈控制。

电流反馈和基准电压的共同作用实现了电流的分段控制。

该电路将 12 V 电压经过升压后可以得到 90 V 高电压。喷油开始时，通过喷油器的电流在 250 μs 内迅速上升到 16 A 使喷油器打开，随后在拾波阶段和保持阶段分别产生 5 A 和 2.5 A 的电流，以保持喷油器持续打开直至喷油结束。

任务四 柴油发动机电力电子技术应用

一、喷油器电磁阀驱动模块组成

喷油器电磁阀驱动模块是共轨 ECU 开发的核心技术。现阶段，喷油器电磁阀广泛地采用峰值电流开启 + 维持电流控制方式，峰值电流为 20 A 左右，维持电流为 13 A 左右。该驱动模块通常由 Boost 升压与 PWM 调制驱动两个部分构成。

二、柴油发动机喷油器

发动机燃油喷射系统的任务是实时检测发动机需要的燃油量，并准确地将所需燃油喷射到发动机缸内。发动机的喷油器可以分为两类，一类为大量普及的电磁喷油器；另一类为喷射精度更高的压电喷油器。

1. 电磁喷油器的控制方式

电磁喷油器的控制方式分为电流型控制与电压型控制两种。电流型控制适用于低阻（线圈阻值小于 5 Ω）喷油器；电压型控制既可用于低阻喷油器，又可用于高阻喷油器（线圈阻值为 12～17 Ω），当用于低阻喷油器时，需要在喷油器线圈回路串联电阻进行限流。

（1）电流型控制

电流型控制电路结构如图 2-14(a)所示，采用高低边驱动方式，其控制逻辑与喷油器电

微课视频——柴油发动机电磁喷油器的电流型控制方式

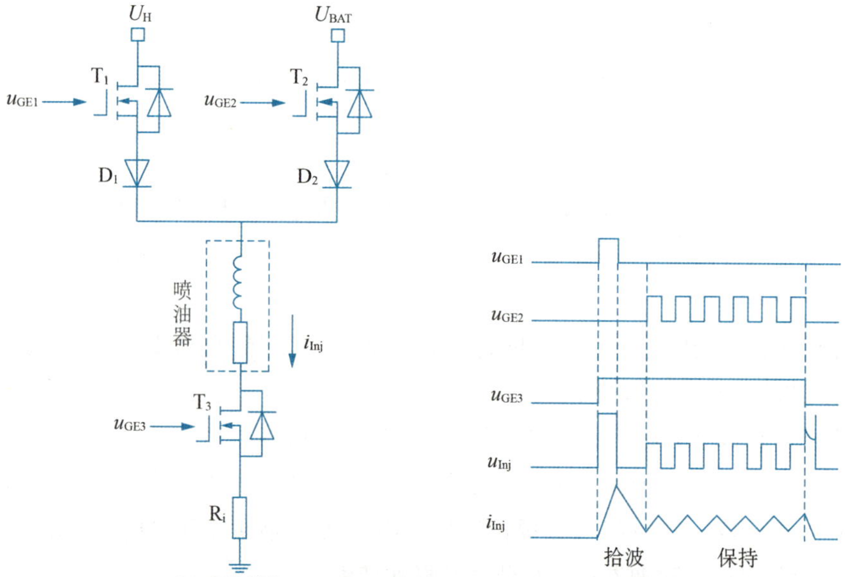

(a) 电路结构　　(b) 控制逻辑与电流波形

图 2-14　柴油发动机电磁喷油器的电流型控制方式

流波形如图 2-14(b)所示。电流型控制是通过控制喷油器线圈的工作电流 i_{Inj} 来实现的，i_{Inj} 是 ECU 通过检测采样电阻 R_i 上的电压获得的。ECU 根据目标喷油量对 i_{Inj} 进行控制。图 2-14(b)中，u_{Inj} 为喷油器线圈电压。

电流型控制电路中，U_H 为 ECU 内 12 V 或 24 V 经 Boost 升成的高电压，通常为 48 V、80 V 等，来自 ECU 的高压电源 U_H，其数值根据喷油器要求确定。当电力场效应晶体管 T_1 和 T_3 同时导通时，流过喷油器线圈中的电流较大，可以使喷油器针阀快速打开，从而改善喷油器的响应特性，缩短喷油器打开过程所需时间。而在喷油器针阀打开后，保持针阀在升起位置，只需要较小的电流，此时将 T_1 关闭，而对 T_2 根据电流 i_{Inj} 进行脉冲控制，这时电源为蓄电池，电压为 U_{BAT}，这样可以防止喷油器线圈过热，减少功耗。

电流型控制电路比电压型控制电路响应特性好，供油调节范围宽，但电路结构比较复杂，需要 ECU 将蓄电池电压 U_{BAT} 用升压电路升高为 U_H。此外，T_1、T_2 和 T_3 的栅极驱动需要配有不同的电源。

【技师指导】 柴油发动机为了改善喷油器的敏感度，将驱动电压变为高电压来加速电磁线圈磁化和喷油器电磁阀的响应。ECU 中的充电电路将蓄电池电压提高到大约 100 V，维持电压 12.8 V，通过 ECU 发出的驱动喷油器的信号施加到喷油器上。

喷油器为了实现高频动作，其触发电压一般为几十伏，甚至上百伏，原因是 ECU 内设置了大容量的电容器，利用了电容储能的驱动方式。怠速时，实测的圣达菲车 D4EA 柴油机喷油器的驱动电压值达 79.2 V。

(2) 电压型控制

电压型控制电路如图 2-15(a)所示，采用低边驱动方式，当电力场效应晶体管导通时，喷油器工作。电压型控制电路适用于串联有电阻的低电阻喷油器和高电阻喷油器，喷油器线圈开始通电到喷油器打开需要的时间明显大于电流控制型电路。电压型控制的控制逻辑与喷油器电流波形如图 2-15(b)所示。

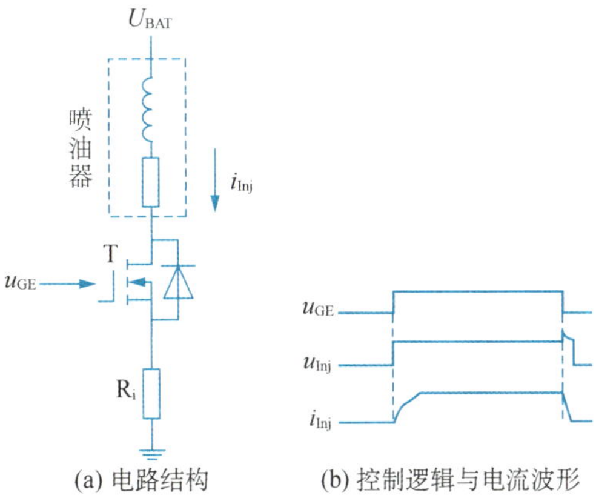

图 2-15 柴油机电磁喷油器的电压型控制方式

微课视频——柴油机电磁喷油器的电压型控制方式

2. 压电喷油器的控制方式

若对喷油精度和喷油响应要求非常高时，可以选择压电喷油器。压电喷油器内的核心控制部件为压电陶瓷，其在电场作用下会产生形变，与电磁喷油器中的电磁线圈具有类似的功能，开启针阀进行喷油。压电陶瓷的响应时间要远低于电磁线圈，因此压电喷油器的喷油响应要高于电磁喷油器。此外，通常压电喷油器的体积也小于电磁喷油器。

微课视频——柴油发动机压电喷油器的控制方式

由于压电喷油器的工作原理是基于压电陶瓷在电场作用下发生形变，与相当于感性负载的电磁喷油器不同，压电喷油器体现出容性负载的特点，当开启喷油器的时候充电，闭合时放电。

可以采用半桥式驱动电路对压电喷油器进行控制，如图 2-16(a)所示。为了避免容性负载 C_{Inj} 的充放电电流过大，在 C_{Inj} 所在支路上串联限流电感 L_S。由于压电喷油器工作电压较高，所以要把蓄电池电压 U_{BAT} 提高到规定的幅值 U_H。在 T_1 开通时，T_2 关断，高压电源通过电感 L_S 为 C_{Inj} 充电，C_{Inj} 上的电压满足喷油器开启条件时，针阀打开，燃油开始喷射。当喷射需要停止时，T_2 开通，T_1 关断，C_{Inj} 通过 L_S 和 T_2 放电，在 C_{Inj} 降到一定程度时，针阀关闭，喷油结束。在如图 2-16(a)所示电路中，电感 L_S 和电容 C_{Inj} 在特定频率下会产生串联谐振，当谐振发生时，每半个谐振周期 L_S 和 C_{Inj} 所在回路中电流过零。在电流等于零时，关断或开通 T_1、T_2 可以大幅度降低 T_1、T_2 的开关损耗，同时避免了大电流通断产生的电磁干扰。这种因谐振使电力电子元器件电压为零或电流为零时开通或关断的控制方式称为软开关控制。

如图 2-16(a)所示的电路中，喷油器的关断是通过 T_2 开通、T_1 关断来实现的，此时电感 L_S 和电容 C_{Inj} 串联支路的电压 u_{ao} 为零。如果要进一步缩短喷油器的关断时间，可以采用如图 2-16(b)所示电路，这个电路类似 H 桥驱动电路，区别只是其中一个桥臂的两个电力电子元器件被电容 C_1 和 C_2 替代。当 T_2 开通，T_1 关断时，电感 L_S 和电容 C 串联支路的电压 $u_{cd}=-\dfrac{U_H}{2}$，有利于喷油器的快速关断。当然，当 T_1 开通，T_2 关断时，$u_{cd}=-\dfrac{U_H}{2}$，而不为 U_H。由于电路中电容 C_1 和 C_2 起分压作用，要求两个电容性能尽量一致，同时，其容量要尽量大，才能保证在较大负载功率下 d 点电位保持稳定。

在如图 2-16 所示电路中，电力电子元器件 T_1、T_2 可以根据喷油器工作状态和实际喷油量的需求采用高频脉冲进行控制，从而得到较高的控制精度和控制响应。

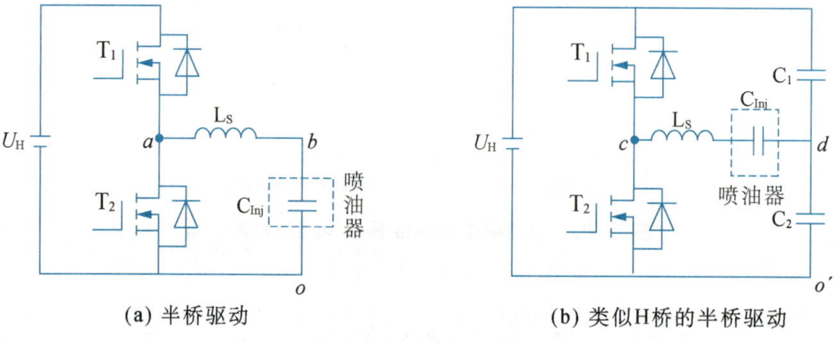

(a) 半桥驱动　　(b) 类似H桥的半桥驱动

图 2-16　柴油发动机压电喷油器的控制方式

【技师指导】柴油发动机汽车电压为 12 V 或者 24 V，压电元器件需要一个高电压(110～150 V)，有些高达 400 V。为解决电压的问题，通常在控制单元内部串联功率放大器，以换取驱动压电晶体元器件的工作电压。所以在采用压电喷油器的共轨柴油喷射系统中，看不到喷油器共用的供电线，每个喷油器的正负线普遍都由控制单元单独控制。

实训任务单 传统汽车中的电力电子元器件测量

一、任务布置

柴油发动机或直喷汽油发动机控制器(ECU),发电机整流器或点火放大器的测量。教师准备正常和烧坏的电力电子元器件,按组分配。

二、任务分配

按照前面所了解的知识内容,落实各项工作负责人(表 2-2),如任务实施前的准备工作、实施中主要操作及协助支持工作、实施过程中相关要点及数据的记录工作等。

表 2-2 工作任务分配

步骤	工作内容	负责人
1	组长	
2	第一操作人	
3	第二操作人	
4	数据记录人	
5	安全员	
6	场地规格布置及结束 5S 收尾	

三、操作步骤合理性评估和纠正

教师用所提供的资料或相关视频进行提示,以帮助学生完成主要工作步骤的填写(表 2-3)。教师评估通过后,方可实施具体操作。学生可先行在草稿纸上填写,任务实施中若有改变须教师再次评估,以确认安全和可行。

表 2-3 主要工作步骤

内容	序号	为解决问题的主要操作步骤(不含准备及 5S)	通过/不通过
学生完成	1		
	2		

（续表）

内容	序号	为解决问题的主要操作步骤(不含准备及5S)	通过/不通过
学生完成	3		
	4		
	5		
	6		
	7		
	8		
	9		
	10		
教师完成	1	步骤可行	
	2	安全可行	
	3	时间可行	
	4	成本可行	

四、任务实施前的设备和工具准备

请各小组完成设备和工具准备自检表(表 2-4)填写。

表 2-4　设备和工具准备自检表

序号	设备及工具名称	数量	设备及工具是否完好
1			□是□否
2			□是□否
3			□是□否
4			□是□否
5			□是□否
6			□是□否
7			□是□否
8			□是□否

五、任务实施

请各小组根据操作完成传统汽车中的电力电子元器件测量记录单(表 2-5),如果要同时测量多个元器件,本页可多张打印。

表 2-5　传统汽车中的电力电子元器件测量记录单

序号	步骤或测量对象	记录	完成情况
1	1.1　发动机中整流器电力二极管的测量 (根据项目一工单的元器件测量操作,完成本部件的板上测量)		正常□ 异常□
2			正常□ 异常□
3			正常□ 异常□
4			正常□ 异常□
5			正常□ 异常□
6	2.1　柴油发动机或直喷汽油机控制器(ECU)中升压电力场效应晶体管测量 (根据项目一工单的元器件测量操作,完成本部件的板上测量)		正常□ 异常□
7			正常□ 异常□
8			正常□ 异常□
9			正常□ 异常□
10			正常□ 异常□
11	3.1　点火放大器末级场效应开关管的测量 (根据项目一工单的元器件测量操作,完成本部件的板上测量)		正常□ 异常□
12			正常□ 异常□
13			正常□ 异常□
14			正常□ 异常□
最终的故障点:			

注:记录数据,精确到小数点后两位。

课后习题

一、单选题

1. 为防止 IGBT 的集电极、栅极间和栅极、发射极间过压，以下操作正确的是（　　）。
   A. 双向稳压管串联背向串联实现双向稳压
   B. 双向稳压管并联背向串联实现双向稳压
   C. 双向稳压管串并联背向串联实现双向稳压
   D. 双向稳压管并串联背向串联实现双向稳压
2. 高低边驱动又称（　　）。
   A. 串联驱动　B. 并联驱动　C. 串并联驱动　D. 并串联驱动
3. 推挽式驱动又称（　　）。
   A. 高边驱动　B. 低边驱动　C. 双边驱动　D. 半桥驱动
4. 高低双边驱动主要用于对供电可靠性和安全性要求非常高的负载，如（　　）。
   A. 照明灯　B. 中控锁　C. 玻璃升降电机　D. 安全气囊
5. 汽车电气系统工作环境温度范围（　　）。
   A. －40～120 ℃　B. －50～130 ℃
   C. －50～140 ℃　D. －30～140 ℃
6. H 桥驱动用于流过双向电流的负载，如（　　）。
   A. 照明灯　B. 电磁阀　C. 玻璃升降电机　D. 安全气囊
7. 通过控制 H 桥中对角电力电子元器件的通断状态或导通的占空比（即 PWM 信号驱动电力电子元器件工作），可以控制加到负载两端的直流电压幅值和（　　）。
   A. 电阻　B. 容抗　C. 极性　D. 阻抗
8. 三相桥驱动主要用于（　　）的控制。
   A. 单相交流电机　B. 两相交流电机
   C. 三相交流电机　D. 四相交流电机
9. 喷油器电磁阀驱动模块通常由（　　）与 PWM 调制驱动两个部分构成。
   A. Buck　B. Boost　C. Clark　D. Park
10. 压电喷油器采用（　　）控制方式。
   A. 高边驱动　B. 低边驱动　C. 双边驱动　D. 半桥驱动

二、多选题

1. 电感线圈的驱动方式有（　　）及全桥驱动。
   A. 低边驱动　B. 高边驱动　C. 高低边驱动　D. 半桥驱动

2. 全桥驱动根据负载的不同，可以分(　　)。
A. H 桥驱动　　B. 三相桥驱动　　C. W 桥驱动　　D. Y 桥驱动
3. 在下列执行器中，属于容性负载的是(　　)。
A. 电机　　B. 电磁阀
C. 压电式蜂鸣器　　D. 压电式喷油器
4. 在下列执行器中，属于电阻性负载的是(　　)。
A. 车外照明　　B. 指示灯
C. 加热器　　D. 压电式喷油器
5. 在下列执行器中，属于电感性负载的是(　　)。
A. 车外照明　　B. 指示灯　　C. 电磁阀　　D. 电机
6. 汽车电子控制系统由哪三部分组成？(　　)
A. 传感器　　B. 电子控制单元(ECU)
C. 执行器　　D. 输入回路
7. 电子控制单元由哪三部分组成？(　　)
A. 输入回路　　B. 输出回路　　C. 单片机系统　　D. ECU
8. 相比低边驱动，高边驱动的优势有(　　)。
A. 负载出现短路造成的危害较小　　B. 绝缘不良造成的危害较小
C. 需要的连线少而使线束成本降低　　D. 电偶腐蚀程度轻等

项 目 三

有刷/无刷直流电机的驱动控制认知

情景引入

汽车中控锁遥控开门时电机工作声音正常,但锁门时没有声音。经检查为中控锁控制器内的H型全桥逆变器损坏。修理人员打开中控锁控制器,经检查发现一个电力场效应晶体管损坏。修理人员找到同样型号的中控锁控制器,这个中控锁控制器是以前一个车主换新中控锁控制器时留下的,修理人员从这个中控锁控制器中取下对应的电力场效应晶体管安装在当前的中控锁控制器上,又进行了一些检查后,将这个中控锁控制器装回车上,用遥控器进行开门和锁门操作,中控锁动作恢复正常。

学习目标

知识目标

- 掌握有刷/无刷直流电机的低边驱动方式;
- 掌握有刷/无刷直流电机的高边驱动方式;
- 掌握有刷/无刷直流电机的半桥驱动方式;
- 掌握有刷/无刷直流电机的H型全桥驱动方式;
- 了解NE555芯片产生PMW信号控制有刷电机调压的方法。

能力目标

- 了解油泵电机的转速控制电路的测量方法;
- 了解LIN控制刮水器电机控制电路测量方法;
- 了解H型全桥驱动电路的测量方法。

素养目标

- 培养学生查询和使用资料的能力;
- 培养学生规范操作、安全操作的意识;

■ 培养学生善于发现问题、处理问题的能力。

任务一　有刷直流电机认知

一、直流电机的分类

直流电机是汽车电控系统中重要的执行器，具体应用在发动机起动、刮水器驱动、电动门开关、液压泵驱动、节气门控制、风扇驱动、电动助力转向、电动座椅调节、电动车窗控制等方面。

按电机结构来分，传统汽车用的直流电机可以分为有刷直流电机和无刷直流电机。

有刷直流电机又可以按励磁方式分为永磁直流电机和电励磁（具有励磁绕组）直流电机。根据励磁绕组供电方式，电励磁直流电机又分为自励直流电机和他励直流电机。其中，自励直流电机又可以分为串励直流电机、并励直流电机和复励直流电机。无刷直流电机的定子多采用三相绕组，工作时定子绕组施加三相极性交变的方波电压，其结构和永磁同步电机有很大的相似性，严格地讲，可以将其归于交流电机的范畴。直流电机的分类如图 3-1 所示。

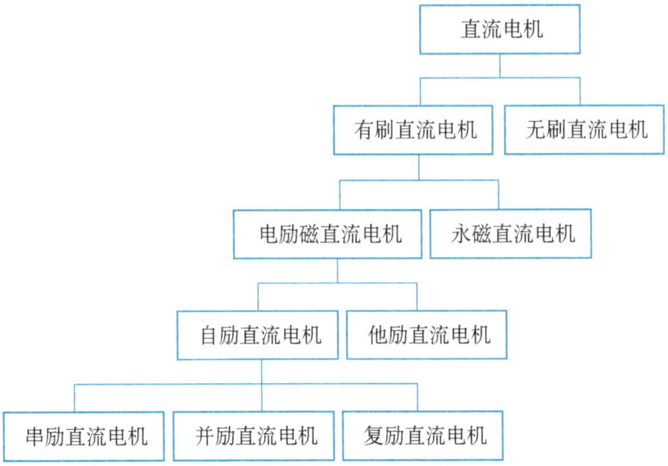

图 3-1　直流电机的分类

在传统汽车中，除起动机一般为串励直流电机外，其他多为永磁直流电机，而且绝大多数电机工作在电动状态，即传统汽车上使用的直流电机大多为永磁直流电机。直流电机可以工作在电动状态，这时称之为直流电动机，也可以工作在发电状态，此时则称之为直流发电机。

汽车上的小功率电机通常采用永磁直流电机，对于刮水器电机、电动转向电机、风扇电机、鼓风机电机这类较大功率电机也会采用永磁直流电机；而起动机则采用串励直流电机或永磁直流电机。电动汽车驱动电机、电动水泵电机、部分电动转向电机通常采用无刷直流电机。

二、有刷直流电机构造

如图 3-2 所示为传统汽车用有刷直流电机的外形和内部转子换向器构造。有刷直流电机由定子和转子两部分构成。定子由磁极、电刷装置、端盖和底座构成。定子的核心部件是磁极和电刷，磁极可以由永磁体构成（永磁直流电机），也可以由励磁绕组和铁芯构成（电励磁直流电机），其作用是建立磁场。电刷是由石墨或金属石墨构成的导电体，用弹簧施加一定的压力，使电刷和转子上的换向器形成良好的滑动接触，直流电源通过电刷和换向器为转子绕组供电。有刷直流电机的转子由转子铁芯、转子绕组、换向器、轴承、机械转轴等构成。转子绕组由若干转子线圈按一定的规律连接起来，镶嵌在转子铁芯中，是产生感应电动势和电磁转矩以及进行机电能量转化的枢纽，因此也称为电枢绕组。换向器的作用是既可以将电刷上通过的直流电流转换为绕组内的交变电流，也可以将绕组内的交变电动势转换为电刷端上的直流电动势。

(a) 汽车起动机侧置电刷

(b) 汽车起动机转子换向器

图 3-2　有刷直流电机的外形与内部结构

传统汽车中的绝大多数有刷直流电机只在电动状态工作，即为有刷直流电动机。有刷直流电动机的工作原理：当将直流电源（如传统汽车上的蓄电池）通过电刷接到电枢绕组（即转子绕组）时，会有直流电流流过电枢导体，由于磁场（永磁体产生或励磁绕组产生）的存在，电枢导体将受到电磁力的作用，电磁力在转子上产生转矩，使转子转动，以带动机械负载旋转。

三、有刷直流电机工作原理

微课视频——有刷直流电机工作原理

1. 有刷直流电机模型

有刷直流电机的工作原理如图 3-3 所示。当线圈处于如图 3-3 所示位置时，有效边 ab 在 N 极下，cd 在 S 极上，两边中的电流方向为 $a \to b$，$c \to d$。由安培定律可知，ab 边和 cd 边所受的电磁力 $F = BLI$，其中 I 为导线中的电流，单位为安培(A)。根据左手定则可知，两个电磁力 F 的方向相反，形成的电磁转矩驱使线圈逆时针方向旋转。当线圈转动 180°时，cd 边处于 N 极下，ab 边处于 S 极上。由于换向器的作用，使两有效边中电流的方向与原来相反，变为 $d \to c$，$b \to a$。这就使得两磁极对应的有效边电流的方向保持不变，因受力方向和电磁转矩方向都不变，电机转子得以顺利转动。但 *abcd* 线圈中的电流方向是变化的，电流是矢量，所以通过 *abcd* 线圈的是交变电流。

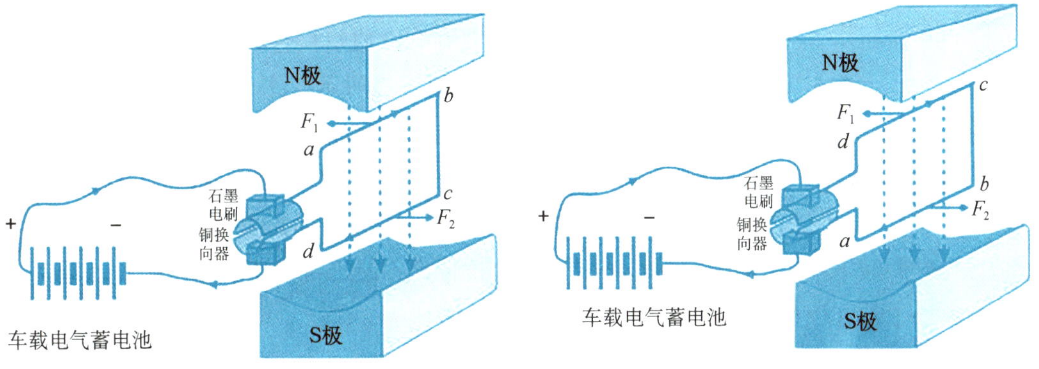

(a) 线圈初始位置　　(b) 线圈逆时针转动180°时位置

图 3-3　有刷直流电机工作原理

换向时由于换流容量过大，会烧毁换向器和电刷，严重时换向器上会出现环火，所以有刷直流电机功率一般在 10 kW 以内。换向器引起转矩波动，限制了电动机的转速，电刷也会带来摩擦与射频干扰（RFI）。由于可能出现磨损和断裂，换向器和电刷须定期维护。这些缺点使其可靠性低且不适合于免维护工作状态，从而限制了它们在电动汽车驱动领域的广泛应用。

2. 永磁直流电机电力电子电路

(1) 永磁直流电机的单极性驱动

单极性驱动是指在一个 PWM 周期内，电机电枢绕组只承受单一极性的端电压。可以采用低边驱动、高边驱动或半桥驱动来实现对电机的单极性驱动，具体电路如图 3-4 所示。对于如图 3-4(a)和图 3-4(b)所示电路，可以通过控制电力场效应晶体管栅极控制信号的占空比，实现对电机电枢绕组端电压的调节，进而控制电机的输出转矩。对于如图 3-4(c)所示电路，T_1 和 T_2 工作在“互补”状态，两路栅极控制信号需要加“死区”保护，防止桥臂上下两个电力场效应晶体管直通。

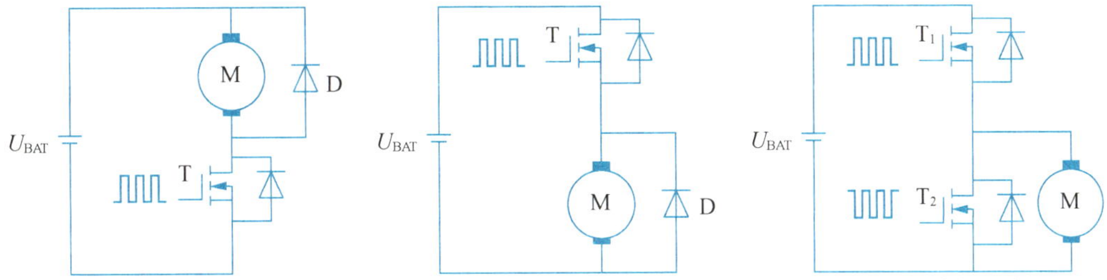

(a) 低边驱动　　(b) 高边驱动　　(c) 半桥驱动

图 3-4　永磁直流电机的单极性驱动

对于如图 3-4 所示三种电路，在电机电枢绕组施加的电压总是一个方向，是单极性的。

相应地，电机的转矩和转速方向也是始终为一个方向，电机始终工作在第一象限（这里的参考方向为转矩为正，转速为正）。

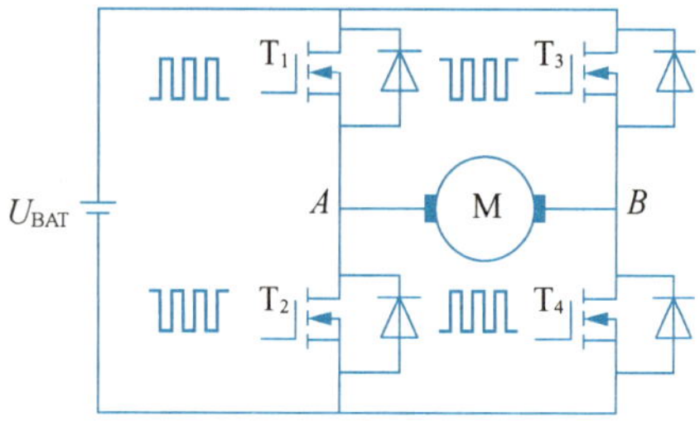

图 3-5　永磁直流电动机的双极性驱动

（2）永磁直流电机的双极性驱动

永磁直流电机的双极性驱动多采用 H 桥驱动，具体电路如图 3-5 所示。图中，四个电力场效应晶体管分为两组，T_1 和 T_4 为一组，T_2 和 T_3 为一组。每组的栅极控制信号相同，不同组的栅极控制信号互补。两组栅极信号之间也要考虑“死区”问题，以保证每个桥臂都不能出现直通现象。

在一个 PWM 周期，若 T_1 和 T_4 的驱动信号占空比为 α，则 T_2 和 T_3 的驱动信号占空比为 $1-\alpha$。因此，电机电枢绕组平均端电压为

$$\bar{U}=\alpha U_{BAT}+(1-\alpha)(-U_{BAT})=(2\alpha-1)U_{BAT}$$

由上式，可得出以下结论：

① 当 $\alpha=1$ 时，电机电枢绕组端电压为 $\bar{U}=U_{BAT}$，电机工作在第一象限，电机正转，且电机正向转矩最大。

② 当 $\alpha=0$ 时，电机电枢绕组端电压为 $\bar{U}=-U_{BAT}$，电机工作在第三象限，电机反转，且电机反向转矩最大。

③ 当 $\alpha=0.5$ 时，电机电枢绕组端电压平均值 $\bar{U}=0$，电机转矩为 0，电机不转。电机电枢绕组的端电压和电流波形如图 3-6(a)所示。

④ 当 $0.5<\alpha<1$ 时，电机电枢绕组端电压为 $0<\bar{U}<U_{BAT}$，电机工作在第一象限，电机正转，可以通过调节 α 来调节电机正向转矩。电机电枢绕组的端电压和电流波形如图 3-6(b)所示。

⑤ 当 $0<\alpha<0.5$ 时，电机电枢绕组端电压为 $-U_{BAT}<\bar{U}<0$，电机工作在第三象限，电机反转，可以通过调节 α 来调节电机反向转矩。电机电枢绕组的端电压和电流波形如图 3-6(c)所示。

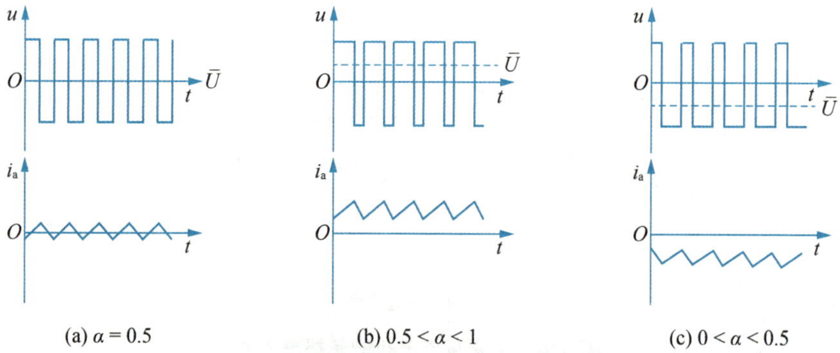

图 3-6　双极性电枢绕组端电压和电流波形

双极性驱动时，由于四个电力电子元器件都处于高频通断状态，因此元器件功率损耗较大。

有刷直流电机可以在四个象限工作，以上以永磁直流电机为例分析了其在第一、第三象限的电动状态，如果电机的负载带动电机旋转，有刷直流电机就可以工作在第二和第四象限的发电状态。

任务二　无刷直流电机的结构及驱动控制认知

一、无刷直流电机的结构

与有刷直流电机相比，无刷直流电机具有很多优点，但对电力电子控制电路要求也较高，表 3-1 给出二者的特点对比。由于无刷直流电机具有明显的优势，因此在传统汽车上越来越多地取代了有刷直流电机，尤其在电动助力转向、冷却水泵驱动、刮水器调节、车身照明自适应调节与控制装置等方面得到了较广泛的应用。

表 3-1　无刷直流电机与有刷直流电机特点对比

项目	有刷直流电机	无刷直流电机
换相方式	由电枢和换向器实现机械式换相	依靠位置传感器和电力电子换相
维护性	周期性更换电刷进行维护	由于无电刷，基本无维护
使用寿命	短（受滑环磨损）	长（不存在受滑环磨损情况）
转速/转矩特性	高速时因电刷摩擦，可用转矩减小	恒转矩区较宽
效率	一般	高
功率密度	一般	高
转子转动惯量	具有转子绕组，高	因无转子绕组，低
转速范围	窄（有电刷影响）	宽（无电刷影响）
电磁噪声	换向器电弧产生严重对外电磁干扰	对外电磁干扰很低
制造成本	低（铜、硅钢、铁）	高（铜、硅钢、铁或永磁体等）
控制电路	控制电路简单	控制电路复杂
控制算法	简单，可采用无控制或仅电压可变	复杂，电流为方波或正弦

无刷直流电机与有刷直流电机在结构上的不同之处是无刷直流电机将永磁直流电机的定、转子位置进行了互换，转子上装有永磁体，定子上装有电枢绕组，而有刷直流电机的电刷和换向器的作用要依靠电力电子驱动电路实现。如图 3-7 所示为汽车无刷直流电机转子的两种结构。

(a) 永磁体电机转子（永磁同步电机）　　(b) 鼠笼式电机转子（交流异步电机）

图 3-7　无刷直流电机转子结构

无刷直流电机的定子结构与交流感应电机或永磁同步电机相似，定子铁芯中嵌有多相对称绕组（一般为三相对称绕组），绕组多采用星形连接的整距集中绕组，转子铁芯表面或内部镶嵌永磁体。位置传感器的作用是检测电枢绕组相对于转子磁极的位置，以便控制电枢绕组中电流的通断。霍尔位置传感器因具有体积小、成本低的特点，而被广泛用于无刷直流电机中的转子位置检测。

微课视频——三相无刷直流电机的控制相序

二、无刷直流电机工作原理

如图 3-8 所示，三相无刷直流电机的定子绕组为 AX、BY 和 CZ，三相定子绕组在空间上按 120°角度间隔分布。

当转子转动时，三相绕组会产生感应电动势。感应电动势波形为梯形波，感应电动势和定子绕组电流波形如图 3-9 所示。

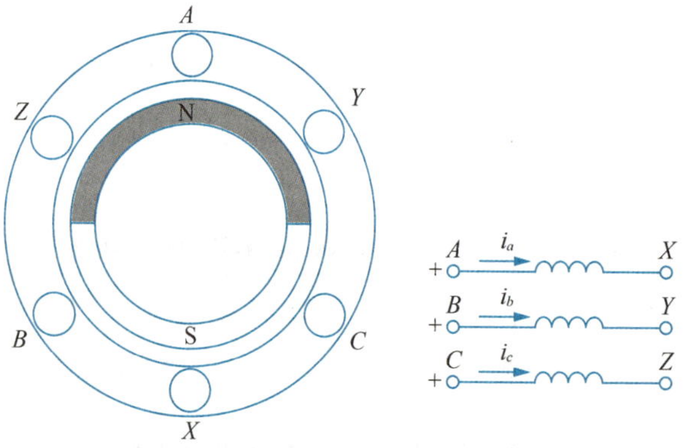

(a) 定子绕组位置图　　(b) 等效定子绕组

图 3-8　三相无刷直流电机的定子绕组

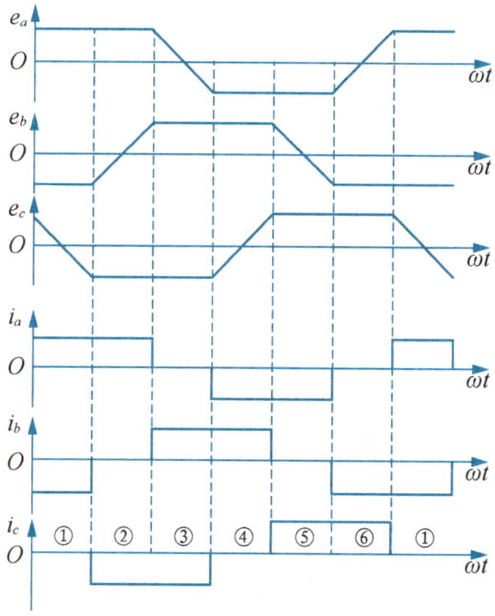

图 3-9　感应电动势和定子绕组电流波形

若转子磁极位于图 3-10(a)所示位置时，在绕组 AX、BY 之间施加直流电压，定子绕组

电流方向为 $A\to X\to Y\to B$，则转子受到电磁转矩作用，逆时针方向转动；若转子磁极旋转至图 3-10(b)所示位置时，在 AX、CZ 之间施加直流电压，定子绕组电流方向为 $A\to X\to Z\to C$，则转子受到电磁转矩作用，继续逆时针方向转动；依此类推，根据转子磁极的位置，合理地控制三相定子绕组的电流方向，就可以使电机始终受到电磁转矩作用而沿一个方向转动。从上面分析可以看出，转子位置的识别非常重要，必须保证定子绕组感应电动势的方向和绕组电流方向的一致性。

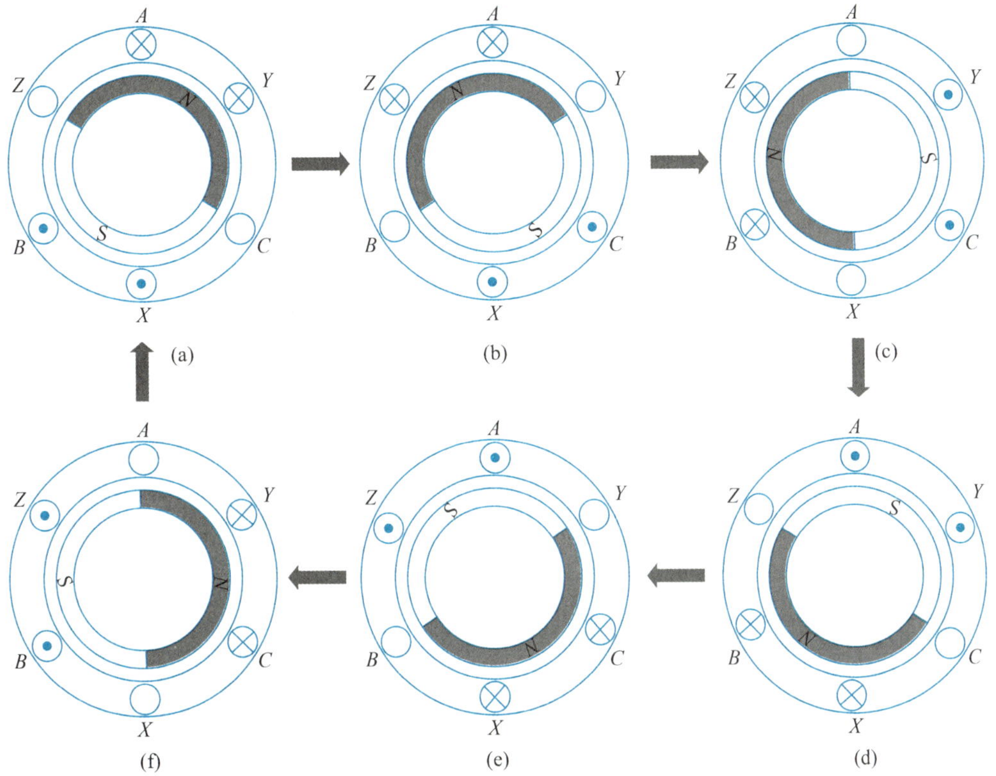

图 3-10　三相无刷直流电机的控制相序

实际的无刷直流电机的定子绕组可以大于三相，转子的磁极也可以不止一对，绕组和磁极的增加有利于提高电机转矩的平稳性，但控制电路结构也会变得复杂，同时，对转子位置识别精度的要求也较高。

三、无刷直流电机的驱动控制

1. 三相全桥驱动电路

无刷直流电机的三相全桥驱动电路如图 3-11 所示，它是三相无刷直流电机控制普遍采用的电力电子电路。图 3-11(a)给出了三相全桥电力电子电路结构，图 3-11(b)给出了相电流波形和控制相序。在任意时刻均有两个电力电子元器件导通，其他四个电力电子元器件关断，导通的两个电力电子元器件分别位于不同相的上桥臂和下桥臂上。

微课视频——无刷直流电机的三相全桥驱动

按如图 3-11(b)所示控制相序,可以得到六个电力电子元器件的通断状态如图 3-12 所示,此时直流电源电压 U_{BAT} 总是加在电机两相互相串联的绕组的两端,这种控制方式也称为 H-ON L-ON 控制,即在一个$\frac{\pi}{6}$时间内总有一个上桥臂中的电力电子元器件是导通的,也总有一个下桥臂中的电力电子元器件是导通的。

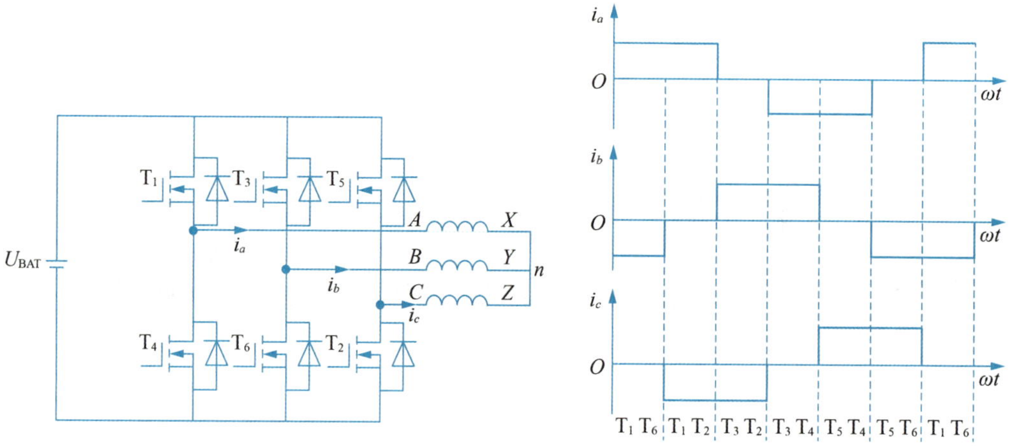

(a) 电路结构

(b) 相电流波形和控制相序

图 3-11　无刷直流电机的三相全桥驱动电路

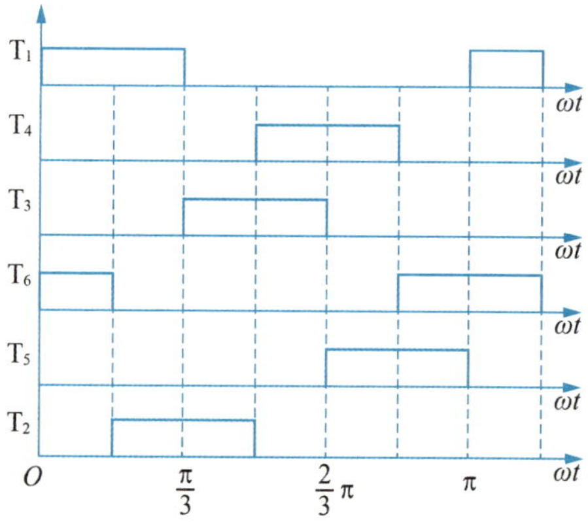

图 3-12　H-ON L-ON 控制

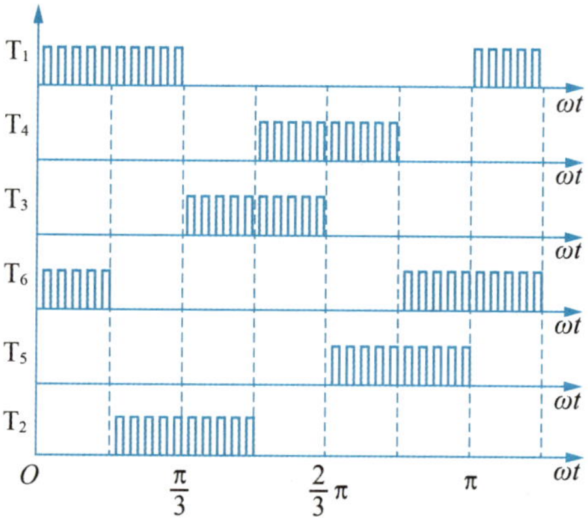

图 3-13　H-PWM L-PWM 控制

2. 无刷直流电机相电流控制电机转矩

在实际应用中,根据负载变化和电机转速需要对电机转矩 T 进行控制时,可以采用电流滞环跟踪 PWM 控制方法。如图 3-13 所示,每个 PWM 周期都有两个电力电子元器件同步通断一次,这种控制方式称为 H-PWM L-PWM。在开关频率较高时,这种控制方式会导致较大的开关损耗。基于全桥驱动的工作原理,可以得到另外四种降低元器件开关频率的控制方法,分别是 H-ON L-PWM、H-PWM L-ON、PWM-ON 和 ON-PWM,具体如图 3-14 至图 3-17 所示。这四种方法都能有效降低电力电子元器件开关频率,减小开关损耗。

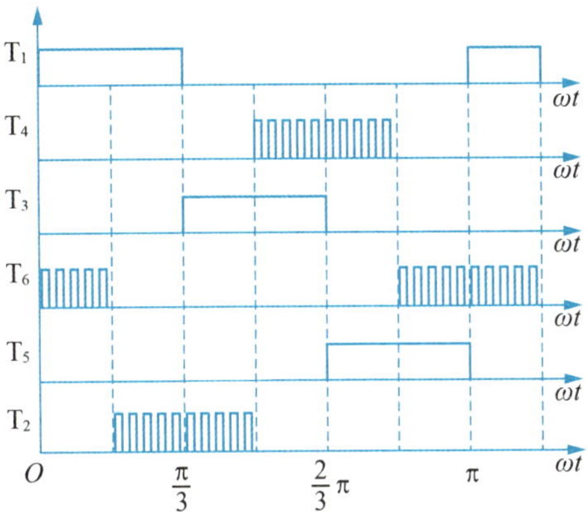

图 3-14　H-ON L-PWM 控制

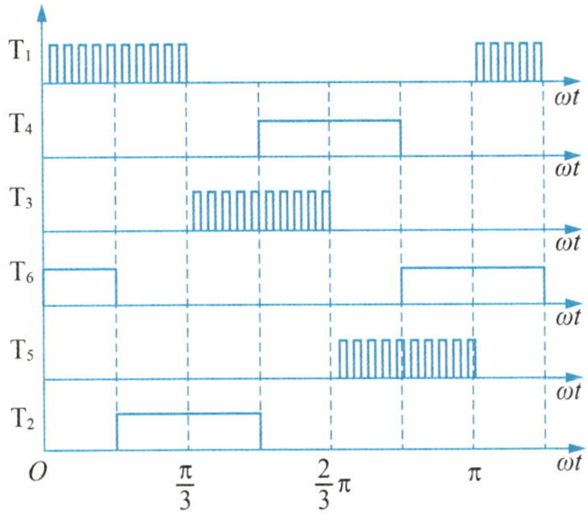

图 3-15　H-PWM L-ON 控制

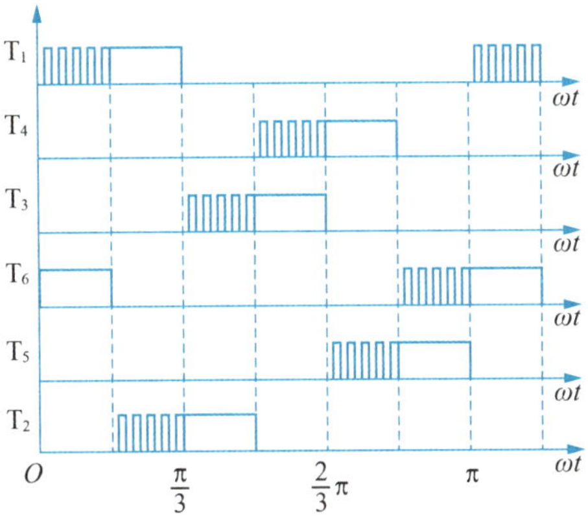

图 3-16　PWM-ON 控制

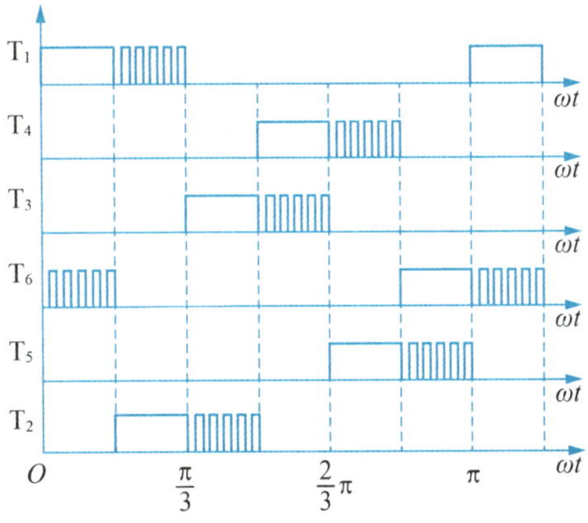

图 3-17　ON-PWM 控制

3. 三相高边驱动和低边驱动电路控制通电状态

微课视频——无刷直流电机的高边驱动和低边驱动

采用高边驱动或低边驱动电路可以控制无刷直流电机绕组的通电状态，电路如图 3-18 所示。与图 3-11(a)所示的三相全桥电路相比，由于其使用了 3 个电力电子全控元器件，因而硬件成本较低。在图 3-18 中，三个电力电子元器件 T_1、T_2 和 T_3 在一个工作周期各导通 120°或在 120°内施加 **PWM** 控制信号。三相绕组感应电动势和电流波形如图 3-19 所示，可以看出相电流只能按正方向流

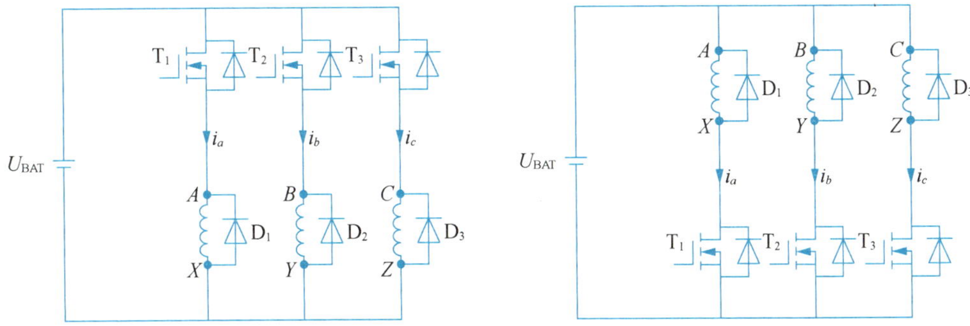

(a) 高边驱动　　(b) 低边驱动

图 3-18　无刷直流电机的高边驱动和低边驱动电路

动。在定子绕组电流相同的情况下，三相全桥驱动的电机转矩是高边或低边驱动的电机转矩的 2 倍。

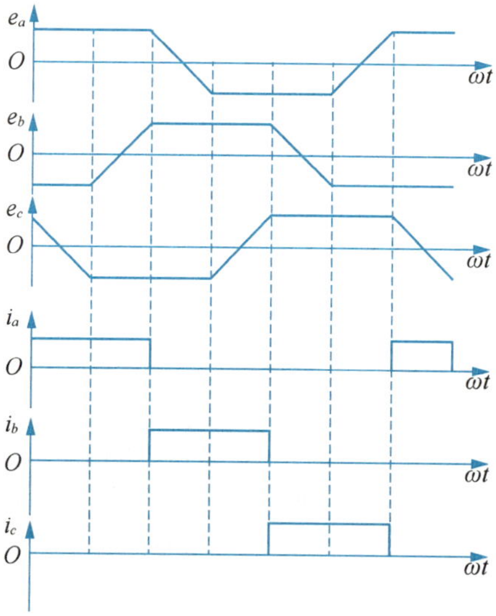

图 3-19　高边驱动或低边驱动下无刷直流电机的感应电动势和相电流波形

4. H 桥驱动电路控制电流双向流动

微课视频——无刷直流电机的 H 桥驱动

若需要控制三相无刷直流电机定子绕组电流双向流动，可以采用 H 桥驱动的电力电子电路结构，如图 3-20 所示。由于每相绕组需要 4 个电力电子全控元器件，因此，三相无刷直流电机共需要 12 个电力电子全控元器件，电路结构比较复杂，电路成本较高。

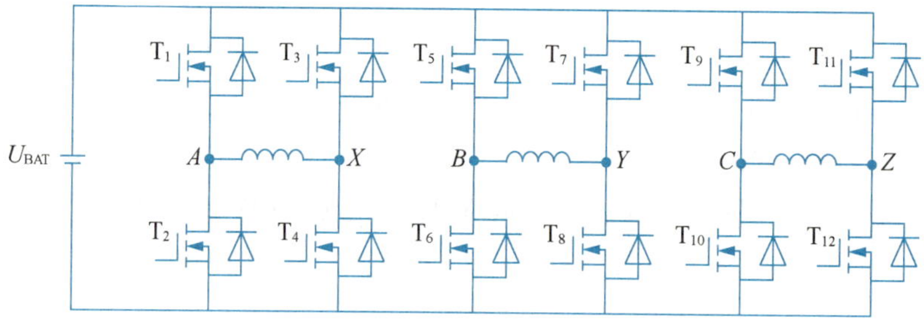

图 3-20　无刷直流电机的 H 桥驱动

前面用于三相全桥驱动电路的 H-ON L-PWM、H-PWM L-ON、ON-PWM（低边开关先导通后再采用 PWM 控制）和 PWM-ON 控制方法可以用于 H 桥驱动电路，以降低元器件的开关损耗。

除前面介绍的具有代表性的三相无刷直流电机外，无刷直流电机还有四相、五相等多相结构，相应地，电力电子驱动电路结构也会发生变化。此外，相同相数的电机绕组间连接方式也不尽相同，绕组相数及其连接方式以及电力电子电路的选择要综合考虑以下因素。

① 转矩的脉动。引起转矩脉动的因素很多，一般来说，相数越多，转矩脉动会越小；与

高边或低边驱动方式相比，全桥驱动下的无刷直流电机转矩脉动较小。

② 绕组利用率。在无刷直流电机工作时，并非所有绕组都参与导电，如果能提高绕组利用率，让更多导体参与转矩的输出，对提高电机效率会有很大的益处。

③ 电机实际运行需求。传统汽车在不同场合对电机的运行要求是不同的，有的要求电机单向转动，如液压泵等；有的要求电机双向转动，如电动助力转向系统；有的只要求电机工作在电动状态；有的要求电机既可以工作在电动状态，也可以工作在发电状态。不同的需求导致电机运行特点不同，对电机的电力电子驱动电路要求也不尽相同。

④ 电机系统的成本。不同的电力电子驱动电路的成本是不同的。通常来说，使用的电力电子元器件越多，成本越高。

⑤ 控制算法的复杂程度。电机不同相数、不同驱动拓扑结构对控制算法的复杂程度要求也不相同，尤其是汽车上越来越多地采用数字化控制电路对电机实施控制，较复杂的控制算法对 MCU 及其附属电路也提出了较高要求。

实训任务单一 有刷直流电机驱动的测量

一、任务布置

油泵电机的转速控制电路的测量;LIN 控制刮水器的电机控制电路测量;H 型全桥驱动电路的测量。教师准备好正常和烧坏的电力电子元器件,按组分配。

二、任务分配

按照前面所了解的知识内容,落实各项工作负责人(表 3-2),如任务实施前的准备工作、实施中主要操作及协助支持工作、实施过程中相关要点及数据的记录工作等。

表 3-2 工作任务分配

步骤	工作内容	负责人
1	组长	
2	第一操作人	
3	第二操作人	
4	数据记录人	
5	安全员	
6	场地规格布置及结束 5S 收尾	

三、操作步骤合理性评估和纠正

教师用所提供的资料或相关视频进行提示,以帮助学生完成主要工作步骤的填写(表 3-3)。教师评估通过后,方可实施具体操作。学生可先行在草稿纸上填写,任务实施中若有改变须教师再次评估,以确认安全和可行。

表 3-3 主要工作步骤

内容	序号	为解决问题的主要操作步骤(不含准备及 5S)	通过/不通过
学生完成	1		
	2		

（续表）

内容	序号	为解决问题的主要操作步骤(不含准备及5S)	通过/不通过
学生完成	3		
	4		
	5		
	6		
	7		
	8		
	9		
	10		
教师完成	1	步骤可行	
	2	安全可行	
	3	时间可行	
	4	成本可行	

四、任务实施前的设备和工具准备

请各小组完成设备和工具准备自检表(表3-4)填写。

表3-4　设备和工具准备自检表

序号	设备及工具名称	数量	设备及工具是否完好
1			□是□否
2			□是□否
3			□是□否
4			□是□否
5			□是□否
6			□是□否
7			□是□否
8			□是□否

五、任务实施

请各小组根据操作完成有刷直流电机的驱动测量记工单(表3-5),如果要同时测量几个元器件,本页可多张打印。

表3-5　有刷直流电机的驱动测量记工单

序号	步骤或测量对象	记录	完成情况
1	油泵电机的转速控制电路的测量(例如大众油泵电机端口电路)		正常□ 异常□
2			正常□ 异常□
3			正常□ 异常□
4			正常□ 异常□
5	LIN控制刮水器的电机控制电路测量(例如大众刮水器电机端口电路)		正常□ 异常□
6			正常□ 异常□
7			正常□ 异常□
8			正常□ 异常□
9	H型全桥驱动电路的测量(例如中控锁端口电路)		正常□ 异常□
10			正常□ 异常□
11			正常□ 异常□
12			正常□ 异常□
最终的故障点:			

实训任务单二　无刷直流电机驱动的测量

一、任务布置

教师准备好正常和烧坏的电动自行车控制器，按组分配。

二、任务分配

按照前面所了解的知识内容，落实各项工作负责人（表 3-6），如任务实施前的准备工作、实施中主要操作及协助支持工作、实施过程中相关要点及数据的记录工作等。

表 3-6　工作任务分配

步骤	工作内容	负责人
1	组长	
2	第一操作人	
3	第二操作人	
4	数据记录人	
5	安全员	
6	场地规格布置及结束 5S 收尾	

三、操作步骤合理性评估和纠正

教师用所提供的资料或相关视频进行提示，以帮助学生完成主要工作步骤的填写（表 3-7）。教师评估通过后，方可实施具体操作。学生可先行在草纸上进行，任务实施中若有改变须教师再次评估，以确认安全和可行。

表 3-7　主要工作步骤

内容	序号	为解决问题的主要操作步骤（不含准备及 5S）	通过/不通过
学生完成	1		
	2		

（续表）

内容	序号	为解决问题的主要操作步骤(不含准备及 5S)	通过/不通过
学生完成	3		
	4		
	5		
	6		
	7		
	8		
	9		
	10		
教师完成	1	步骤可行	
	2	安全可行	
	3	时间可行	
	4	成本可行	

四、任务实施前的设备和工具准备

请各小组完成设备和工具准备自检表(表 3-8)填写。

表 3-8　设备和工具准备自检表

序号	设备及工具名称	数量	设备及工具是否完好
1			□是□否
2			□是□否
3			□是□否
4			□是□否
5			□是□否
6			□是□否
7			□是□否
8			□是□否

五、任务实施

请各小组根据操作完成无刷直流电机电力电子技术测量记录单(表 3-9),如果要同时测量几个元器件,本页可多张打印。将一电动自行车控制器的电路板元器件盒打开,进行原车电池供电,通过转动加速手柄或制动开关进行调节,同时用万用表和示波器进行测量。

表 3-9　无刷直流电机电力电子技术测量记录单

序号	步骤或测量对象	记录	完成情况
1	保险丝的电压法测量		正常□ 异常□
2	热敏电阻的电压法测量		正常□ 异常□
3	电路板稳压源的测量		正常□ 异常□
4	振荡电路的波形测量和万用表测量		正常□ 异常□
5	逆变桥的驱动电压波形测量和万用表测量		正常□ 异常□
6	电流传感器的电压测量		正常□ 异常□
7	电机霍尔位置传感器信号波形测量和万用表测量		正常□ 异常□
8			正常□ 异常□
9			正常□ 异常□
10			正常□ 异常□
11			正常□ 异常□
12			正常□ 异常□
最终的故障点:			

注:记录数据,精确到小数点后两位。

课后习题

一、单选题

1. 有刷直流电机功率一般在(　　)以内。

A. 1 kW　　B. 5 kW　　C. 10 kW　　D. 100 kW

2. 汽车刮水器电机、电动转向电机、风扇电机、鼓风机的电机通常为(　　)。

A. 永磁直流电机　　B. 交流电机　　C. 异步电机　　D. 感应电机

3. 下列不属于有刷直流电机特点的是(　　)。

A. 由电枢和换向器实现机械式换相　　B. 高速时因电刷摩擦,可用转矩减小

C. 对外电磁干扰很低　　D. 控制电路简单,成本低

4. 下列不属于无刷直流电机特点的是(　　)。

A. 转速范围宽

B. 使用寿命长

C. 依靠位置传感器和电力电子换相

D. 控制算法简单,可采用无控制或仅电压可变

5. 在定子绕组电流相同的情况下,三相全桥驱动的电机转矩是高边或低边驱动的电机转矩的(　　)倍。

A. $\sqrt{2}$　　B. $\sqrt{3}$　　C. 1.5　　D. 2

6. 在电动汽车中,当电机用途多为发电机功能时,电机绕组为(　　)。

A. 三相分布式　　B. 三相集中式

C. 单相分布式　　D. 单相集中式

7. 在永磁电机转子转动时,三相绕组会产生感应电动势,其波形为(　　)。

A. 矩形波　　B. 正弦波　　C. 梯形波　　D. 三角波

二、判断题

1. 直流电机之所以称为直流电机是因为电源是直流电。(　　)
2. 交流电机之所以称为交流电机是因为电源是交流电。(　　)
3. 无论是直流电机还是交流电机,线圈内部电流方向都是变化的。(　　)
4. 单极性驱动是指在一个 PWM 周期内,电机电枢绕组只承受单一极性的端电压。(　　)
5. 永磁直流电机的双极性驱动多采用 H 桥驱动。(　　)
6. 有刷直流电机基本不需要维护。(　　)
7. 无刷直流电机由于无电刷,需要周期性进行维护。(　　)

8. 无刷直流电机恒转矩区较窄。（　　）
9. 有刷直流电机控制算法简单，可采用无控制或仅电压可变。（　　）
10. 有刷直流电机控制算法复杂，电流为方波或正弦波。（　　）
11. 引起转矩脉动的因素很多，一般来说，相数越多，转矩脉动会越大。（　　）
12. 在无刷直流电机工作中，同一时刻并非所有绕组都参与导电。（　　）
13. 与高边或低边驱动方式相比，全桥驱动下的无刷直流电机转矩脉动较小。（　　）
14. 除三相无刷直流电机外，无刷直流电机还有四相、五相等多相结构。（　　）
15. 四相永磁电机，电机转子要转一周，电角度要工作 4 周。（　　）

三、多选题

1. 传统汽车用的直流电机可以分为（　　）。
A. 有刷直流电机　B. 无刷直流电机
C. 起动机　D. 发电机
2. 有刷直流电机可以按励磁方式分为（　　）。
A. 交流电机　B. 直流电机
C. 永磁直流电机　D. 电励磁（具有励磁绕组）直流电机
3. 根据励磁绕组供电方式，电励磁直流电机又分为（　　）。
A. 他励直流电机　B. 直流电机
C. 异步电机　D. 自励直流电机
4. 自励直流电机可以分为（　　）。
A. 他励直流电机　B. 并励直流电机
C. 串励直流电机　D. 复励直流电机

项目四

新能源汽车驱动电机变频器控制认知

情景引入

电动汽车仪表盘显示车辆控制单元故障码，修理人员连接诊断仪读取故障码后认为变频器可能存在损坏。修理人员打开变频器，经检查为一个IGBT损坏。修理人员更换IGBT后，又进行了一些检查，将车打到READY挡，换挡杆挂入D挡，车辆行驶恢复正常，仪表盘显示正常。

学习目标

知识目标

- 掌握工业电机通用变频器主电路工作原理；
- 了解工业电机通用变频器主要元器件组成；
- 掌握新能源汽车变频器主电路工作原理；
- 掌握新能源汽车变频器主要元器件组成。

能力目标

- 了解工业电机通用变频器主电路测量方法；
- 掌握新能源汽车变频器主电路测量方法。

素养目标

- 培养学生查询和使用资料的能力；
- 培养学生规范操作、安全操作的意识；
- 培养学生善于发现问题、处理问题的能力。

任务一　驱动电机变频器认知

一、驱动电机变频器

工业电机变频器如图 4-1 所示，而车用电机变频器如图 4-2 所示，二者有一定的区别。工业电机变频器是将单相交流电或三相交流电整流为直流电后再变频，由于电机负载可预知，电机的工作制排序较低，其控制算法也较简单。车用电机变频器是将动力电池的电直接变频，没有整流环节，电机的工作制排序较高，其控制算法也较复杂。

图 4-1　工业电机变频器

图 4-2　车用电机变频器

车用电机变频器对驾驶人输入的转矩需求信号，电机正转、反转及停转信号，电机转子位置(包含转速)传感器、电机三相定子电流传感器以及变频器逆变桥 IGBT 输出的故障信号等进行处理，实现电机电子换向，在电子换向时间内加入对 IGBT 驱动的控制算法，从而控制电机转矩。车用电机变频器通过总线可实现与外部控制器的通信，比如新能源汽车的电机控制与车辆控制单元(Vehicle Control Unit, VCU)。

【说明】车辆控制单元在新能源汽车中被称为整车控制器，但本书称其车辆控制单元。因为 VCU 首先与整车控制没有关系，VCU 只是驾驶人与车辆沟通的一个媒介，驾驶人意图通过加速踏板位置传感器、换挡杆信号、制动踏板信号输入到 VCU，VCU 将这种意图转化为对车辆电力驱动系统的控制，而不能控制整车。

二、电机控制方式比较

目前，主流的无刷直流电机的控制方式有 3 种：方波控制(又称为梯形波控制、120°控制、6 步换向控制)、正弦波控制和 FOC 控制(又称为矢量变频、磁场矢量定向控制)。

1. 方波控制

方波控制是使用霍尔传感器或者无感估算算法获得电机转子的位置，然后根据转子的位置在 360°的电气周期内进行 6 次换向(每 60°换向一次)。每个换向位置电机输出特定方向的力，因此可以说方波控制的位置精度是电气 60°。在这种方式控制下，电机的相电流波形接近方波（图 4-3），所以称其为方波控制。

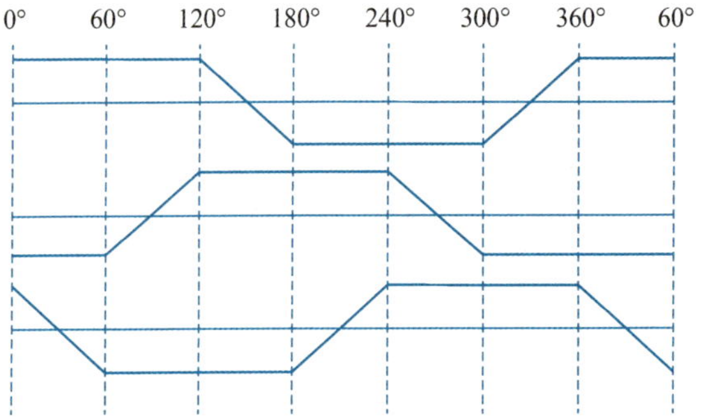

图 4-3　方波控制

方波控制方式的优点是控制算法简单、硬件成本较低，使用性能普通的控制器便能获得较高的电机转速；缺点是转矩波动大，存在一定的电流噪声，效率达不到最大值。方波控制适用于对电机转动性能要求不高的场合。

2. 正弦波控制

正弦波控制方式使用的是空间矢量脉宽调制（Space Vector Pulse Width Modulation，SVPWM），输出的是三相正弦波电压，相应的电流也是正弦波电流。这种方式没有方波控制换向的概念，可以认为是一个电气周期内进行了无限多次的换向。显然，相比方波控制，正弦波控制转矩波动较小，电流谐波少，但是对控制器的性能要求稍高于方波控制，而且电机效率也不能发挥到最大值。

3. FOC 控制

正弦波控制实现了电压矢量的控制，间接实现了电流大小的控制，但是无法控制电流的方向。

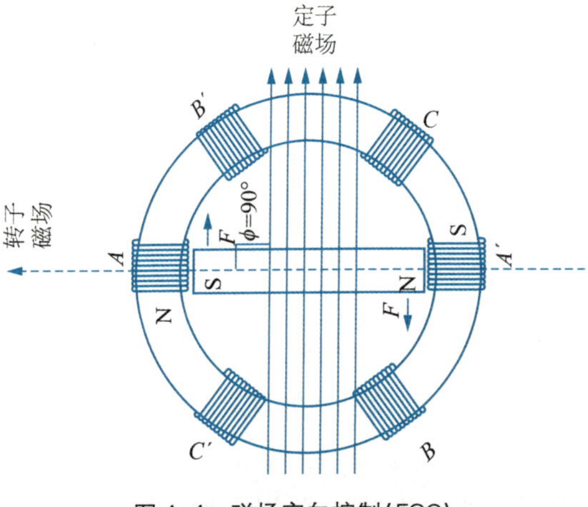

图 4-4　磁场定向控制（FOC）

磁场定向控制（Field Oriented Control，FOC）可以认为是正弦波控制的升级版本，实现了电流矢量的控制，也实现了电机定子磁场的矢量控制。

由于 FOC 控制了电机定子磁场的方向，所以可以使电机定子磁场与转子磁场时刻保持 90°夹角位置（图 4-4），实现一定电流下的最大转矩输出。FOC 控制方式的优点是转矩波动小、效率高、噪声小、动态响应快；缺点是硬件成本较高，对控制器性能有较高要求，电机参数须匹配。FOC 控制方式的优势明显，目前已在很多应用上逐步替代传统的控制方式。

三、电机机械角度和电角度

电机定子线圈通电形成磁极，定子上一个完整的电励磁线圈在三相定子内圆上所占的角度为360°，指的是实际的空间几何角度，这个角度被称为机械角度。

电角度是电机定子的三相线圈经过的一个完整通电循环。对于三相半波控制，每个线圈被通电一次，称为一个通电循环。对于三相全波，每个线圈被正、反向通电一次称为一个通电循环。这个通电循环为360°。

若电机转子的磁极对数加倍，在绕电机定子线圈时，定子上的线圈个数也要加倍，这时电机转动的转矩大，转矩波动小。定子线圈加倍后，电机转子转一周，需要在定子线圈上经过两个通电循环，所以电角度为360°×2＝720°，即电角度＝机械角度×极对数。

一般常用的三相无刷直流电机有3个位置传感器，输出波形有两种：一种是相位差60°电角度；另一种是相位差120°电角度。例如，1对磁极相位差为120°电角度，则3个位置传感器的空间间隔为120°机械角度；2对磁极相位差为120°电角度，则3个位置传感器的空间间隔为60°机械角度。

任务二 新能源汽车驱动电机系统认知

一、驱动电机系统的定义

驱动电机系统是指驱动电机、驱动车用变频器及相关辅助装置的组合。

驱动电机是基于电磁感应原理实现电能与机械能之间转换并可为车辆提供驱动力和制动力的电气装置。若电机的不同部分可以实现相对旋转运动，则这种电机称为旋转电机。旋转电机中静止的部分称为定子，可以旋转的部分称为转子。目前，新能源汽车的驱动电机多为旋转电机。多数新能源汽车的驱动电机既可以工作在电动状态来驱动车辆，也可以工作在发电状态来回馈制动能量。

驱动车用变频器是将车载电源（如蓄电池、超级电容、燃料电池等）输出的电能转换为驱动电机所需电能的电力电子装置。驱动车用变频器可以基于上层控制器的指令控制驱动电机输出转速或输出转矩。

相关辅助装置是指保证驱动电机和驱动车用变频器正常工作的附件，如电气开关、冷却装置、导线、保护用的熔断器等。

二、驱动电机系统的作用

在新能源汽车动力系统中，驱动电机系统起着非常重要的作用，驱动电机系统的存在是新能源汽车区别于传统内燃机汽车的重要标志。其中，在纯电动汽车、串联混合动力汽车以及燃料电池汽车中，驱动电机是唯一的驱动动力来源；在并联混合动力汽车中，驱动电机与发动机通过动力耦合机构共同驱动车辆。

驱动电机系统具有发动机无法实现的能量回馈功能，即在车辆制动时，驱动电机工作在发电状态，将机械能转换为电能，把能量回馈到车载储能部件中。回馈制动能量是提高整车经济性的重要途径。

三、驱动电机系统的驱动形式

1. 单电机驱动和多电机驱动

单电机驱动是指车辆驱动力来自同一个电机。单电机驱动的驱动结构和整车布置与传统内燃机汽车十分相似，通过离合器、变速器、减速器等机械传动装置，将电机输出转矩传递到车轮驱动车辆行驶。这种驱动形式在技术上较为成熟、安全可靠，但存在灵活性差、效率不高等缺点。

多电机驱动是指车辆驱动力来自多个电机。多电机驱动的具体形式比较多，有双轴或多轴独立驱动、轮边驱动、轮毂驱动等。与单电机驱动相比，多电机驱动的整车布置和结构设计更为灵活，机械传动系统简化，能量转换效率提高，行驶稳定性也得到加强。

2. 集中式驱动和分布式驱动

集中式驱动是车辆所有驱动轮的驱动力均来自同一个电机或者来自相互之间具有耦合机构的多个电机。分布式驱动是指车辆所有驱动轮的驱动力来自不同电机。

四、驱动电机类型及特点

驱动电机的类型、特点及应用见表 4-1。本任务主要介绍应用广泛的永磁同步电机。

表 4-1　驱动电机的特点与应用

驱动电机类型	特点及应用
有刷直流电机	控制性能好，控制器结构简单，成本较低。电机转速不高，维护周期短，耐久性差，过载能力差，功率密度小，工作效率较低，应用较早，在实际汽车上应用数量最多，但大功率电机已被其他类型电机取代
无刷直流电机	起动转矩大，过载能力强，功率密度高，控制算法简单。转矩纹波较大，工作噪声高。汽车应用一般
永磁同步电机	工作效率较高，功率密度大。控制算法复杂，控制器成本高，永磁材料性能受温度和振动影响。汽车应用较广泛
交流感应电机	转速高，耐久性好，成本较低，可靠性好。功率密度一般，工作效率一般。汽车应用较广泛
开关磁阻电机	结构简单，控制结构和控制算法简单，成本低，实际噪声大，暂无商品化

1. 永磁同步电机结构

根据永磁体在转子上的位置不同，永磁同步电机可以分为表贴式永磁同步电机和内置式永磁同步电机，二者的横向剖面结构示意如图 4-5 所示。

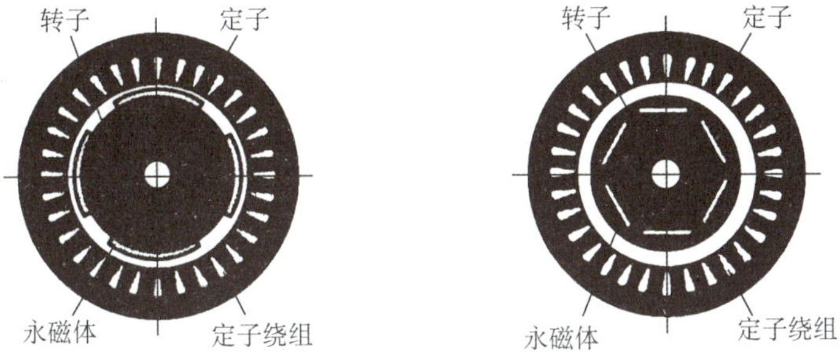

(a) 表贴式永磁同步电机　　(b) 内置式永磁同步电机

图 4-5　永磁同步电机横向剖面结构示意图

如图 4-6 所示为表贴式永磁同步电机的 d 轴和 q 轴磁路，如图 4-7 所示为内置式永磁同步电机的 d 轴和 q 轴磁路，可见 d 轴是永磁体轴线，q 轴磁路是 d 轴的垂线。

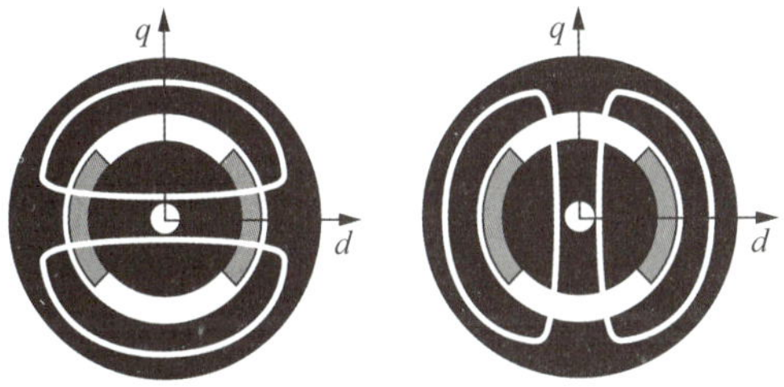

(a) d轴磁路　　(b) q轴磁路

图 4-6　表贴式永磁同步电机的 d 轴和 q 轴磁路

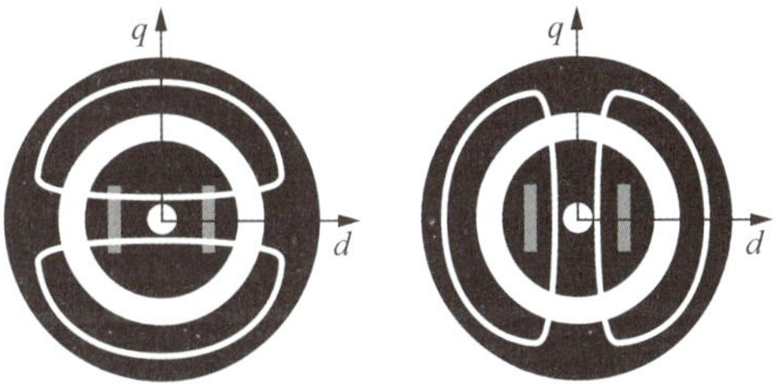

(a) d轴磁路　　(b) q轴磁路

图 4-7　内置式永磁同步电机的 d 轴和 q 轴磁路

对于内置式永磁同步电机产生的磁阻转矩有助于提高电机的过载能力、转矩密度和功率密度，且易于通过“弱磁”来提高电机的转速。此外，由于内置式永磁同步电机的永磁体埋在转子铁芯内部，转子结构比较牢固，增加了电机高速运行时的安全性。基于以上优点，新能源汽车更多地采用内置式永磁同步电机作为驱动电机。

2. 永磁同步电机工作原理

根据内置式永磁同步电机的永磁体在转子内的布置和充磁方向，又可以分为径向式内置式永磁同步电机、切向式内置式永磁同步电机以及混合式内置式永磁同步电机，三种内置式永磁同步电机的转子结构如图 4-8 所示。径向式内置式永磁同步电机具有永磁体漏磁通较小、转子机械强度高、转轴容易隔磁等优点；而切向式内置式永磁同步电机，由于一个极距下的磁通由两个磁极提供，可以获得较大的磁通，并且容易获得较大的磁阻转矩。但切向式内置式永磁同步电机转子冲片机械强度不高，转轴需要较好的隔磁措施。混合式内置式永磁同步电机集成了径向式内置式永磁同步电机和切向式内置式永磁同步电机的优点，但结构较复杂，制造成本也较高。

假设不计定子齿槽的影响，且表贴式永磁同步电机的定子与转子之间的气隙是均匀的。若电机定子绕组中通过三相对称正弦电流，就会在气隙中产生正弦分布且幅值恒定的

(a) 径向式　　(b) 切向式　　(c) 混合式

图 4-8　内置式永磁同步电机的不同转子结构

旋转磁场，旋转磁场的转速即为定子电流的电角频率，转子中的永磁体也会在气隙中产生正弦分布且幅值恒定的磁场，该磁场随转子同步旋转。

电磁转矩是定子、转子磁场相互作用的结果，其大小和方向取决于这两个磁场的幅值和磁场轴线的相对位置。若两个磁场幅值不变且相对位置保持不变，就会产生恒定的电磁转矩。电磁转矩的方向倾向于使两个磁场轴线之间夹角减小的方向。表贴式永磁同步电机只存在电磁转矩。而对于内置式永磁同步电机，由于转子为凸极机构，会产生磁阻转矩，总的电机转矩是电磁转矩和磁阻转矩的代数和。

五、整车对驱动电机系统的技术要求

1. 整车动力性能的要求

如图 4-9 所示为典型的驱动电机机械特性曲线，即电机的转矩-转速关系，也称为电机的外特性。图中 T_{m} 为电机的最大转矩；T_{r} 为电机的额定转矩；n_{m} 为电机的最高转速；n_{r} 为电机的额定转速；P_{m} 为电机的最大功率；P_{r} 为电机的额定功率。电机的机械特性分两个区域：恒转矩区和恒功率区，两个区域的转速边界即为电机的基速，通常也是设计的额定转速。

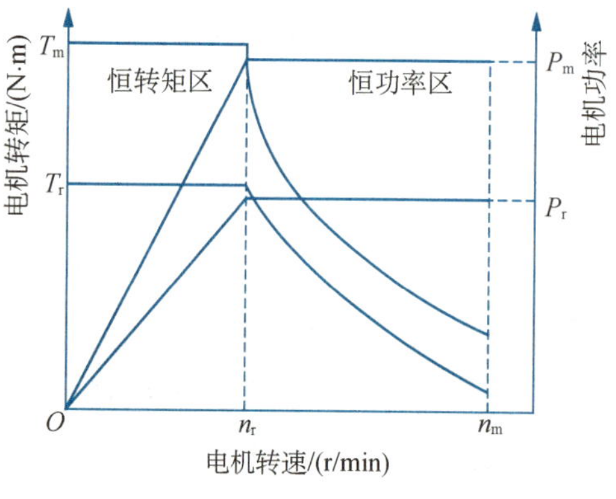

图 4-9　驱动电机的机械特性曲线

驱动电机系统对外体现的机械特性与驱动电机本身的机械特性有所区别，在动力系统直流母线电压较低、车用变频器或驱动电机温度过高等情况下，都能通过车用变频器的控制，使电机输出功率或输出转矩下降，此时图 4-9 中的恒转矩区以及恒功率区都可能变小。因此，图 4-9 可视为驱动电机系统的理想机械特性。

在实际运行时，新能源汽车的驱动电机系统的机械特性应能同时满足整车的最高车速、最大爬坡度及加速时间等动力性能指标的要求。

2. 整车经济性的要求

驱动电机系统的效率对新能源汽车整车经济性会产生很大的影响，从而影响车辆的续驶里程。驱动电机既可以工作在电动状态也可以工作在发电状态，相应地，驱动电机系统的效率包括电动状态效率和发电状态效率。如图 4-10 所示为某新能源汽车异步电机系统在额定直流电压下的效率。图中的上半部分（即转矩大于零的部分）为电动状态效率，下半部分（即转矩小于零的部分）为发电状态效率。

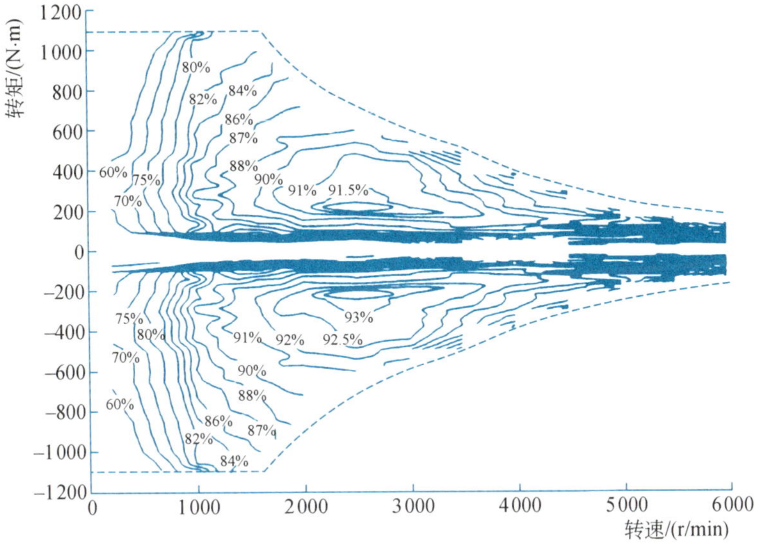

图 4-10　新能源汽车异步电机系统的工作效率

驱动电机系统的效率在数值上等于车用变频器效率与驱动电机效率的乘积。

车用变频器的损耗包括主电路的损耗和控制电路的损耗两部分，相比较而言，主电路的损耗占较大的比重。主电路的损耗包括电力电子元器件的损耗以及电容器的损耗，其中又以电力电子元器件的损耗为主。因此，车用变频器的主要损耗是电力电子元器件的开关损耗和通态损耗。

驱动电机的损耗由铜损、铁损、机械损耗以及杂散损耗构成。这些损耗大部分转换成热量，使电机整体或局部温度升高。

在实际道路工况下，驱动电机的工作点分布在图 4-10 中较大的范围，因此整车经济性要求驱动电机系统需要具有较大的高效区。例如，可要求驱动电机系统效率高于 80% 的区域大于整个机械特性区域（恒转矩区 + 恒功率区）的 70%。

3. 整车舒适性的要求

驱动电机在工作过程中，转矩脉动以及由此产生的噪声会对整车舒适性产生影响。驱动电机转矩脉动的产生原因有两种：一是由于电机自身结构和工作机理而产生的，如永磁同步电机的齿槽转矩，开关磁阻电机换相产生的转矩纹波等；二是在电机转矩控制过程中产生的，如车用变频器中电力电子器件的“死区”效应产生的转矩纹波，因电力电子元器件开关过程或脉冲宽度调制（PWM）调制方法使电机定子电流发生畸变而产生的转矩脉动，因比例积分（PI）控制或其他闭环控制器控制参数不合理而导致电机转矩的低频振荡等。

应从电机设计、电机加工工艺、车用变频器硬件设计、电机控制算法等多方面采取措施，尽可能降低驱动电机的转矩脉动，以满足整车舒适性的要求。

4. 整车安全性的要求

整车安全性对驱动电机系统的要求体现在电气安全和控制系统的安全性两个方面。

（1）电气安全。驱动电机系统要具有较高的电气绝缘性能。驱动电机内部的绝缘材料与环境温度、使用年限密切相关。由于新能源汽车可能工作在高温高湿环境，因此对驱动电机内部的绝缘材料性能以及驱动电机系统的热管理提出了较高的要求。

（2）控制系统的安全性。车用变频器应保证在任何情况下，驱动电机系统不会对整车安全性产生不利影响。如在多电机分布式驱动系统中，要求各电机的控制器协同工作。

5. 整车可靠性的要求

整车可靠性对驱动电机系统可靠性的要求体现在低的故障率和电磁兼容性两个方面。

（1）低的故障率

新能源汽车驱动电机系统具有功率密度高、工作环境恶劣、运行工况复杂、元器件工作温度高、振动剧烈等特点，容易造成驱动电机系统局部或整体的失效。车用变频器中的母线支撑电容、电力电子元器件、控制电路以及电机轴承和电机内部的电气绝缘材料都应具有低的故障率；此外，线缆连接器、转速或转子位置传感器、机械式开关、熔断器等附件也要具有极低的故障率。

（2）电磁兼容性

驱动电机系统是整车的重要电磁干扰源，它应满足整车对电磁兼容性的要求。

6. 整车耐久性的要求

驱动电机系统的使用寿命应高于整车使用寿命。

任务三　工业电机通用变频器认知

一、工业电机通用变频器调速原理

工业电机通常采用鼠笼式交流异步电机，通过改变异步电动机的供电频率就可以改变其同步转速，实现调速运行。对异步电机进行调速控制时，希望电机的主磁通保持额定值不变。磁通太弱，铁芯利用不充分，同样的转子电流下，电磁转矩小，电机的带负载能力下降；磁通太强，电机则处于过励磁状态，励磁电流过大，限制了定子电流的负载容量，为使电机不过热，负载能力要随之下降。

异步电机的气隙磁通是由定转子合成磁动势产生的，以下说明怎样才能使气隙磁通保持恒定。基频以下的恒磁通变频调速考虑从基频向下的调速情况。为了保持电机的负载能力，应保持气隙主磁通不变，这就要求降低供电频率的同时降低感应电动势，保持压频比为常数，即保持电动势与频率之比为常数。这种控制又称为恒磁通变频调速，为恒转矩调速方式。基频以上的弱磁调速考虑由基频开始向上调速的情况。频率由额定值向上增大，但电压受额定电压的影响不能再升高，只能保持电源端整流输出的直流电压不变。这样必然会使主磁通随着电机转速的升高而减小，相当于直流电机弱磁调速的情况，属于近似的恒功率调速方式。

由上面的讨论可知，异步电动机的变频调速必然按照一定的规律同时改变其定子电压和频率，即必须通过变频装置获得电压、频率均可调节的电源，实现所谓的变频调速（Variable Voltage and Variable Freqency，VVVF）控制。工业电机通用变频器可满足这种异步机变频调速的基本要求。

二、工业电机通用变频器组成

各生产厂家生产的工业电机通用变频器，主电路连接方式以及控制电路的基本功能都大同小异，如图 4-11 所示为工业电机通用变频器结构原理示意图。

它主要包括三个部分。

1. 主电路接线端

主电路接线端包括接工频电网的输入端（R、S、T），接电机的频率、电压连续可调的输出端（U、V、W）。

2. 控制端子

控制端子包括外部信号控制端子、变频器工作状态指示端子、变频器与微机或其他变频器的通信接口。

3. 操作面板

操作面板包括液晶显示屏和键盘。

工业电机通用变频器分为交-直-交和交-交两种形式。交-交变频器可将工频电直接变换成频率、电压均可控制的交流电，又称直接式变频器。而交-直-交变频器则是先把工频交流电通过整流器变换成直流电，然后再把直流电变换成频率、电压均可控制的交流电，又称间接式变频器。

由于逆变器的负载为异步电机，属于感性负载，因此无论电机处于电动状态或发电制动状态，其功率因数总不会为 1。在中间直流环节和电机之间总会有无功功率的交换。这种无功能量要靠中间直流环节的储能元器件（如图 4-11 中的电容 C）中来缓冲，电容也称为中间直流储能元器件。

控制电路由运算电路（控制 CPU）、检测电路、控制信号的输入、输出电路和驱动电路等构成。其主要任务是完成对逆变器的开关控制、对整流器的电压控制以及实现各种保护功能等。

工业电机变频器的控制方法可以采用模拟控制或数字控制方法。高性能的变频器目前已经采用微型计算机进行全数字控制，采用尽可能简单的硬件电路，主要靠软件来实现各种功能。由于软件的灵活性，全数字控制方式常可以实现模拟控制方式难以实现的功能。

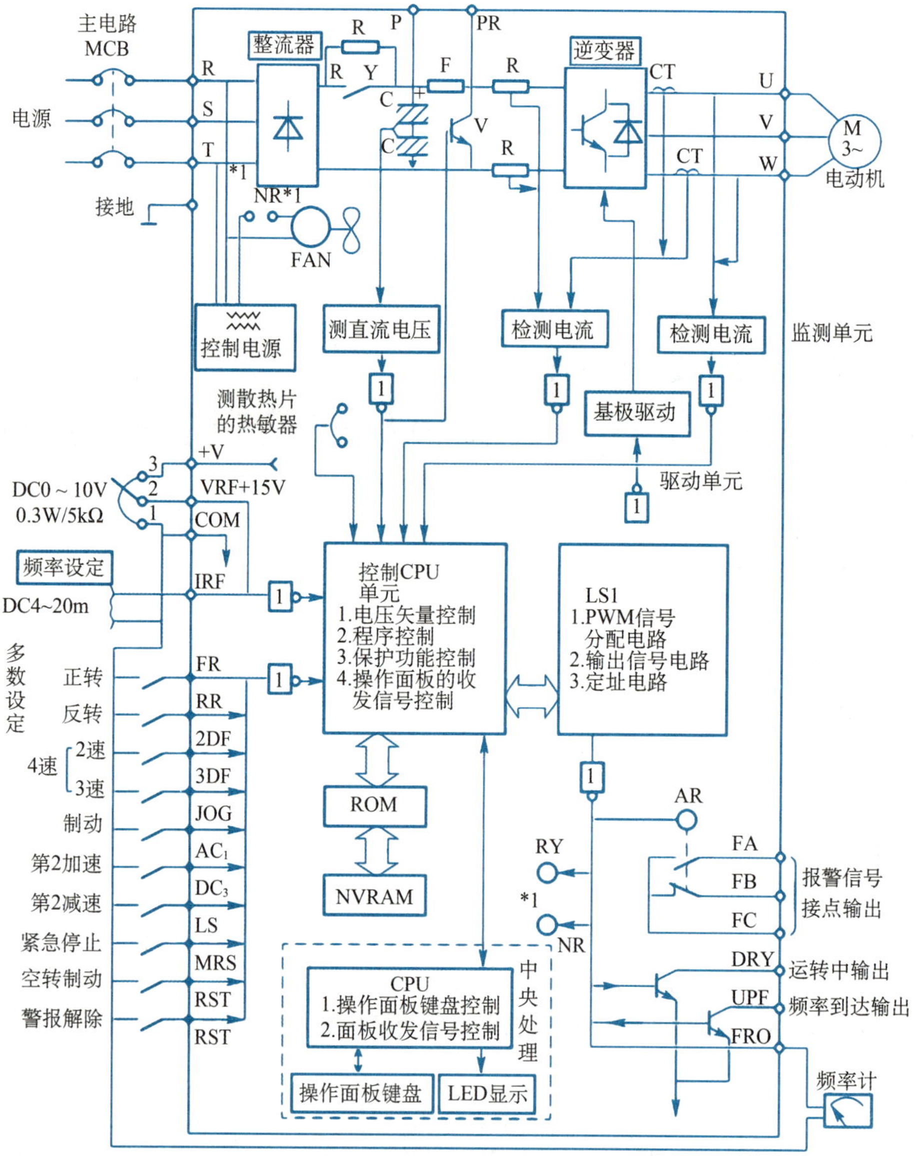

图 4-11　工业电机通用变频器结构原理示意图

三、工业电机通用变频器主电路工作原理

微课视频——间接变频器主电路

工业上一般主要使用间接变频器。间接变频器的主电路如图 4-12 所示。当变频器功率小于 5.5 kW 时，交流电输入可采用单相 220 V 电压；当变频器功率大于 5.5 kW 时，交流电输入采用三相交流 380 V 电压。

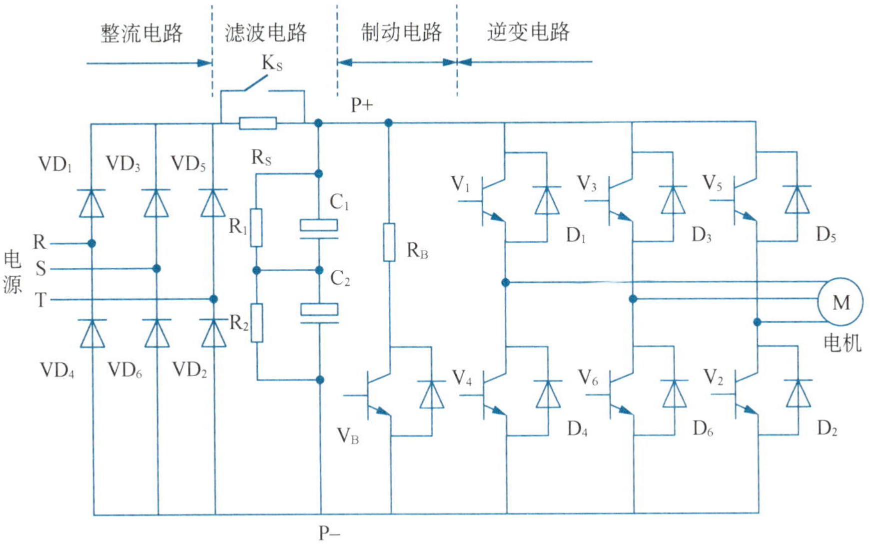

图 4-12 间接变频器主电路组成

1. 整流环节

整流电路的功能是把交流电源转换成直流电源。三相线电压为 380 V 时，整流后峰值电压为 537 V，平均电压为 515 V，最高不能超过 760 V，一般采用整流二极管整流或模块整流。

2. 中间储能环节

为了使交流电源电压意外出现瞬间下降时，能稳定地给逆变桥供电，还能减小干扰，在整流和逆变桥之间增加了 C_1 及 C_2 电容器。C_1 和 C_2 是并联、串联的电容器组，由于 C_1 和 C_2 的电容量不完全相等（承受电压较高一侧电容器组容易损坏），因此并联一个阻值相等的均压电阻 R_1 和 R_2，使得 U_{D1}、U_{D2} 电压相等。

有了电容 C_1 及 C_2 后，副作用也出现了，副作用就是在当变频器刚接入电源的瞬间，整流桥输出电流经整流桥正、电容 C_1 和 C_2、整流桥负，瞬间的大电流会造成线路烧毁，外部的交流电源保险断开停机。因此整流桥与滤波电容之间装有 R_S（预充电阻）来降低上电瞬间线路中的电流。充电电阻 R_S 如长期接在电路内，会影响直流母线电压 U_D 和变频器输出电压的大小。所以，当 U_D 增大到一定程度时，K_S 继电器开关接通，把 R_S 切出电路，恢复逆变器的正常直流供电。

3. 制动环节

在变频调速系统中，电机的降速和停机，是通过逐渐减小频率来实现的。在频率刚减小的瞬间，电机的同步转速随之下降，而由于转子惯性的原因，电机的转速未变，当同步转速低于转子转速时，转子绕组切割磁力线的方向相反，转子电流的相位几乎改变 180°，使电机处于发电状态，也称为再生制动状态。

电机再生的电能经续流二极管（D_1～D_6）全波整流后反馈到直流电路中，由于直流电路的电能无法回输给电网，只能由 C_1 和 C_2 吸收，使直流电压升高。过高的直流电压将使变频器受到损害。因此，直流电压超过一定值时，就要提供一条放电回路。

能耗电路由制动电阻 R_B 和制动单元 V_B 构成。当直流回路电压 U_D 超过规定值时，V_B 导通，使直流电压通过 R_B 释放能量，降低直流电压。而当 U_D 在正常范围内时，V_B 截止，以避免不必要的能量损失。

4. 逆变环节

逆变电路同整流电路相反，逆变电路是将直流电压变换为所需频率的交流电压，根据确定的时间，相应功率开关元器件导通和关断，从而可以在输出端 U、V、W 三相上得到相位差为 120°的三相交流电压。

逆变电路由开关元器件 $V_1 \sim V_6$ 构成，目前大部分使用 IGBT，最新技术是智能功率模块 IPM。

续流电路由 $D_1 \sim D_6$ 组成，作用是为电机绕组的无功电流提供返回通道；为再生电能反馈提供通道；为寄生电感在逆变过程中释放能量提供通道。

逆变电路在截止和导通的瞬间，其电压和电流的变化率是很大的，有可能使逆变电路受到损伤。因此每个逆变电路旁还应接入缓冲电路，以减缓电压和电流的变化。

【逆变桥输入和输出的禁忌】 变频器主电路的输入 R、S、T 决不能接错到输出电机端的 U、V、W；同时，电机端的 U、V、W 输出侧不能接电容器。

四、变频器选择原则小结

（1）充分了解控制对象性能要求。一般来讲如对起动转矩、调速精度、调速范围要求较高的场合则需考虑选用矢量变频器，否则选用通用变频器即可。

（2）了解所用电机主要铭牌参数：额定电压、额定电流。

（3）确定负载可能出现的最大电流，以此电流作为待选变频器的额定电流。如果该电流小于适配电机额定电流，则按适配电机选择对应变频器。

（4）增加使用变频器的容量：在有长期高温大负荷、异常或故障停机、目标负载波动大、现场电压长期偏低且负载接近额定绕线电机、同步电机或多极电机（6 极以上）之一情况时要考虑容量放大一档，否则会出现问题。

五、变频器配件选择原则小结

1. 选用电抗器

在电机功率大于 55 kW 以上，电网品质恶劣或容量偏小的场合要选用交流输入电抗器、直流电抗器，如不选用可能会造成干扰，使三相电流偏差增大的变频器。变频器频繁跳闸情况下要选用交流输出电抗器。

2. 选用制动单元

一般原则是线路超过 100 mA，在提升负载、频繁快速加减速、惯量存在（自由停车需要 1 min 以上，恒速运行电流小于加速设备的电流）三种情况之一时，一般要选用制动单元和制动电阻。

六、矢量变频器控制电机参数的自动测量

1. 矢量控制需要的参数

（1）电机的铭牌数据——电压、电流、转速、磁极对数、效率等。

（2）电机的绕组数据——定子电阻、定子漏磁电抗、转子等效电阻、转子等效漏磁电抗、空载电流等。

2. 自动测量操作

（1）旋转自测量（相当于空载试验）

电机脱离负载。变频器通电，按下 RUN 键，先让电机停止 1 min，再让电机旋转 1 min（转速约为额定转速的一半）。按下 STOP 键，中止自测量。

（2）停止自测量（相当于堵转试验）

电机不脱离负载。变频器通电，按下 RUN 键，电机停止 1 min。按下 STOP 键，停止自测量。

任务四　新能源汽车驱动电机变频控制

一、纯电动汽车变频器

如图 4-13 所示为纯电动汽车变频器主电路，与工业电机变频器相比，没有了三相或单相整流环节。动力电池电压 V_B，经上电继电器组（图中省略）上电到变频器，进入变频器后的电压为 V_L，经电容后电压为 V_H，这里 $V_L = V_H$，经全桥逆变器变频给电机。

微课视频——纯电动汽车变频总成主电路

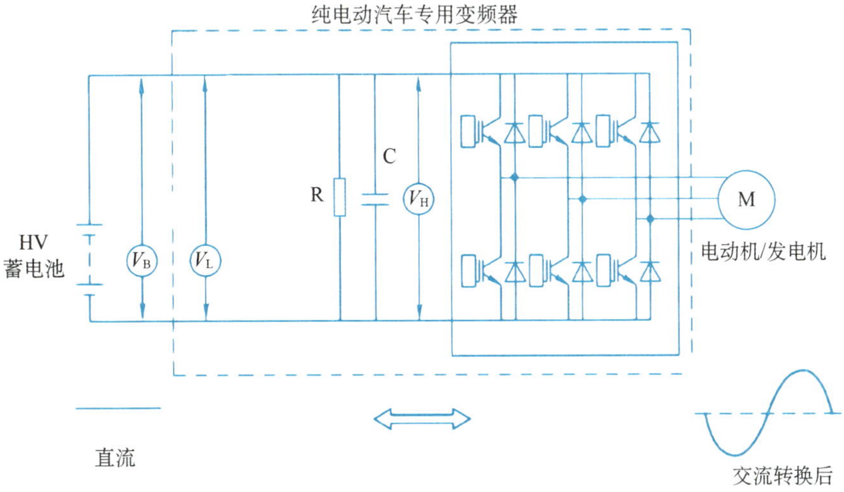

图 4-13　纯电动汽车变频器总电路

二、混合动力汽车变频器

微课视频——混合动力汽车变频器主电路

如图 4-14 所示为混合动力电动汽车变频器主电路，与工业电机变频器相比，没有了三相或单相整流环节。动力电池电压 V_B 经上电继电器组（图中省略）上电到变频器，进入变频器后的电压为 V_L，经升压转换器后，给电容注入电压为 V_H，这里 V_L 低于 V_H，再经全桥逆变器变频，这样蓄电池不用过多，电机仍可获得很高的供电电压。

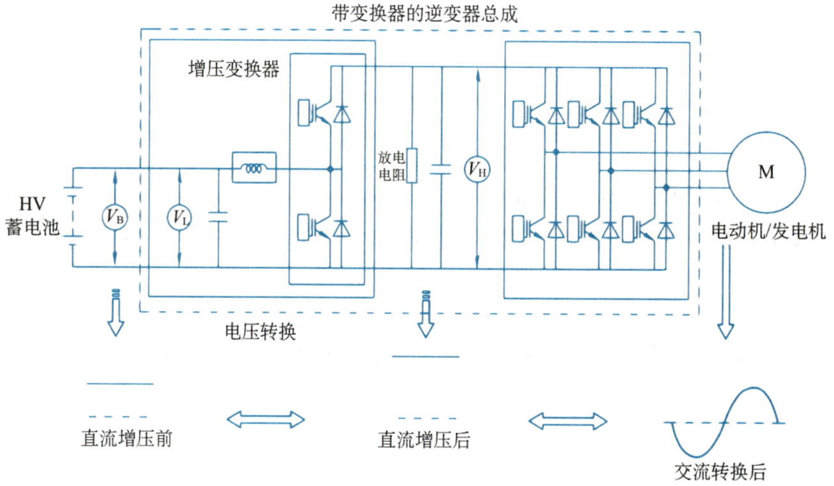

图 4-14　混合动力汽车变频器主电路

三、纯电动汽车变频器工作原理

微课视频——纯电动汽车变频器内部电路

如图 4-15 所示为纯电动汽车变频器内部电路示意图，纯电动汽车变频器工作原理分为驱动控制转矩的申请、驱动控制转矩的发送、驱动控制转矩的实现，其余与工业电机变频器相同。

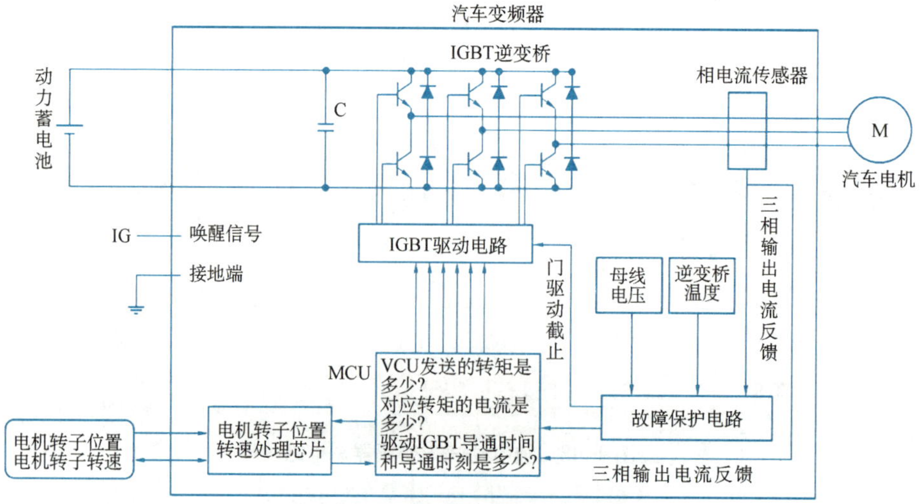

图 4-15　纯电动汽车变频器内部电路

1. 驱动控制转矩的申请

如图 4-16 所示，反映驾驶人转矩需求的加速踏板位置传感器采用冗余设计，主信号电压输出和副信号电压输出不同，但在车辆控制单元（VCU）内部经微控制器（MCU）处理后反映的是同一个加速踏板的位置对应的电机转矩。在微控制器（MCU）内部查得在横轴某加速踏板位置百分数（如 50%）时，对应纵轴电机转矩 300 N·m。

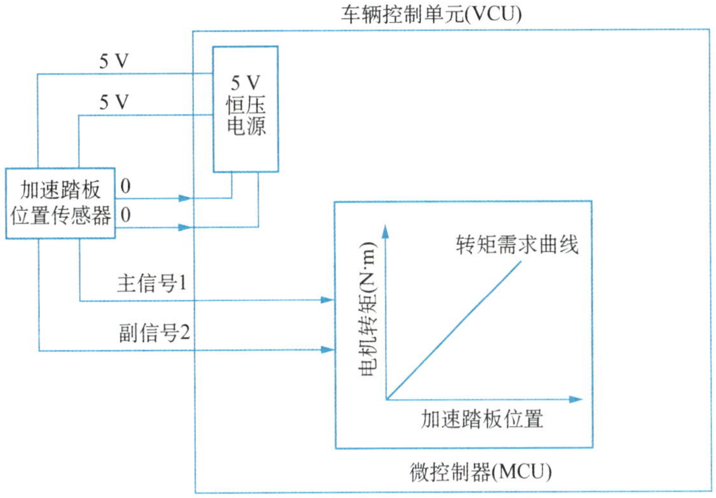

图 4-16　驱动控制转矩申请

【提示】图 4-16 给出的是正常的纯电动汽车设计，有的汽车将加速踏板位置传感器电路直接连接到变频器内部的微控制器上，加速踏板位置传感器位置信息再经控制器局域网（Controller Area Network，CAN）总线传送到车辆控制单元（VCU）。

2. 驱动控制转矩的发送

如图 4-17 所示，车辆控制单元（VCU）内部经 MCU 将查得的驾驶人转矩需求的 300 N·m 数据经总线传递给变频器内部的电机控制单元。电机控制单元收到数据后决策如何完成这个任务。

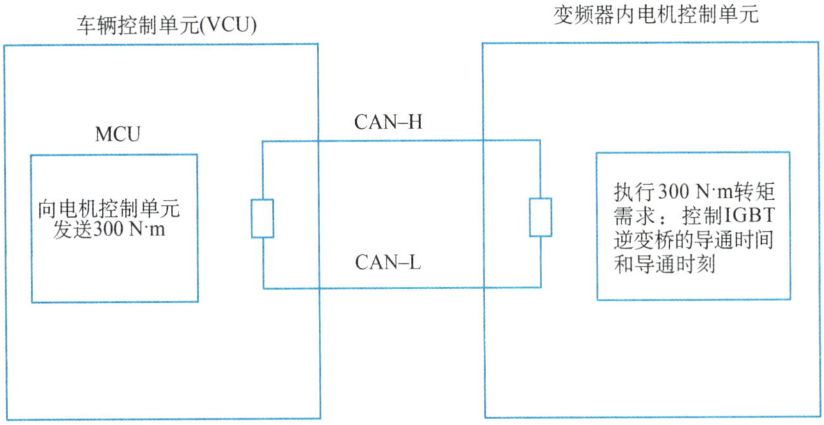

图 4-17　驱动控制转矩的发送

3. 驱动控制转矩的实现

如图 4-17 所示，电机控制单元收到转矩需求 300 N·m 这个任务后，开始计算电机对应的电流及对应该电流的 IGBT 导通时间和导通时刻。电机控制单元控制 IGBT 驱动电路驱动 IGBT 逆变桥的六个 IGBT 实现汽车电机定子电流的控制。电机的相电流传感器将电流反馈给电机控制单元从而进行微小的 IGBT 导通时间修正，以实现电机精确的电流反馈控制。

混合动力汽车变频器工作原理与纯电动汽车变频器工作原理类似，不再赘述。

实训任务单　新能源汽车驱动电机变频器电力电子元器件测量

一、任务布置

教师准备正常和烧坏的车用变频器，按组分配。

二、任务分配

按照前面所了解的知识内容，落实各项工作负责人（表 4-2），如任务实施前的准备工作、实施中主要操作及协助支持工作、实施过程中相关要点及数据的记录工作等。

表 4-2　工作任务分配

步骤	工作内容	负责人
1	组长	
2	第一操作人	
3	第二操作人	
4	数据记录人	
5	安全员	
6	场地规格布置及结束 5S 收尾	

三、操作步骤合理性评估和纠正

教师用所提供的资料或相关视频进行提示，以帮助学生完成主要工作步骤的填写（表 4-3）。教师评估通过后，方可实施具体操作。学生可先行在草稿纸上填写，任务实施过程中若有改变须教师再次评估，以确认其安全和可行。

表 4-3　主要工作步骤

内容	序号	为解决问题的主要操作步骤（不含准备及 5S）	通过/不通过
学生完成	1		
	2		

（续表）

内容	序号	为解决问题的主要操作步骤(不含准备及5S)	通过/不通过
学生完成	3		
	4		
	5		
	6		
	7		
	8		
	9		
	10		
教师完成	1	步骤可行	
	2	安全可行	
	3	时间可行	
	4	成本可行	

四、任务实施前的设备和工具准备

请各小组完成设备和工具准备自检表(表4-4)填写。

表4-4　设备和工具准备自检表

序号	设备及工具名称	数量	设备及工具是否完好
1			□是□否
2			□是□否
3			□是□否
4			□是□否
5			□是□否
6			□是□否
7			□是□否
8			□是□否

五、任务实施

请各小组根据操作完成驱动电机的电力电子测量记录单（表 4-5），如果要同时测量几个元器件，本页可多张打印。

表 4-5　驱动电机的电力电子测量记录单

序号	步骤或测量对象	记录	完成情况
1	车用变频器 1 的测量		正常□ 异常□
2	母线电容器容量测量		正常□ 异常□
3	电机控制器电路板的烧损观察		正常□ 异常□
4	IGBT 驱动板的测量		正常□ 异常□
5	IGBT 逆变桥的测量		正常□ 异常□
6	电流传感器的测量		正常□ 异常□
7	车用变频器 2 的测量		正常□ 异常□
8	母线电容器容量测量		正常□ 异常□
9	电机控制器电路板的烧损观察		正常□ 异常□
10	IGBT 驱动板的测量		正常□ 异常□
11	IGBT 逆变桥的测量		正常□ 异常□
12	电流传感器的测量		正常□ 异常□
最终的故障点：			

注：记录数据，精确到小数点后两位。

课后习题

一、单选题

1. 有刷电机的转矩曲线近似(　　)。
   A. 正比例曲线　　B. 反比例曲线
   C. 指数曲线　　D. 对数曲线
2. 无刷电机的转矩曲线近似(　　)。
   A. 正比例曲线
   B. 反比例曲线
   C. 平直线开始＋反比例曲线末段
   D. 平直线开始＋反比例曲线首段
3. 下列不是无刷直流电机控制方式的是(　　)。
   A. FOC 控制　　B. 方波控制
   C. 正弦波控制　　D. 余弦波控制
4. 电机的电角度等于(　　)。
   A. 机械角度×极对数　　B. 机械角度÷极对数
   C. 60°×极对数　　D. 120°×极对数
5. 下列为新能源汽车异步电机特点的是(　　)。
   A. 转速低　　B. 耐久性差
   C. 工作效率低　　D. 可靠性差

二、多选题

1. 下列关于有刷直流电机特点及应用正确的是(　　)。
   A. 过载能力差　　B. 工作效率较低
   C. 维护周期短　　D. 耐久性差
2. 下列关于无刷直流电机特点及应用正确的是(　　)。
   A. 起动转矩大　　B. 过载能力强
   C. 转矩纹波较大　　D. 工作噪声高
3. 下列关于永磁同步电机特点及应用正确的是(　　)。
   A. 工作效率较高
   B. 功率密度大
   C. 控制器成本高
   D. 永磁材料性能受温度和振动影响

4．下列关于交流感应电机特点及应用正确的是(　　)。

A．转速高　　B．耐久性好

C．功率密度一般　　D．汽车上应用较广泛

5．下列关于开关磁阻电机特点及应用正确的是(　　)。

A．结构简单　　B．控制结构和控制算法简单

C．成本低　　D．噪声大

项目五

新能源汽车直流-直流变换器认知与诊断

情景引入

一辆新能源汽车蓄电池馈电，换了一个蓄电池之后不久又馈电，经检查为直流-直流变换器没有电压输出，更换新的直流-直流变换器价格较贵，车主想维修。修理人员打开直流-直流变换器，经检查为一个电力场效应晶体管损坏。修理人员找到同样的直流-直流变换器，这个直流-直流变换器是以前一个车主更换新直流-直流变换器时留下的，修理人员从这个直流-直流变换器取下对应的电力场效应晶体管换在当前的直流-直流变换器上，又进行了一些检查后，将这个直流-直流变换器装回车上，将车打到 READY 挡，测量输出电压为 13.8 V，直流-直流变换器恢复正常工作。

学习目标

知识目标

- 掌握新能源汽车直流-直流变换器工作原理。

能力目标

- 掌握直流-直流变换器的主电路元器件的检查方法。

素养目标

- 培养学生查询和使用资料的能力；
- 培养学生规范操作、安全操作的意识；
- 培养学生发现问题、处理问题的能力。

任务一　直流-直流变换器的作用与分类认知

一、直流-直流变换器的作用

直流-直流变换器(DC-DC Converter),又称 DC-DC 变换器,是一种将直流电能变换为负载所需的电压或电流可控的直流电能的电力电子装置。在新能源汽车中,直流-直流变换器可以独立作为一个部件(图 5-1),也可以作为其他部件的组成部分(图 5-2)。

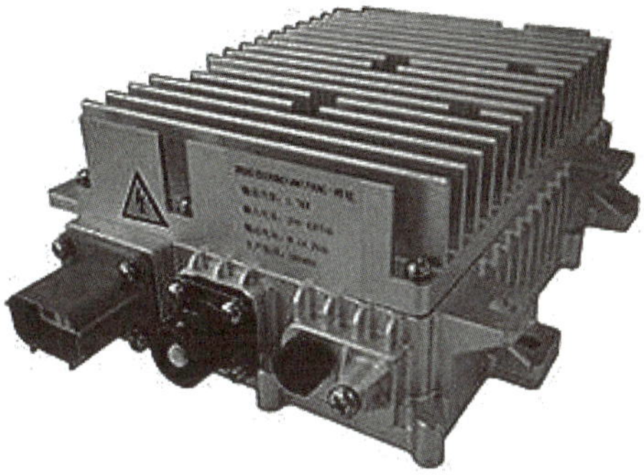

图 5-1　独立水冷新能源汽车 DC-DC 变换器实物

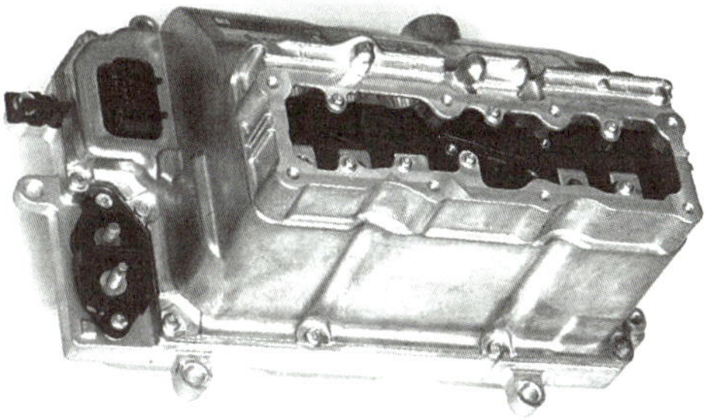

图 5-2　水冷 DC-DC 变换器(内置于变频器底部)

如图 5-3 所示为直流-直流变换器的基本结构。直流-直流变换器可以看作由两大部分组成:直流-直流变换电路和控制电路。变换器中完成电能变换的核心部分为两端口的电力电子主电路,即直流-直流变换电路或直流-直流变换器电路;以 MCU 为主体的控制电路用于根据上层控制器发出的目标指令,给出控制信号;驱动电路基于控制信号驱动直流-直流变换电路中的电力电子元器件工作,从而实现对电压或电流的控制或调节,驱动电路也可以看作是控制电路的组成部分。此外,和其他的车载电气部件类似,直流-直流变换器还需具有满足车载要求的防护壳体、电气通信接口、机械接口以及散热系统。

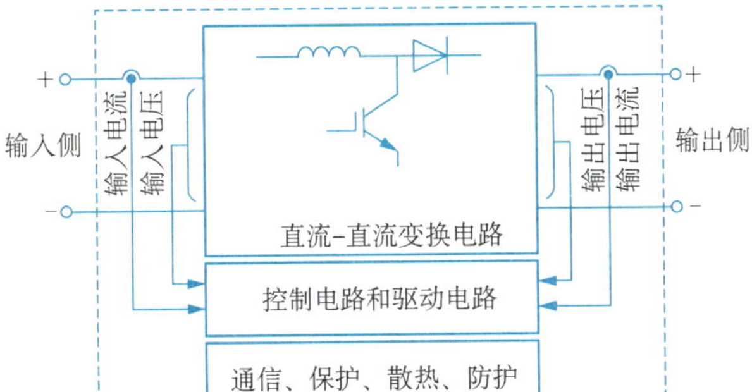

图 5-3　直流-直流变换器基本结构示意图

在新能源汽车中，直流-直流变换器的作用主要体现在电压匹配、功率控制以及对电化学动力源的保护三个方面。

1. 电压匹配

新能源汽车上的电化学动力源部件，如燃料电池、蓄电池、超级电容等，在工作中，受负荷以及自身性能的影响，输出电压通常会在一定的范围内变动。而负载部件，如驱动电机系统、电动空调、电动转向系统、电动制动系统等，在工作中，对输入电压的波动有严格的限制，若超过允许波动范围，部件将不能正常工作，甚至失效或损坏。这种情况就需要使用直流-直流变换器将二者连接起来，如图 5-4(a)所示。也就是说，直流-直流变换器实现了电源与负载之间的电压解耦。

此外还有一种情况，新能源汽车动力系统直流母线电压和负载部件之间电压不匹配，如直流母线电压一般是几百伏，而车辆的低压电气部件的输入直流电压可能为几十伏，那么就需要通过一个起降压作用的直流-直流变换器，使低压负载连接到直流母线上，如图 5-4(b)所示。在这种情况下，直流-直流变换器实现了直流母线与负载之间的电压解耦。

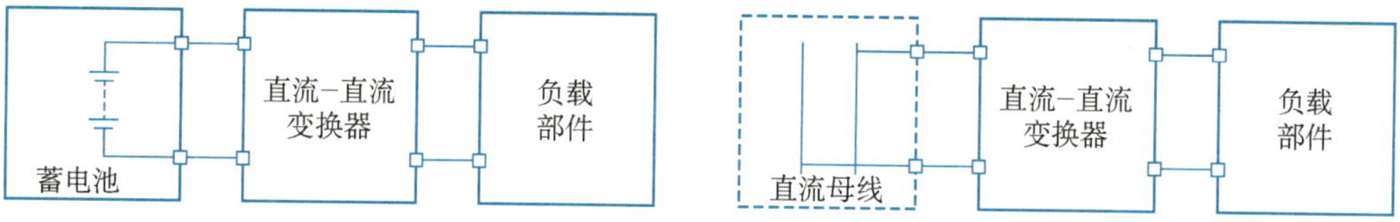

(a) 电源与负载之间的电压解耦　　(b) 直流母线与负载之间的电压解耦

图 5-4　直流-直流变换器实现电压解耦

2. 功率控制

在具有两个或两个以上电化学动力源的电-电混合动力系统中，和电化学动力源相串联的直流-直流变换器除具有前面的电压匹配功能外，还具有控制电化学动力源功率的作用。

如图 5-5(a)所示，燃料电池通过直流-直流变换器和蓄电池并联。通过对直流-直流变换器中电力电子元器件的控制，可以控制燃料电池输出功率的大小，实现整车需求功率在两个动力源——燃料电池和蓄电池之间的合理分配。

如图 5-5(b)所示，超级电容通过直流-直流变换器和蓄电池并联。如果超级电容直接和蓄电池并联，那么二者的输出电压是相同的，超级电容存储的能量将受蓄电池端电压的影响。蓄电池端电压变化范围较小，因此超级电容存储的能量变化量也较小，不能很好地发挥超级电容高功率密度的优点。超级电容通过直流-直流变换器和蓄电池并联后，通过对超级电容端电压或电流的控制，可以控制超级电容输出或输入功率，使超级电容充分地释放或吸收能量，最大程度发挥超级电容的作用。

3. 对电化学动力源的保护

连接在电化学动力源之间的直流-直流变换器可以根据动力系统以及动力源的工作状

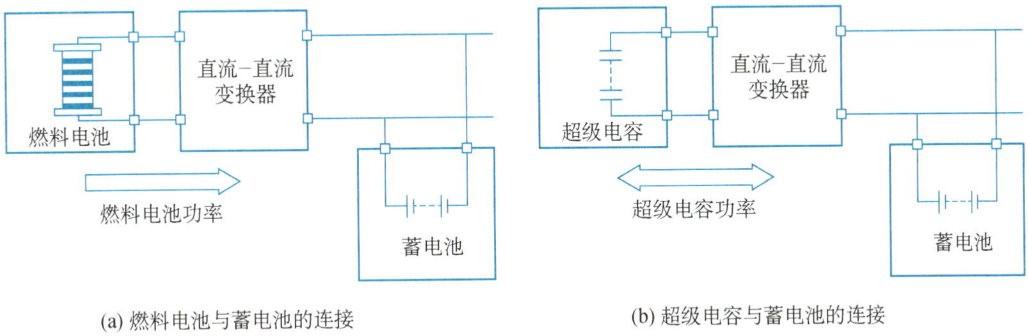

图 5-5　电-电混合动力系统中的动力源连接

态对动力源端电压或电流进行限制或控制，使动力源始终在其运行能力范围之内，以保证动力源的运行安全。例如，连接在蓄电池出口的直流-直流变换器可以控制蓄电池的充放电电流，使其不超出最大允许充放电能力范围；连接在燃料电池出口的直流-直流变换器可以对燃料电池输出电压进行控制，使其不低于蓄电池容许的最低电压等。

二、直流-直流变换器的分类

1. 按变换器端口电压分类

若直流-直流变换器的输出侧电压高于输入侧电压，则称这种变换器为升压型变换器；若直流-直流变换器的输出侧电压低于输入侧电压，则称这种变换器为降压型变换器；若直流-直流变换器的输出侧电压有时大于输入侧电压，有时小于输入侧电压，则称这种变换器为升降压型变换器。

2. 按变换器能量流动方向分类

若电能只能从直流-直流变换器一个端口流入，从另一个端口流出，则这种变换器称为单向直流-直流变换器。电能流入的一侧称为变换器的输入侧，电能流出的一侧称为变换器的输出侧。

若电能可以从直流-直流变换器一个端口流入，从另一个端口流出，也可以反方向流入、流出，则称这种变换器为双向直流-直流变换器。

3. 按变换器两端口电气耦合分类

若直流-直流变换器两端口之间没有任何的电气连接，或者说变换器输入侧与输出侧之间是电气隔离的，则称这种变换器为隔离型直流-直流变换器；反之，若变换器输入侧与输出侧之间不是电气隔离的，则称这种变换器为非隔离型直流-直流变换器。

此外，在电力电子技术发展过程中陆续出现了多种直流-直流变换器，人们赋予它们专门的“名字”，如基于拓扑结构来命名，反激式变换器、正激式变换器、推挽式变换器等。

任务二　非隔离型直流变换器认知

一、燃料电池汽车直流变换器

考虑到车用燃料电池系统技术水平的限制以及制动能量回收等问题，燃料电池汽车普遍采用电-电混合动力系统，即在燃料电池汽车动力系统中，除采用质子交换膜燃料电池（Proton Exchange Membrane Fuel Cell，PEMFC）作为基本动力源提供整车消耗的能量外，同时还需要蓄电池、超级电容等储能部件（Energy Storage System，ESS）作为动力源。

燃料电池汽车动力系统的典型构型有两种。

（1）构型一。如图 5-6 所示，直流-直流变换器位于燃料电池一侧，即燃料电池和直流-直流变换器串联后再与蓄电池并联，共同为整车提供所需能量。在车辆制动过程中，驱动电机工作在发电状态，蓄电池可以吸收制动回馈的能量。此外，在蓄电池荷电状态（State of Charge，SOC）比较低、整车驱动功率需求较小时，可以控制燃料电池的功率输出为蓄电池充电。在非插电式燃料电池汽车中，燃料电池提供整车消耗的能量，蓄电池在更多情况下起到能量缓冲作用，也就是说，整车需求的能量全部经由直流-直流变换器提供。在这种情况下，要求直流-直流变换器效率要尽可能高，才可能保证整车具有较好的经济性。在这种构型中，直流-直流变换器中能量的流动是单向的。

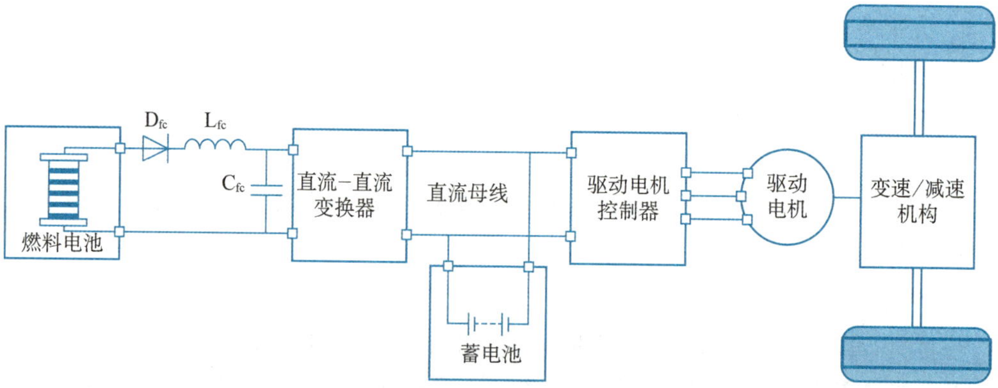

图 5-6　燃料电池动力系统构型一

构型一中单向非隔离型直流-直流变换器类型选择的主要依据是燃料电池输出电压范围和直流母线电压范围之间的关系。图 5-7 给出了燃料电池特性曲线以及直流母线电压范围，当燃料电池输出电压范围在直流母线电压范围之下时，应选择升压型直流-直流变换器；当燃料电池输出电压范围在直流母线电压范围之上时，应选择降压型直流-直流变换器；不属于以上两种情况时，应选择升降压型直流-直流变换器。应该指出的是，由于燃料电池在小功率负荷下其输出电压随功率增加下降得很快，所以即使燃料电池特性曲线与直流母线电压在高电压区域有部分重合，仍可选择升压型直流-直流变换器。而在大功率负荷下，燃料电池输出电压较低，但此时，往往整车需求功率也较大，直流母线电压也较低，因此即使燃料电池特性曲线与直流母线电压在低电压区域有部分重合，仍可选择降压型直流-直流变换器。

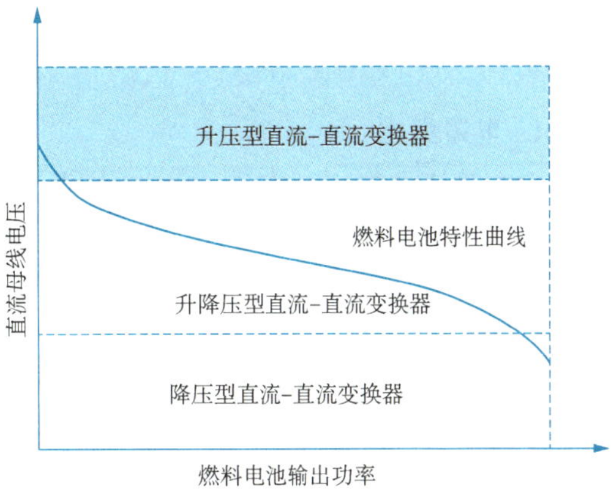

图 5-7　直流-直流变换器的选择

（2）构型二。如图 5-8 所示，直流-直流变换器位于蓄电池一侧，即蓄电池和直流-直流变换器串联后再与燃料电池并联，共同为整车提供所需能量。在这种构型中，蓄电池的充放电能量都要经过直流-直流变换器，蓄电池动态缓冲能力、功率响应时间受到直流-直流变换器的制约。这就要求直流-直流变换器除具有较高工作效率外，还要有较快的动态响应特性。在这种构型中，直流-直流变换器中的能量流动是双向的。

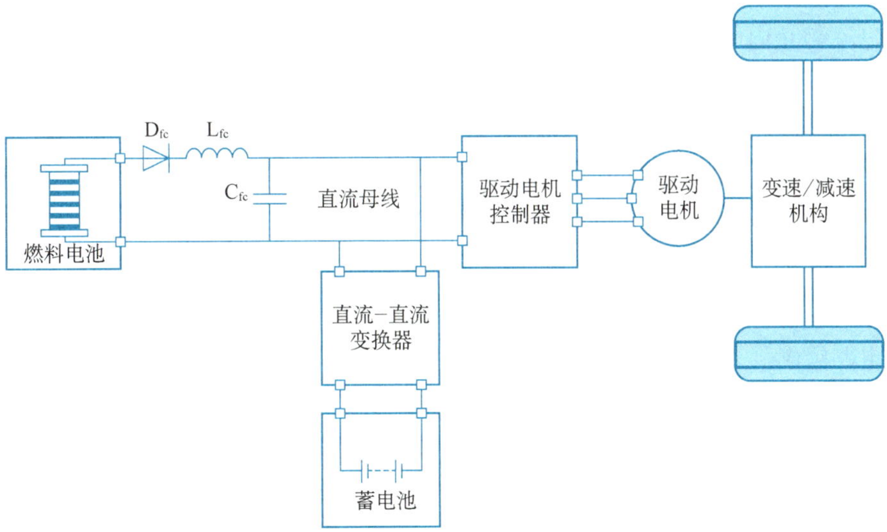

图 5-8　燃料电池动力系统构型二

构型二的双向直流-直流变换器同样可以应用于混合动力汽车和纯电动汽车动力系统。

不论是构型一还是构型二，直流-直流变换器在工作过程中都会产生较大的电功率，考虑到较高工作效率的要求，一般采用非隔离型。图 5-6 和图 5-8 中的 D_{fc} 是保护燃料电池的电力二极管，可以防止外部过高电压反加在燃料电池电堆上；L_{fc} 和 C_{fc} 组成滤波电路，用来抑制负载剧烈波动对燃料电池耐久性产生的不利影响。

二、降压型直流-直流变换器

1. 电路组成

单向降压非隔离型直流-直流变换器主要指降压型(Buck)变换器,其内部变换器电路结构如图 5-9 所示。降压型变换器电路由全控型元器件(IGBT 或电力场效应晶体管)V、电力二极管 D、储能电感 L 和滤波电容 C 构成。

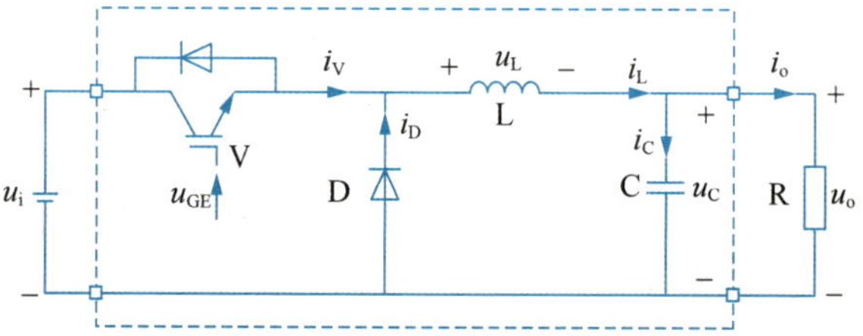

图 5-9　Buck 变换器电路结构

2. 电路的工作过程

电力电子开关 V 导通,储能电感 L 的电流 i_L 增加,正电荷由左流向右端,电感 L 外部的磁场增加,限制自身电流 i_L 线性增加,但仍是增加的趋势,这时电感线圈储能,储能电感 L 的电流 i_L 停止向电容 C 注入电流。当电力电子开关 V 开关几次后,电容 C 的电压 u_C 被积累到直流电源电压 u_i 减去电感 L 自感电压 u_L 的电压水平,其间 u_L 比例减小,电容 C 的电压 u_C 比例增加,但输出端电压 u_o 一直小于直流电源电压 u_i。

u_o 的数值与电感 L 每次的通电时间和断电时间有关。电感 L 每次的通电时间短和断电时间长则产生的电感分压 u_L 就高,u_o 就越低。

三、升压型直流-直流变换器

1. 电路组成

单向升压非隔离型直流-直流变换器主要指升压型(Boost)变换器,内部电路结构如图 5-10 所示。升压型(Boost)变换器电路也由全控型元器件(IGBT 或电力场效应晶体管)V、电力二极管 D、储能电感 L 和滤波电容 C 构成,但电力电子元器件 V 和 D 以及储能电感 L 的位置与 Buck 变换器不同。

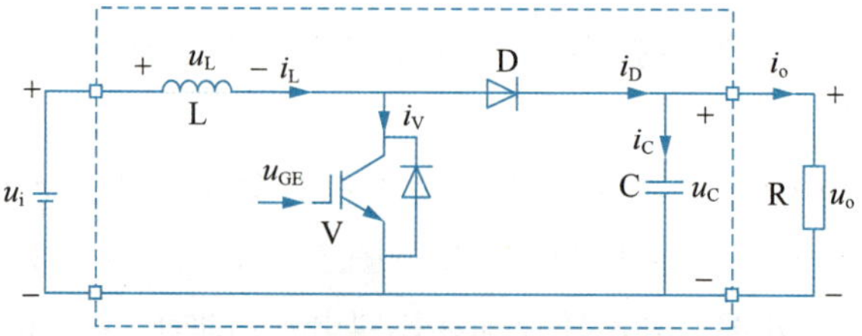

图 5-10　Boost 变换器电路结构

2. 电路的工作过程

电力电子开关 V 导通，储能电感 L 的电流 i_L 增加，正电荷由左流向右端，电感 L 外部的磁场增加，限制自身电流 i_L 线性增加，但仍是增加的趋势，这时电感线圈储能。当电力电子开关 V 断开时，储能电感 L 的电流 i_L 由于 V 这个通路，电流经电力二极管 D 注入电容 C。经过几个工作循环后，电容 C 的电压被积累到直流电源电压 u_i 加上电感 L 自感电压 u_L 的电压水平，输出端 u_o 电压升高。

u_o 的数值与电感 L 每次的通电时间和断电时间有关。电感 L 每次的通电时间长和断电迅速则产生的电压就高。

【技师指导】 上述升压过程中输入和输出部分是连通的，由于升压变换器一般安装在变频器内部，一般用非隔离型升压变换器。但对于降压直流变换器，动力电池电压降为低压 12 V 时必须采用隔离型直流-直流变换器。

任务三 隔离型直流-直流变换器认知

一、隔离型直流-直流变换器的特点

少部分混合度在轻混以下的混合动力汽车，仍像传统燃油汽车那样，由发电机提供整车 12 V 低压直流电。除了这少部分轻混以下的混合动力汽车，轻混以上的混合动力汽车、纯电动汽车、燃料电池汽车用一个小功率(乘用车在 1.5～2.5 kW)的直流-直流变换器将高压直流母线的电能转换为低压直流电能，为全车的控制系统、照明系统、冷却系统等供电，这种直流-直流变换器在整车动力系统的典型电气连接方式如图 5-11 所示。

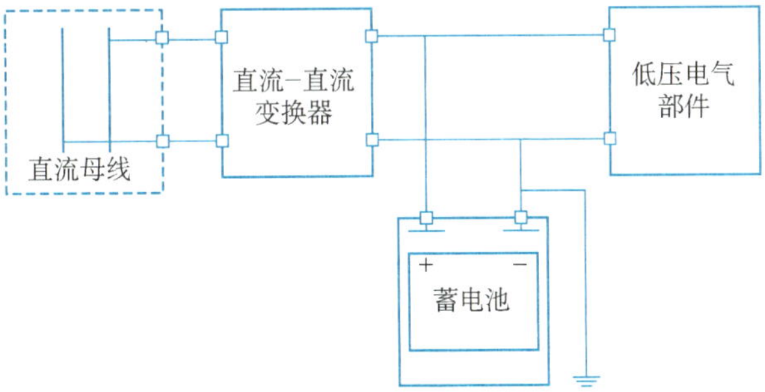

图 5-11 隔离型直流-直流变换器在动力系统中的电气连接

点火开关打到 READY 挡时，直流母线上有高压给直流-直流变换器供电，直流-直流变换器将高压直流电能变换为低压直流电能，为整车 12 V 用电器提供电能。

1. 隔离变换方法

输入侧和输出侧采用变压器隔离，变压器采用高频电流换流。

2. 输出电压作为控制目标

多选用输出电压作为控制目标，这时可以将车用 12 V 或 24 V 铅酸蓄电池厂家给出的推荐浮动电压作为目标参考值进行控制。如果从蓄电池性能、寿命等方面综合考虑，也可以将输出电流作为控制量，但此时要考虑变换器输出电压的过压保护。实际上，多选用输出电压作为控制目标。

3. 效率低

与非隔离型变换器相比，隔离型直流-直流变换器的工作效率较低，可以通过软开关、同步整流等技术降低变换器损耗。

4. 散热方式灵活

在实际应用中为了散热方便，隔离型直流-直流变换器通常与车用变频器共用液冷系统。如果不共用散热器，可以独立安装散热器，但由于体积和功率偏小，可以根据实际发热情况，确定使用自然冷却方式，还是液冷方式。实车独立安装的直流-直流转换器更多采用液冷方式，自然冷却方式一定要安装于车辆散热条件较好的区域。

目前常用的车用直流-直流变换器采用全桥式直流-直流变换器、半半桥式直流-直流变换器。

二、全桥式直流-直流变换器

1. 全桥式直流-直流变换器组成

全桥式直流-直流变换器的电路如图 5-12 所示，由全桥式逆变电路、高频变压器、双半波整流电路和滤波电路四部分组成。

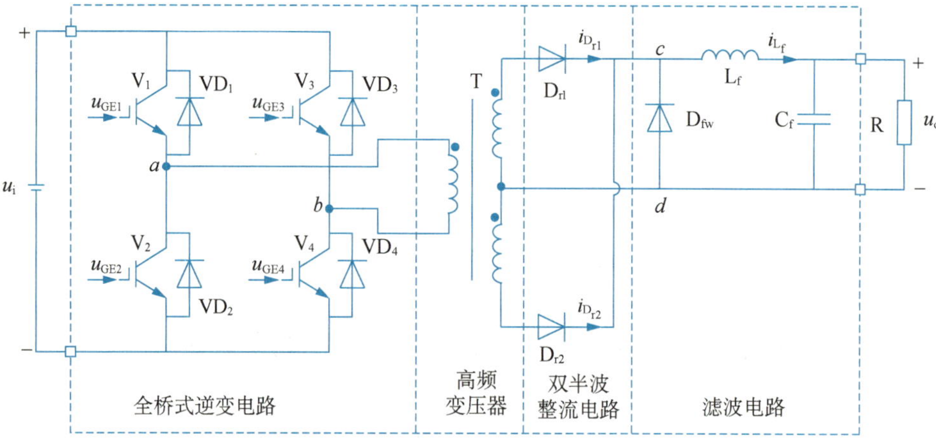

图 5-12　全桥式直流-直流变换器电路(隔离型)

2. 工作原理

如图 5-12 所示，在逆变电路中，若高频变压器的变压比 K 为 1∶1，当 V_1 和 V_4 导通时，在变压器初级线圈中存在 a 至 b 的电流，而当 V_3 和 V_2 导通时，在变压器初级线圈中存在 b 至 a 的电流。

在输出侧，两个半波整流交替工作将电流输出到 c 点，经电感 L_f 和 C_f 滤波后输出电压 u_o。

通常将输出电压反馈到全桥逆变器的控制部分，控制部分根据输出电压确定是增大还是减小 PWM 驱动波的控制。

三、半桥式直流-直流变换器认知

1. 半桥式直流-直流变换器电路组成

半桥式直流-直流变换器的电路如图 5-13 所示。与全桥式直流-直流变换器相比，半桥式直流-直流变换器中逆变器电路为半桥式逆变电路，其他部分电路结构是相同的。

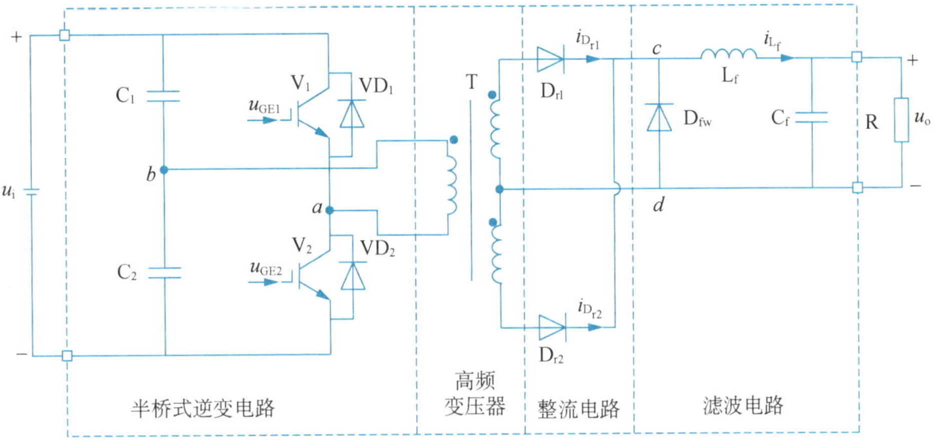

图 5-13 半桥式直流-直流变换器电路(隔离型)

2. 工作原理

半桥式逆变电路中，变压器一侧绕组端接在元器件 V_1 和 V_2 的中点，另一端连接到两个完全相同的电容 C_1 和 C_2 的中点。如果直流电压 u_i 为 400 V，则电容 C_1 和 C_2 均压后各为 200 V。

V_1 导通时：电流经 V_1 管，再经初级变压器线圈到 b 点，经 C_2 回蓄电池 u_i 的负极。

V_2 导通时：电流经 C_1 管到点 b，再经初级变压器线圈到 a 点，经 V_2 导通回蓄电池 u_i 的负极。

任务四 直流-直流变换器软开关技术认知

一、软开关的基本概念

新能源汽车用直流-直流变换器的发展趋势是高功率密度、高效率和高可靠性，同时对电磁兼容性和成本也提出了更高的要求。

提高电力电子元器件开关频率，可以减小变换器的电感和电容，进而降低变换器的体积和重量，同时对降低变换器电压和减少电流纹波也有很大益处；但较高的开关频率会使电力电子元器件的开关损耗增加，系统的效率下降，同时也会产生严重的电磁兼容问题。

电力电子元器件的导通和关断需要一定的时间和过程，在这个过程中，存在着元器件两端电压以及元器件电流均不为零的情况，如图 5-14(a)所示，即电压和电流的波形出现了重叠，从而出现了开通和关断损耗，而且电流或电压波形可能会出现过冲，即过高的 di/dt 或 du/dt，由此对元器件施加较高的电气应力就可能产生较强的电磁噪声，这样的开关过程称为硬开关(hard switching)过程。

如果电力电子元器件在导通前电压先降为零，关断前电流也先降为零，如图 5-14(b)所示，就可以消除元器件在开关过程中的电压和电流波形的重叠，降低电压和电流的变化率，从而在很大程度上减小甚至消除开关损耗，进而提高电路的工作效率，并限制开关过程的电磁噪声，这样的开关过程称为软开关(soft switching)过程。

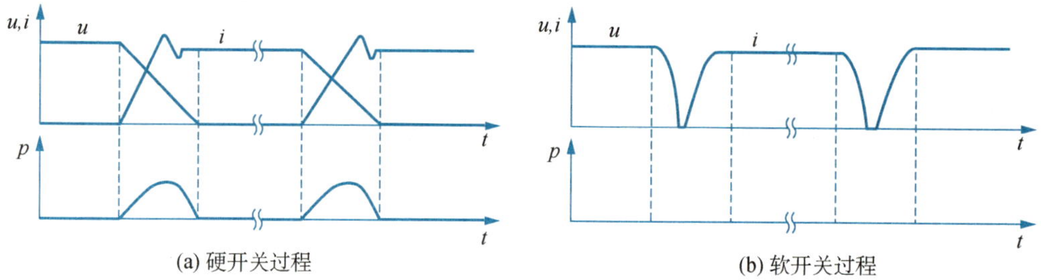

图 5-14　电力电子元器件的开关过程

电力电子元器件两端电压为零的开通称为零电压开通(Zero Voltage Switching，ZVS)，电力电子元器件关断前电流为零的关断称为零电流关断(Zero Current Switching，ZCS)。零电压开通常依靠电路中的谐振电感、谐振电容产生谐振来实现。零电流关断通常依靠电路中的电容来实现。

虽然软开关相关技术具有降低损耗、提高效率、降低电磁噪声、降低系统热管理难度等优点，但由于需要在电路中增加电感、电容等辅助元器件，甚至需要增加辅助开关元器件，因此电路变得复杂；此外，电路中零电压、零电流产生的条件往往与电路元器件寄生参数、电源以及负载参数相关，因此控制难度一般大于硬开关电路。软开关技术在汽车电力电子电路中应用较多的是直流-直流变换器电路，尤其在小功率隔离型直流-直流变换器上的应用已经较为普遍。新能源汽车的车载充电机本质为交流-直流-直流变换，其直流-直流变换部分多采用 LLC 电路。

二、LLC 谐振直流-直流变换器

1. 半桥式 LLC 谐振直流-直流变换器电路组成

半桥式 LLC 谐振直流-直流变换器的电路如图 5-15 所示，包括半桥式逆变电路、谐振电路、隔离变换电路、整流电路和滤波电路。

半桥式逆变电路由电力场效应晶体管 V_1 和 V_2 构成，VD_1 和 VD_2 为其续流二极管，C_1 和 C_2 为并联电容，这个电容是二极管的等效电容。高频变压器的变比 K 为 1 : 1。变换器工作过程中，V_1 和 V_2 的占空比皆为 0.5，相当于标准方波，是一种用频率控制输出的控

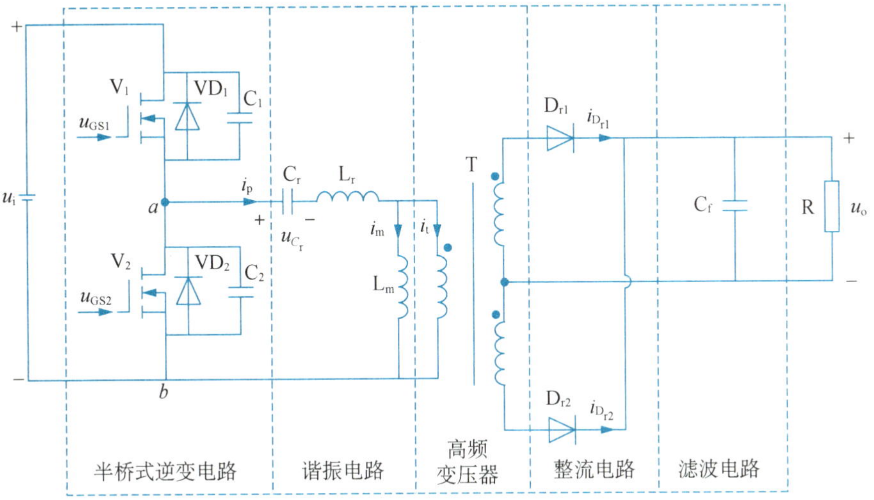

图 5-15　半桥式 LLC 谐振直流-直流变换器电路

制，而并非 PWM 调制。在实际开发中，V_1 和 V_2 的驱动信号之间应考虑必要的死区，比如方波信号取 0.48 个周期的高电位，0.04 个周期的 0 电位，0.48 个周期的负电位。

谐振电容 C_r 和谐振电感 L_r 与高频变压器 T 的励磁电感 L_m 构成串联谐振电路，励磁电感 L_m 实际线圈位于变压器内部。

谐振电感 L_r 可以通过高频变压器 T 的漏感来实现，因此在图 5-15 中，也可以将 L_r 和 L_m 看作是高频变压器 T 的组成部分。在高频变压器 T 的两侧连接电力二极管 D_{r1} 和 D_{r2}。组成全波整流电路，滤波电路由输出电容 C_f 构成。

2. 半桥式 LLC 谐振直流-直流变换器工作原理

LLC 谐振电路中电子开关 V 零电压(ZVS)导通及整流侧的二极管零电流关断(ZCS)较复杂。简单地讲，谐振频率由电容 C_r 和电感 L_r、L_m 共同决定。电力电子开关 V_1 导通时，电流经 C_r、L_r、L_m 回到电源的负极。电力电子开关 V_1 截止时，C_r、L_r 形成谐振电路，电流反向经电子开关 V_2、点 b、L_m、C_r、L_r 反向形成回路。然后，电流再次反向形成振荡。高频变压器的原线圈电感与串联谐振电感 L_m 并联，电流也形成振荡，经次级线圈双半波整波二极管 D_{r1}、D_{r2} 输出。当振荡能量降低时，电子开关 V_1 再次打开向振荡电路注入能量，循环往复。

3. 全桥式 LLC 谐振直流-直流变换器工作原理

在图 5-15 电路中，也可以将半桥式逆变电路换成全桥式逆变电路，或者在高频变压器没有中间抽头时，将整流电路改为全桥整流电路，改后的直流-直流电路仍然属于 LLC 谐振变换器，具体电路如图 5-16 所示，前面的分析过程和结论仍是适用的。

4. LLC 谐振直流-直流变换器优点

从上面分析可以看出，LLC 谐振直流-直流变换器具有如下优点：

(1) 具有 ZVS 功能

电力场效应晶体管开关损耗可以忽略，且元器件关断电流低，关断损耗小，因此变换器

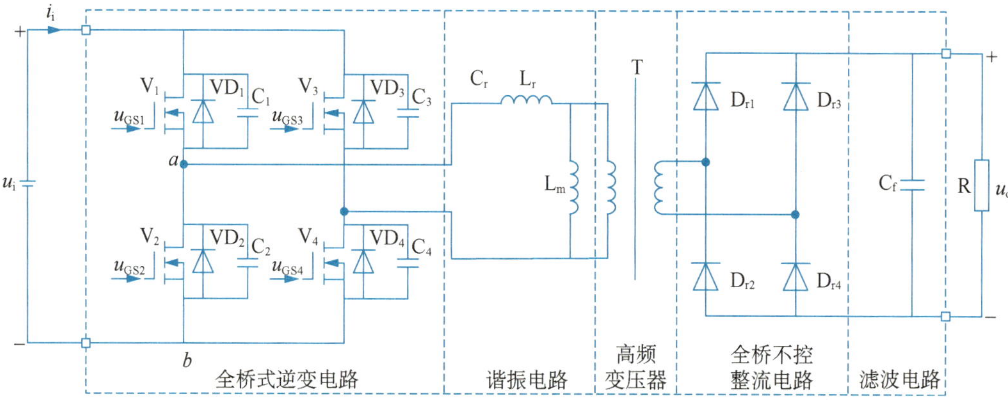

图 5-16　全桥式 LLC 变换器等效电路

具有较高的效率。

(2) 整流二极管耐压低

高频变压器两侧整流电路输出没有滤波电感，整流二极管的电压应力较低。

(3) 电感集成

LLC 谐振电路中的谐振电感 L_r 和变压器励磁电感 L_m 比较容易通过在高频变压器上集成得到，可以简化变换器物理结构，提高变换器功率密度。

(4) 电压调节特性

变换器可以在输入电压或负载变化范围都很大的情况下工作，具有良好的电压调节特性，比较适用于新能源汽车从较高电压到较低电压的变换。

【说明】在 LLC 谐振直流-直流变换器中采用软开关技术，是指变压器输入侧的逆变电力场效应晶体管在 DS 无电压时在 GS 间加电压使 DS 间导通，此时称为电力场效应晶体管的无电压导通。在变压器的输出侧整流二极管 D 在无电流输出时关断。

三、有源钳位正激直流-直流变换器

1. 有源钳位正激直流-直流变换器优势

在高功率密度、低压/大电流直流-直流模块电源中，若采用基本的 Buck 或同步整流 Buck 结构，会由于 Buck 变换器的占空比调节范围很小，使得变换器的效率降低。如果要求输出电压低于 1 V，而一般的分布式电源系统(DPS)的母线电压为 12 V 或 48 V，这样占空比将小于 10%，也就是说有效的功率转换只发生在整个工作周期的 10%时间内，其余 90%时间里负载靠输出大电容提供能量。

采用正激直流-直流变换器或反激直流-直流变换器拓扑，可以增大占空比，提高效率。但对于反激直流-直流变换器，在其反馈环路分析中发现带有气隙的变压器电感会在右半平面有个零点，这就使得连续模式(CCM)下的闭环补偿十分困难。另外，由于两侧没有输出低通滤波器，所以需要一个较大的电容储能。与反激直流-直流变换器相比较，正激直流-直流变换器输出侧虽然多一个电感，但降低了对输出电容的要求，其构成的 LC 滤波器适合输出大电流，可以有效地抑制输出电压纹波，所以正激直流-直流变换器成为低压大电流功率变换器的首选。

然而，正激直流-直流变换器的一个固有缺点是功率开关管截止期间变压器必须磁复位。为了在较高频率下获得较高效率，可采用有源钳位复位方法。与传统的复位方法比较，有源钳位复位电路提供了变压器的磁通复位路径，因而不需要复位绕组或是有能量损耗的剩余电流检测装置(Residual Current Device, RCD)复位电路，不仅使变压器结构简化，而且提高了变换器的效率。

2. 有源钳位正激直流-直流变换器工作原理

第一阶段：如图 5-17(a)所示，V_1 导通，钳位开关 VD_2 自然截止，变压器初级线圈受到输入电压 u_i 作用，励磁电流线性增加，初级侧流过电流 i_m 和 i_t。D_{r1} 导通，D_{r2} 截止，电感电流经滤电感 L_f、C_f 滤波给负载。

第二阶段：如图 5-17(b)所示，V_1 被控截止，电流经 VD_2，给电容 C 反向充电。加在变压器一次绕组的电压变为负，D_{r1} 关断，续流二极管 D_{r2} 导通形成电动势，但不构成回路，变压器不再向负载传输能量(直到下一个开关周期 V_1 再次开通)。

第三阶段：如图 5-17(c)所示，辅助开关 V_2 被控导通，V_2 实现了零压开通，钳位二极管 VD_2 自然截止，励磁电流开始经过 V_2 反向流动。

第四阶段：如图 5-17(d)所示，辅助开关 V_2 被控关断，电流电源、VD_1 构成回路。

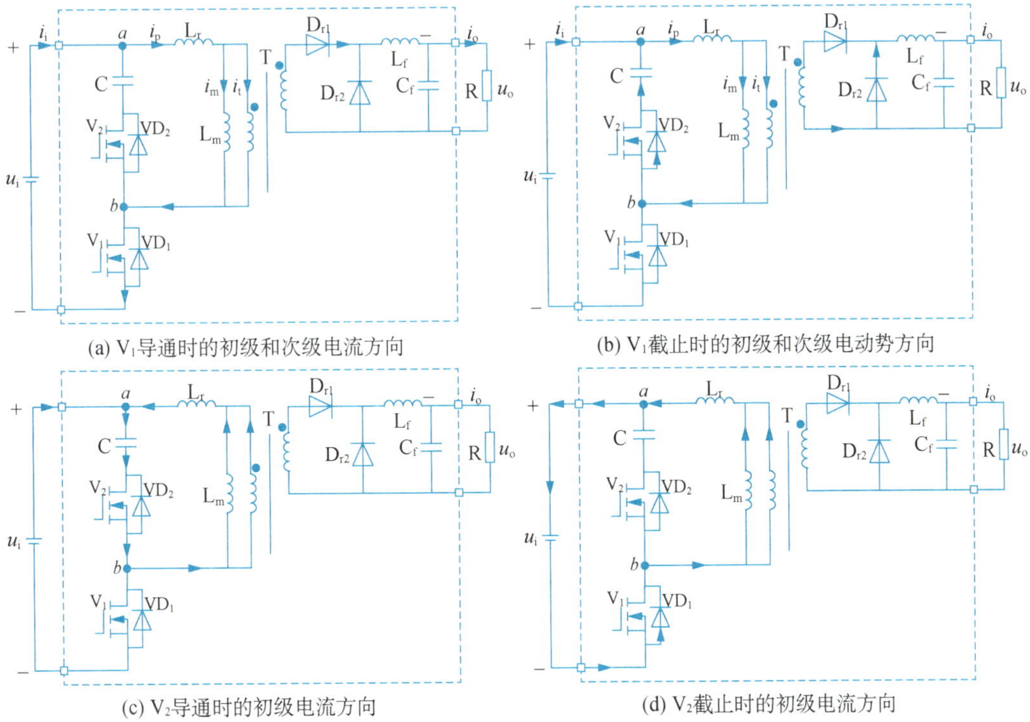

(a) V_1导通时的初级和次级电流方向　(b) V_1截止时的初级和次级电动势方向

(c) V_2导通时的初级电流方向　(d) V_2截止时的初级电流方向

图 5-17　有源钳位正激直流-直流变换器工作原理

四、有源钳位正、反激直流-直流变换器

1. 有源钳位正、反激直流-直流变换器电路结构

有源钳位正、反激直流-直流变换器，又称具有变压器二次侧绕组带抽头整流电路的有源钳位正激直流-直流变换器，具体电路如图 5-18 所示。图中，V_1 为主开关元器件，V_2 为钳位开关元器件，C_a 为谐振电容，C_r 为钳位电容，L_r 为谐振电感，L_m 为高频变压器 T 的励磁电感，L_f 和 C_f 构成变换器输出侧的滤波电路。

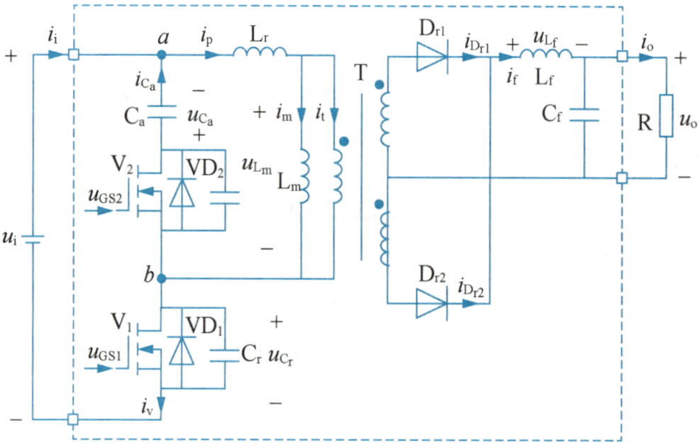

图 5-18　有源钳位正、反激直流-直流变换器电路

2. 有源钳位正、反激直流-直流变换器工作原理

在有源钳位正激直流-直流的基础上，将次级电路改为两个半波整流电路，V_1 无论是导通还是截止，初级线圈电流都向下流动，次级 D_{r1} 整流出电流。V_2 无论是导通还是截止，初级线圈电流都向上流动，次级 D_{r2} 整流出电流。无论在哪种换流方式中，次级二极管都有整流电流出来。

五、移相控制的全桥 PWM 变换器

1. 移相控制的全桥 PWM 变换器

移相控制的全桥 PWM 变换器是最常用的中大功率直流-直流变换电路拓扑形式之一。移相 PWM 控制方式以开关管的结电容和高频变压器的漏电感或原边串联电感作为谐振元器件，使开关管能实现零电压开通和关断，从而有效地降低电路的开关损耗和开关噪声，减少元器件开关过程中产生的电磁干扰，为变换器提高开关频率、提高效率、减小尺寸及减轻质量提供了良好的条件。然而，传统的移相全桥变换器的输出整流二极管存在反向恢复过程，会引起寄生振荡，二极管上存在很高的尖峰电压，需增加阻容吸收回路进行抑制。

2. 工作原理

移相控制的全桥 PWM 变换器电路如图 5-19 所示，$VQ_1 \sim VQ_4$ 为 4 个开关管，$VD_1 \sim VD_4$ 分别是 4 个开关管的寄生二极管，$C_1 \sim C_4$ 分别为 4 个开关管的结电容和外接电容，VQ_5 和 VQ_6 是 2 个钳位二极管，L_r 是谐振电感，V_{DR1} 和 V_{DR2} 为输出整流二极管，C_{DR1} 和 C_{DR2} 为

输出整流二极管的等效并联电容。VQ_1 和 VQ_3 组成超前桥臂，VQ_2 和 VQ_4 组成滞后桥臂，每个桥臂的 2 个开关管 180°互补导通，2 个桥臂的导通角相差 1 个相位，即移相角，通过调节该相位就可以调节输出电压。这种拓扑通过增加 2 个钳位二极管 VQ_5、VQ_6 来消除次级整流管反向恢复引起的电压振荡，减小了次级整流管的电压应力，并且钳位二极管 VQ_5、VQ_6 在一个周期里分别只导通一次，减小了二极管 VQ_5、VQ_6 的电流损耗，提高了变换器的效率。

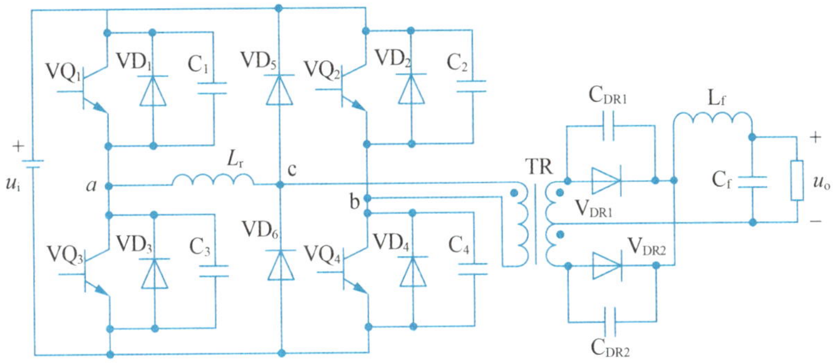

图 5-19　移相控制的全桥 PWM 变换器电路

任务五　新能源汽车直流-直流变换器通用故障诊断

尽管汽车直流-直流变换器的类型较多，但其本质还是逆变和整流，其主要检修方法是相同的，下面按照实际维修步骤进行介绍。以吉利新能源汽车变频器内置的降压型直流-直流变换器为例，如图 5-20 所示。

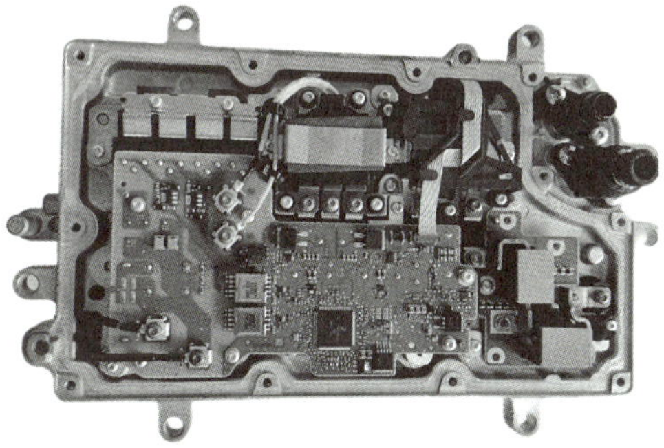
图 5-20　吉利新能源汽车变频器内置的降压型直流-直流变换器

一、本体是否损坏诊断

1. 测量输出电压

操作车辆到 READY 挡，测量蓄电池端电压应为 13.0～14.5 V。

2. 测量输出电流

将电流钳夹到变换器给蓄电池充电的红色电缆上。记录当前电流值，打开前照灯远光观察电流增加数值，两个前照灯远光功率为 120 W，增加电流约为 10 A。再打开空调鼓风机，看电流增加数值，鼓风机功率约为 240 W，电流增加约为 20 A。若不能增加说明变换器对外输出能力不足，当然蓄电池若是已经满电，电流增加会少一些，因为此时蓄电池也会对外放电。

3. 变换器内置熔断丝的测量

大多数新能源汽车的直流-直流变换器的供电熔断在机舱高压配电盒中。本降压直流-直流变换器因内置在变频器底部，直流供电与变频器供电共用。

二、内部元器件检查

1. 电路板目视检查

检查电路板元器件是否表面变色、开裂，细闻是否有焦糊味(图 5-21)。检查元器件引脚是否有开焊或变色(图 5-22)。

图 5-21 检查电路板元器件是否变色、开裂

图 5-22 检查元器件引脚是否有开焊或变色

2. 电路板拆装

为了能目视检查到位，需要将电路板从散热器上取下来，拆掉正、负电源线(图 5-23)。若线路没有明显标记，需要用手机拍照记录位置。拆装通过变频器侧引入的排线时要注意不要损坏排线和锁止扣(图 5-24)。

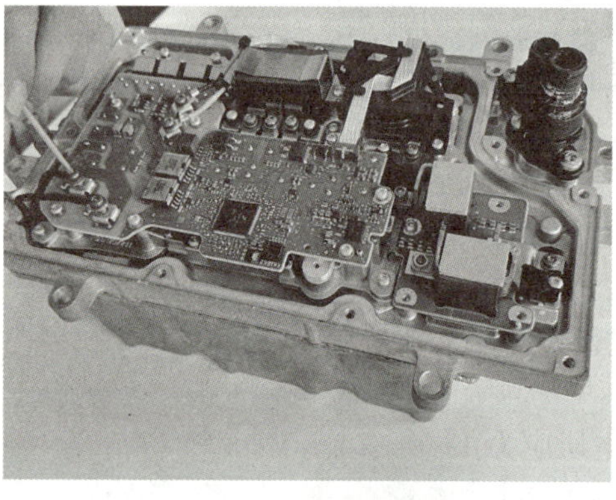

图 5-23 拆掉正、负电源线

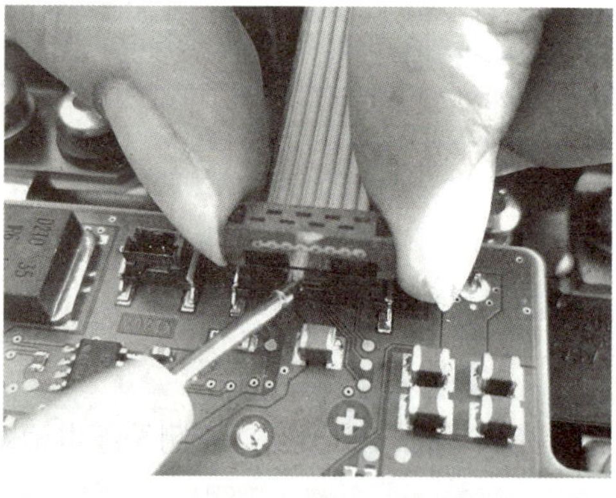

图 5-24 排线拆装和锁止扣解锁操作

3. 逆变电路开关管的测量

因为电力场效应晶体管 65F6110 A 在电路板上，经查相关手册发现栅极（G）最小电源电压为 4.5 V，最大电源电压为 7.5 V。采用对比法测量，即四个电力场效应晶体管相应引脚间的电阻相等。从电力场效应晶体管正面看引脚从左至右排列为 G、D、S。

（1）续流二极管的测量

续流二极管是一个易损坏的元器件，可通过测量源极和漏极间续流二极管的正向电阻来检查（图 5-25）。若此二极管被击穿，正向和反向的电阻均为 0。

（2）栅极漏极及栅极源极的电阻测量

如图 5-26 所示，测量栅极漏极二氧化硅的电阻，也可再测栅极源极的电阻。

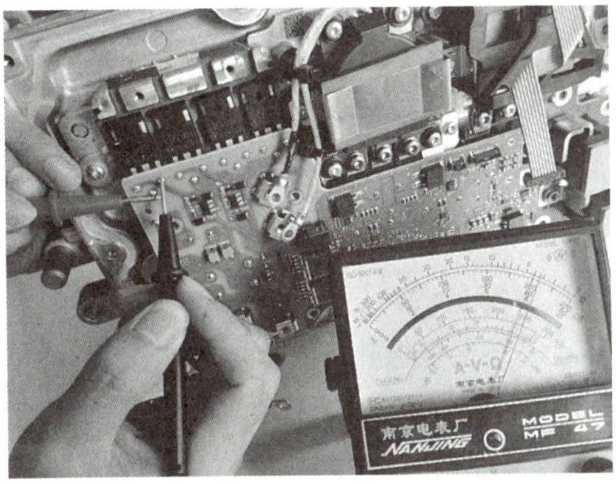

图 5-25　源极漏极间二极管的电阻测量

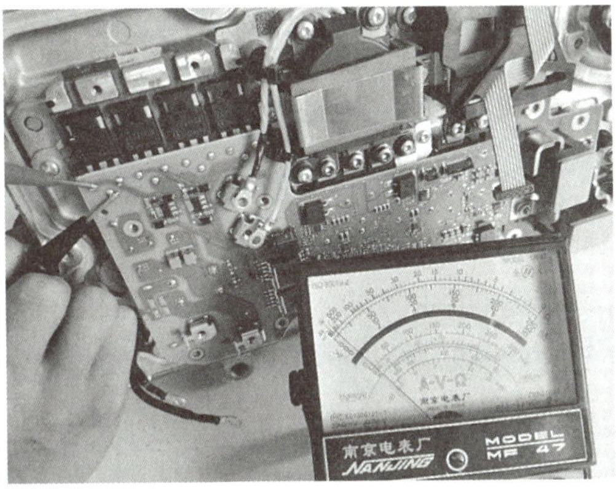

图 5-26　栅极漏极间二氧化硅的电阻测量

4. 脉冲变压器开关管驱动三极管的测量

基极和发射极间测量，如图 5-27 所示。基极和集电极间测量，如图 5-28 所示。

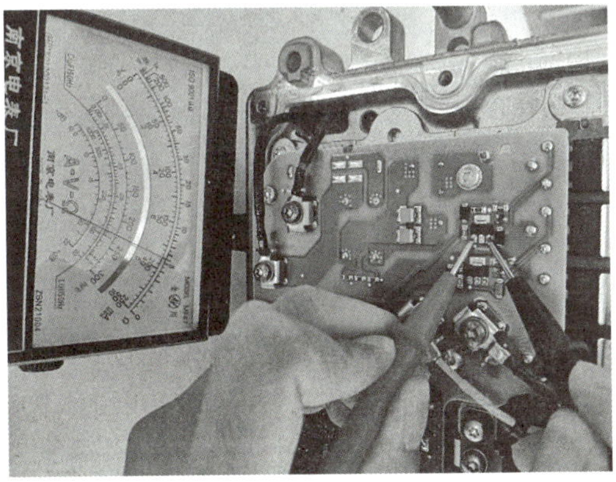

图 5-27　基极发射极间测量

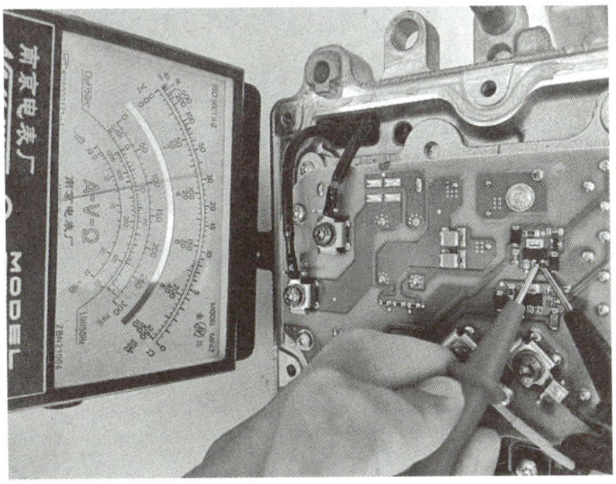

图 5-28　基极集电极间测量

5. 半波整流二极管电路的测量

本例中采用两个半波整流实现全波整流，元器件在电路板的底侧，操作困难，未进行测量。

6. 铁氧体环的处理

利用变换器输出侧铁氧体环来实现抗干扰(图 5-29),铁氧体环较脆弱,拆装铁氧体环时操作不小心易使其发生碎裂(图 5-30)。

图 5-29 铁氧体环近照

图 5-30 拆装铁氧体环

7. 导热硅脂检查

导热硅脂用于电路板开关管的散热,导热硅脂下部是散热器。在拆装电路板时,尽量不触碰两侧的导热硅脂(图 5-31),完成维修后竖直安装保证导热硅脂厚度均匀。若导热硅脂厚度不均匀,可用热风机加热增加流动性再重新刮匀。不要随意地增加导热硅脂数量,防止出现溢流。

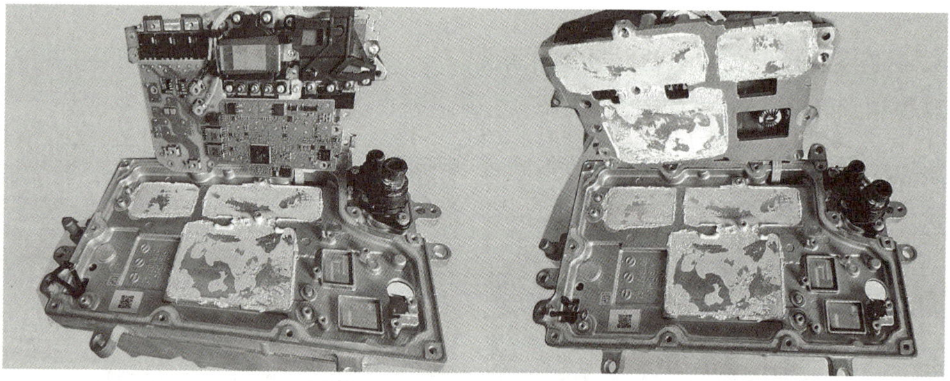

图 5-31 电路板上的导热硅脂

实训任务单　直流-直流变换器电力电子电路板的测量

一、任务布置

取新能源汽车的直流-直流转换器及交流-直流变换器进行对比，进行外观辨识和使用方法对比。教师准备好正常和烧坏的直流-直流变换器，按组分配。

二、任务分配

按照前面所了解的知识内容，落实各项工作负责人（表 5-1），如任务实施前的准备工作、实施中主要操作及协助支持工作、实施过程中相关要点及数据的记录工作等。

表 5-1　工作任务分配

步骤	工作内容	负责人
1	组长	
2	第一操作人	
3	第二操作人	
4	数据记录人	
5	安全员	
6	场地规格布置及结束 5S 收尾	

三、操作步骤合理性评估和纠正

教师用所提供的资料或相关视频进行提示，以帮助学生完成主要工作步骤的填写（表 5-2）。教师评估通过后，方可实施具体操作。学生可先行在草稿纸上填写，任务实施中若有改变须教师再次评估，以确认安全和可行。

表 5-2　主要工作步骤

内容	序号	为解决问题的主要操作步骤（不含准备及 5S）	通过/不通过
学生完成	1		
	2		

（续表）

内容	序号	为解决问题的主要操作步骤(不含准备及 5S)	通过/不通过
学生完成	3		
	4		
	5		
	6		
	7		
	8		
	9		
	10		
教师完成	1	步骤可行	
	2	安全可行	
	3	时间可行	
	4	成本可行	

四、任务实施前的设备和工具准备

请各小组完成设备和工具准备自检表(表 5-3)填写。

表 5-3　设备和工具准备自检表

序号	设备及工具名称	数量	设备及工具是否完好
1			□是□否
2			□是□否
3			□是□否
4			□是□否
5			□是□否
6			□是□否
7			□是□否
8			□是□否

五、任务实施

请各小组根据操作完成直流变换器中的电力电子技术测量记录单（表 5-4），如果要同时测量多个元器件，本页可多张打印。

表 5-4　直流转换器中的电力电子技术测量记录单

序号	步骤或测量对象	记录	完成情况
1	汽车直流-直流变换器输出电压的测量		正常□ 异常□
2	汽车直流-直流变换器输出电流的测量		正常□ 异常□
3	直流-直流变换器内置熔断丝的测量		正常□ 异常□
4	直流-直流变换器内置热敏电阻的测量		正常□ 异常□
5	直流-交流的逆变电路开关管的测量		正常□ 异常□
6	脉冲变压器对壳体绝缘的测量		正常□ 异常□
7	脉冲变压器匝间短路的测量		正常□ 异常□
8	脉冲变压器开关管驱动电路的测量		正常□ 异常□
9	电流反馈传感器电路测量		正常□ 异常□
10	半波整流二极管电路的测量		正常□ 异常□
11			正常□ 异常□
12			正常□ 异常□
13			正常□ 异常□
14			正常□ 异常□
最终的故障点：			

注：记录数据，精确到小数点后两位。

课后习题

一、单选题

1. 燃料电池与动力蓄电池之间采用(　　)。
   A. 单向直流-直流变换器　　B. 双向直流-直流变换器
   C. 功率因数校正器　　D. 滤波器
2. 在实际应用中为了散热方便,直流-直流变换器通常与(　　)共用液冷系统。
   A. 发动机　　B. PTC 加热
   C. 车用变频器　　D. 车载充电机
3. 电力电子元器件两端电压为零的开通称为零电压开通,也称为(　　)。
   A. ZCS　　B. ZVS
   C. ZIS　　D. ZOS
4. 电力电子元器件关断前电流为零的关断称为零电流关断,也称为(　　)。
   A. ZCS　　B. ZVS
   C. ZIS　　D. ZOS
5. 通过下列哪个技术可以减小变换器所使用的电感和电容,进而降低变换器的体积和重量。(　　)
   A. 提高电力电子元器件开关频率　　B. 降低电力电子元器件开关频率
   C. 提高散热能力　　D. 提高功率因数

二、多选题

1. 直流-直流变换器除主电路和控制电路外,还需满足哪些车载要求?(　　)
   A. 防护壳体　　B. 电气通信接口
   C. 机械接口　　D. 散热系统
2. Buck(降压型)变换器电路由下列哪些元器件构成?(　　)
   A. 全控型元器件　　B. 电力二极管 D
   C. 储能电感 L　　D. 滤波电容 C
3. Boost(升压型)变换器电路由下列哪些元器件构成?(　　)
   A. 全控型元器件　　B. 电力二极管 D
   C. 储能电感 L　　D. 滤波电容 C
4. 与非隔离型变换器相比,隔离型直流-直流变换器的工作效率较低,可以通过下列哪些技术来降低变换器损耗?(　　)
   A. 软开关技术　　B. 同步整流技术

C. 二极管整流技术　　　　D. 晶闸管整流技术

5. 全桥式直流-直流变换器由下列哪些元器件组成？（　　）

A. 全桥式逆变电路　　　　B. 高频变压器

C. 双半波整流电路　　　　D. 滤波电路

项目六

新能源汽车充电系统认知与诊断

情景引入

一辆新能源汽车在插上充电枪后，车辆仪表显示充电连接正常，可就是无法充电，更换新的车载充电机价格较贵，车主想修理。修理人员打开车载充电机，经检查为一个电力场效应晶体管损坏。修理人员找到一个同样型号的旧车载充电机，取下对应的电力场效应晶体管换在当前的车载充电机上，又进行了一些检查后，将这个车载充电机装回车上，插上充电枪后，车辆仪表显示充电正常，车载充电机恢复正常。

学习目标

知识目标

- 掌握新能源汽车车载充电机主电路工作原理；
- 掌握直流充电桩直流充电模块电路工作原理。

能力目标

- 掌握新能源汽车车载充电机主电路电路板测量方法；
- 了解直流充电桩直流充电模块主电路电路板测量方法。

素养目标

- 培养学生查询和使用资料的能力；
- 培养学生规范操作、安全操作的意识；
- 培养学生发现问题、处理问题的能力。

任务一　新能源汽车充电系统认知

新能源汽车的充电是指以受控的方式将电能传输到汽车的蓄电池或其他车载储能装置或部件的过程，这一过程主要通过充电装置来完成。充电装置，又称充电系统，可以全部安装和固定于地面上，也可以一部分安装在地面上，其他部分安装在车辆上。

一、充电系统分类

1. 根据充电装置与车辆之间连接方式不同分类

根据固定于地面的充电装置与车辆之间的连接方式不同，新能源汽车充电系统可以分为传导式充电系统和非传导式充电系统，非传导式充电系统也称无线充电系统。如果电能的传输必须经过充电设备与车辆之间连接的电缆来实现，这种充电系统称为传导式充电；如果充电装置与车辆之间无须直接电气接触就可以实现能量的传输，则称之为非传导式充电系统或无线充电系统。

(1) 传导式充电系统

对于传导式充电系统，如果连接充电装置与车辆之间的电缆传输的是交流电能，则这类充电系统称为交流充电系统，其结构与原理如图 6-1(a)所示，图中 A、B、C、N 也可写为 L_1、L_2、L_3、N，即三相电的三根火线和一根零线。

【车载充电机容量】 目前，车载充电机(也称车载充电设备)有 AC110V 1.6 kW、AC220V 3.3 kW(国内最常用)、AC220V 6.6 kW(国内最常用)、AC220V 9.9 kW 等，AC220V 11 kW 有广阔发展前景。

如果电缆传输的是直流电能，则这类充电系统称为直流充电系统，其结构与原理如图 6-1(b)所示。

(2) 非传导式充电系统(无线充电系统)

对于无线充电系统，如图 6-2 所示，如果在充电过程中新能源汽车是静止的，则称之为静态无线充电系统，静态无线充电系统中耦合线圈之间的位置是固定不变的；若在充电过程中新能源汽车仍处于行驶状态，即汽车处于边行驶边充电状态，则这类充电系统称为动态无线充电系统或行驶汽车充电系统，动态无线充电系统中耦合线圈之间的位置随着汽车的运动而动态变化。

2. 根据电能传输方式不同分类

根据充电系统中传输的电能只是从电网或车辆外部储能装置传输到新能源汽车的蓄电池，还是也可以从车上的蓄电池或其他车载储能部件传输到电网或车外储能装置，分为单向充电系统和双向充电系统。

(1) 单向充电系统

如果充电系统中传输的电能只是从电网或车辆外部储能装置传输到新能源汽车的蓄

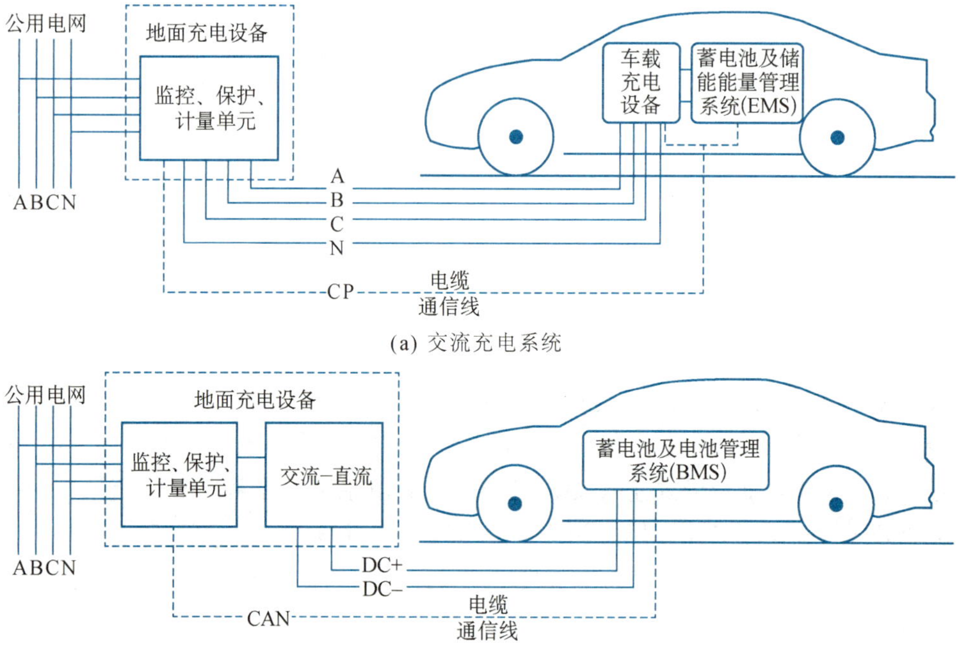

(a) 交流充电系统

(b) 直流充电系统

图 6-1　传导式充电系统

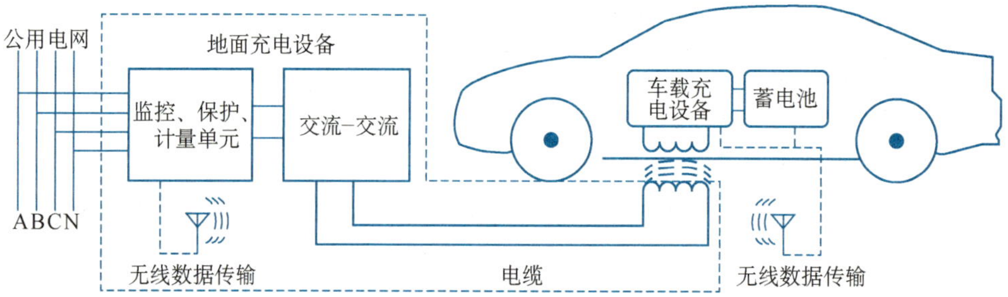

图 6-2　无线充电系统

电池或其他车载储能部件，那么这类充电系统称为单向充电系统。

（2）双向充电系统

如果电能既可以从电网或车辆外部储能装置传输到车上的蓄电池或其他车载储能部件，也可以从车上的蓄电池或其他车载储能部件传输到电网或车外储能装置，那么这类充电系统称为双向充电系统。双向充电系统是实施车辆到电网（Vehicle To Grid，V2G）技术的重要物质基础。

二、充电系统的电气环节组成及作用

1. 充电系统的电气环节组成

从能量传输角度看，不管是传导式直流充电系统、传导式交流充电系统，还是无线充电系统，其作用都是完成电网交流电（或地面储能装置直流电）与车载直流电之间的电能变换和传输，因此电路结构是类似的。例如，将来自电网的单相交流电作为电源，车辆上的蓄电池作为负载，新能源汽车充电系统的电气环节如图 6-3 所示，图中同时给出了各环节前后电压波形示意图。

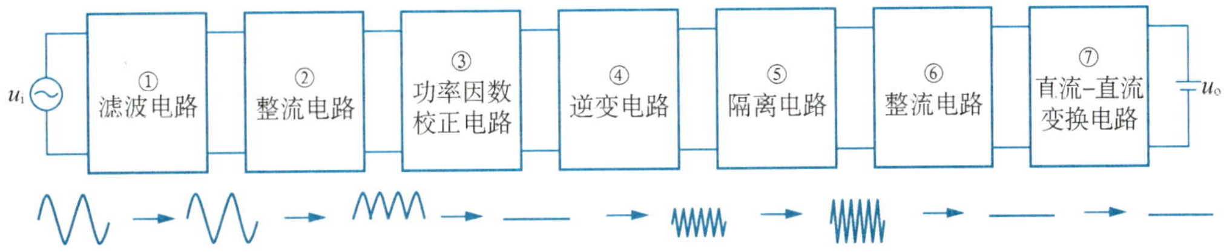

图 6-3　充电系统的电气环节

2. 充电系统的电气环节作用

图 6-3 中各电气环节又称为功率传输组件。

（1）滤波电路作用

滤波电路的作用：一方面降低因电网电压畸变而产生的高频成分；另一方面，减轻充电系统对电网的谐波注入，抑制充电系统产生的共模或差模干扰。

如图 6-4 所示为一种单相交流滤波电路典型结构。图中电容 C_1、C_2 与电感 L_3、L_4 对差模噪声具有抑制作用，电容 C_3、C_4 与电感 L_1、L_2 对共模噪声具有抑制作用。由于滤波电路对电磁噪声具有抑制作用，所以又称电磁干扰（Electronic Magnetic Interference，EMI）滤波电路。

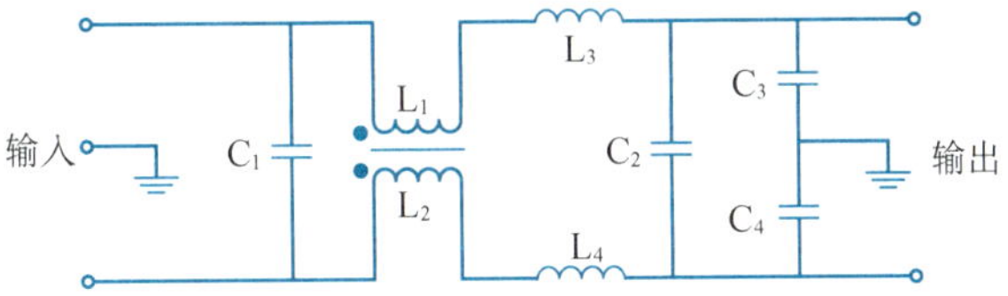

图 6-4　充电系统的滤波电路

【注】充电系统的交流输入一般采用如图 6-4 电磁干扰滤波电路，而充电机在输出部分也经常采用如图 6-4 所示的电路，即这个电路既可用于充电机的输入，也可用于输出。

（2）整流电路作用

滤波电路输出侧的整流电路的作用是将公用电网 50 Hz 交流电整流为直流（或单极性）电。隔离电路输出侧的整流电路的作用是将高频交流电（频率从几十千赫到一百多千赫）转换为直流电。

（3）功率因数校正电路作用

功率因数校正电路使电源（电网）侧电流尽可能为正弦波形，并尽可能使充电系统的整体功率因数为 1。

(4) 逆变电路作用

逆变电路将直流电逆变为高频交流电。

(5) 隔离电路作用

对于传导式充电系统,隔离电路为高频变压器,用于实现负载(车辆上的蓄电池)与电源(电网)之间的电气隔离,保证充电过程中的人身和设备安全;对于无线充电系统,隔离电路由耦合线圈及补偿电路构成,是无线电能传输中的核心环节,用于实现电能的非接触传输。

(6) 直流-直流变换电路作用

直流-直流变换电路的作用是调节充电系统输出电压以满足和蓄电池端电压相匹配的要求,同时实现对蓄电池充电电流的控制。

对于传导式充电系统,图 6-3 中逆变电路、隔离电路、整流电路和直流-直流变换电路构成一个隔离型直流-直流变换电路,因此可以采用本书介绍的隔离型直流-直流变换器电路来代替。对于隔离型直流-直流变换器,可以通过对逆变环节的电力电子元器件通断的控制实现对变换器输出电压或输出电流的控制,因此功率传输组件直流-直流变换电路可以省略。

对于能量双向传输的充电系统,图 6-3 中②与⑥整流环节应为整流/逆变环节,即除整流作用外,该环节还需要有逆变功能,才能保证能量的双向流动。

三、新能源汽车充电系统的要求

1. 较好的安全性

这里的安全性有两层含义,一是充电系统能安全地工作,不会对车辆、操作或司乘人员安全产生不良影响;二是充电系统不会对公用电网(或其他电源)、蓄电池(或其他车载储能部件)的安全运行产生不良影响。

2. 高可靠性

大多数类型的动力蓄电池无法接受较大的充电电流,这意味着很多情况下充电过程需要较长的时间(如几个小时以上),而且在车辆充电过程中,通常没有人员值守。这就需要充电系统具有较高的可靠性,保证充电顺利完成。

3. 高效率

充电过程是电能的传输过程,充电系统的效率对(从电网到车轮的)能量传输效率或利用率具有较大的影响,较高的工作效率是充电系统的必然要求。

4. 绿色环保

充电系统应尽可能降低对电网的谐波电流注入,并尽可能提高功率因数。充电系统工作时,应具有较小的对外电磁干扰,同时具有较好的电磁抗扰性能。

5. 高功率密度

对于车载的充电设备应尽量做到体积小、重量轻,具有高功率密度。

6. 计费准确

要有准确的计量和计费系统，同时操作界面友好。

任务二 新能源汽车双向充电机认知

传统新能源汽车充电电源一般采用二极管或晶闸管元器件的整流模式，二极管和晶闸管元器件价格较低，这种整流模式能显著提高设备的容量，但是这种整流模式存在谐波含量大，功率因数低，电网污染严重等缺点。当采用传统新能源汽车充电电源时，容量大的充电站还需要增加谐波治理和功率补偿设备，大大增加了用户总投资成本，且只能实现能量的单向流动，即从电网获取能量给新能源汽车蓄电池充电。

实际上，很多新能源汽车采用了带有逆变功能的 3.3 kW 充电机及带有逆变功能的 6.6 kW 充电机等。

一、带有逆变功能的 3.3 kW 充电机

带有逆变功能的 3.3 kW 充电机电路如图 6-5 所示，工作原理如下：

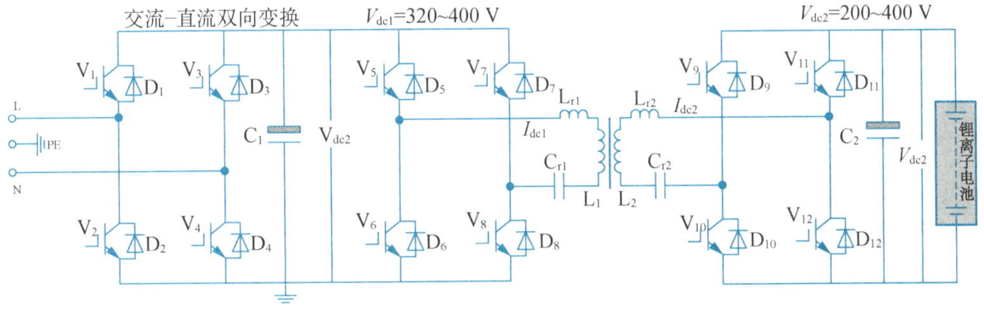

图 6-5 带有逆变功能的 3.3 kW 充电机电路

(1) 为防止车载充电机开关电源在开关过程中造成上游电源的污染，通常在输入侧采用交流 EMI 滤波，图中对 EMI 部分进行了省略。

(2) 左侧四个 IGBT 并联的 D_1～D_4 二极管实现单相整流，V_1～V_4 实现反向逆变。

(3) 中间是一个双向直流-直流变换器。

① 直流-直流中变压器初级串联 L_{r1} 和 C_{r1} 实现左侧四个 IGBT 进行换流时零电流导通和零电流截止。

② 直流-直流中变压器次级串联 L_{r2} 和 C_{r2} 实现右侧四个 IGBT 进行换流时零电流导通和零电流截止。

③ 双向 LLC 变换器实现双向 LLC 变换器双向变换电压范围更宽、双向变换高效，且输出侧不用电感。

④ 充电电压调节是通过监测输出电压与 BMS 从 CAN 总线传过来的目标充电电压进

行比较后确定零电压导通的延时间，延时时间长，通过 LLC 电路传递的能量就少，电压就低。反之，延时时间短，通过 LLC 电路传递的能量就多，电压就高。

二、带有逆变功能的 6.6 kW 充电机

如图 6-6 所示为带有逆变功能的 6.6 kW 充电机，特点是两个 3.3 kW 充电模块中有一个可实现 3.3 kW 的逆变功能，电路如图 6-6 所示。

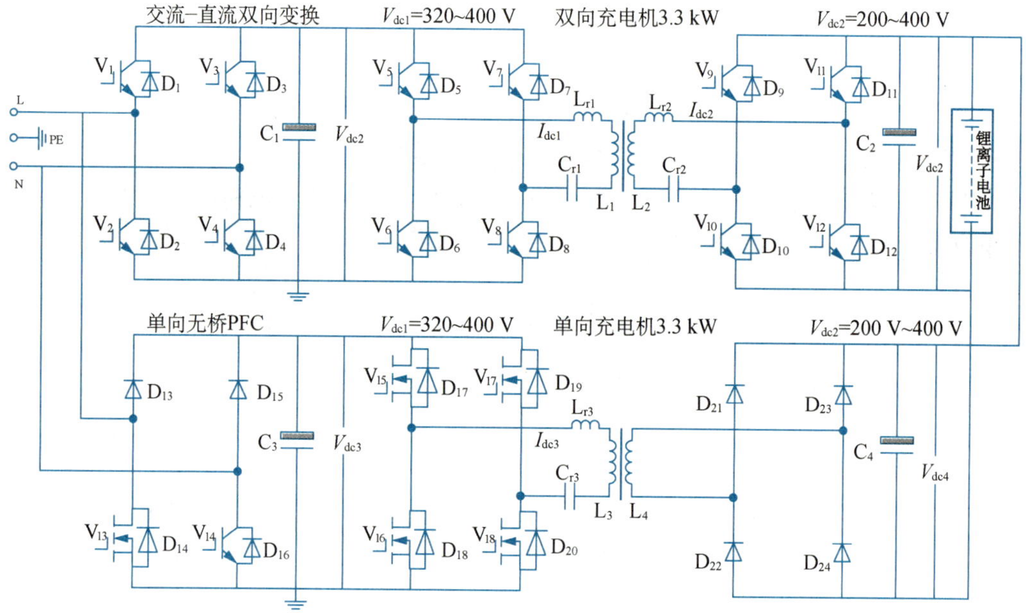

图 6-6　带有逆变功能的 6.6 kW 充电机电路

三、带有逆变功能的大功率三相充电机

大功率双向新能源汽车充电器采用三相供电，包括前级三相 PWM 变换电路和后级直流-直流变换电路，如图 6-7 所示，与传统新能源汽车充电电源相比，该装置显著提高了系统的效率。

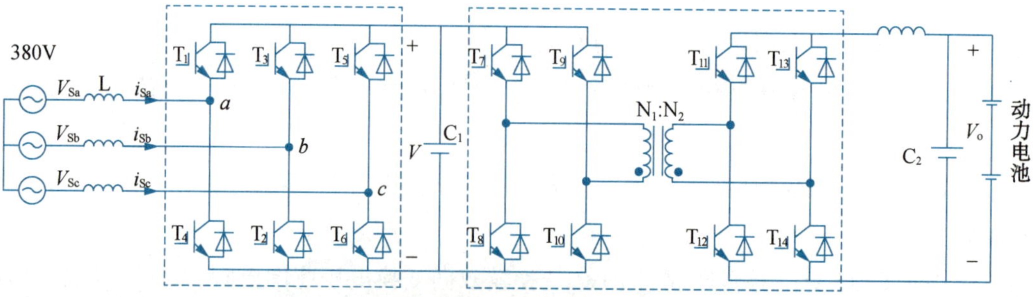

图 6-7　带有逆变功能的大功率三相充电机电路

如图 6-7 所示，大功率双向新能源汽车充电电源主电路由两部分构成。装置前级采用电压型 PWM 变换器，当装置对新能源汽车进行充电时，利用高频 PWM 整流技术，把电网的交流电变换成恒定高压直流电，这样可以有效减少系统的谐波和无功含量，实现电能的高效利用，从而可以提高装置的电能质量。后级直流-直流变换器采用的是带隔离变压器的双向全桥直流-直流变换器，且变换器隔离变压器的两侧均为全桥拓扑结构，高压侧采用的是电压型全桥结构，后级直流-直流结构将高压直流电转换成新能源汽车蓄电池需要的直流电，实现了对新能源汽车的充电。

该装置拓扑结构的主变压器只有一个一次绕组以及一个二次绕组，通过正、反向的电压可以得到变压器中的正、反向磁通，变压器绕组和铁芯的利用率得到了很大提高。同时采用全桥结构可以使功率开关管的最大反向压降减半，大大减小了功率开关管的电压应力。

【技师指导】三相 6 开关功率因数校正电路，其有两种调制方法，分别是正弦脉冲宽度调制（Sinusoidal Pulse Width Modulation，SPWM）和空间矢量调制（Space Vector Pulse Width Modulation，SVPWM）。通过双闭环控制使得三相输入电流的正弦化得到实现。双闭环控制指的是电压外环控制和电流内环的控制。如此就可以提高网侧的功率因数，同时也会大幅度地降低电流的畸变率。功率开关管的输入电压与输入电流同相，导致功率开关管所承受的电压应力的受限，所以其不适合在高功率、大电压的场合应用，这就限制了功率因数校正范围，但适用于车载充电机。

四、直流充电桩

1. 直流充电模块

直流充电桩和车载充电机的区别可以简单理解为直流充电桩是多个车载充电电机并联，每一个车载充电机的主电路称为一个充电模块。如图 6-8 所示为一个充电模块的主电路，功率为几十千瓦到几百千瓦的直流充电桩需要采用多个充电模块并联输出。

在图 6-8 中，直流充电模块由一个三相维也纳（VIENNA）PFC 整流 + 两套 LLC 形式的直流-直流并联输出，其中虚线框左侧半边为三相 VIENNA PFC 整流器。

二极管 D_1 至 D_6 组成三相整流桥，二极管采用超快恢复二极管或碳化硅（SiC）二极管。

双向电力场效应晶体管，如图 6-8 所示，每相由两个背向组合场效应晶体管（如 L1 相的 Q_1 和 Q_2 电力场效应晶体管）组成双向开关，可实现双向导通。两管共用驱动信号，由于电流只能由漏极（D）向源极（S）导通，所以每次只能导通一个电力场效应晶体管（如 Q_1）和另一个电力场效应晶体管（如 Q_2）的续流二极管。另一个电力场效应晶体管（Q_2）若要导通需工作电路的电流方向反向，Q_1 和 Q_2 共用驱动信号降低了控制和驱动的难度。三相维也纳整流具有效率高、元器件数量少，电流流过的半导体数量最少的优点。

电路通过控制 Q_1Q_2、Q_3Q_4、Q_5Q_6 的通断，来控制 PFC 电感 CCM 的充放电，由于 PFC 的 PF 值很接近 1，在分析其工作原理时可以认为电感电流和输入电压同相，三相平衡，并且各相差 120°。

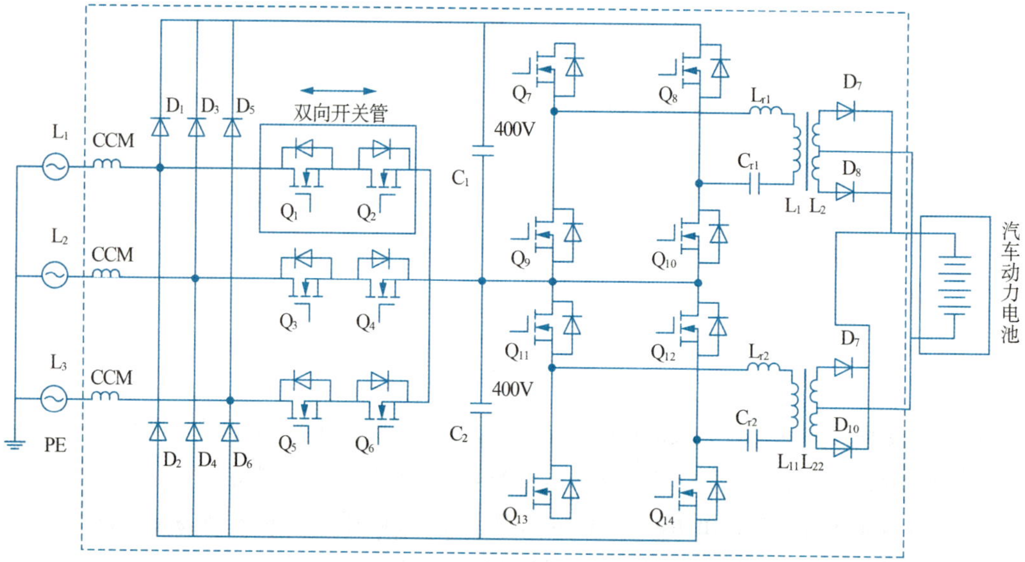

图 6-8　直流充电模块的主电路组成

2. 三相 VIENNA 整流原理

如图 6-9 所示是三相 VIENNA 整流器简化拓扑结构，Q_1 和 Q_2 组成的双向开关管用 S_1 开关代替，Q_3 和 Q_4 组成的双向开关管用 S_2 开关代替，Q_5 和 Q_6 组成的双向开关管用 S_3 开关代替。

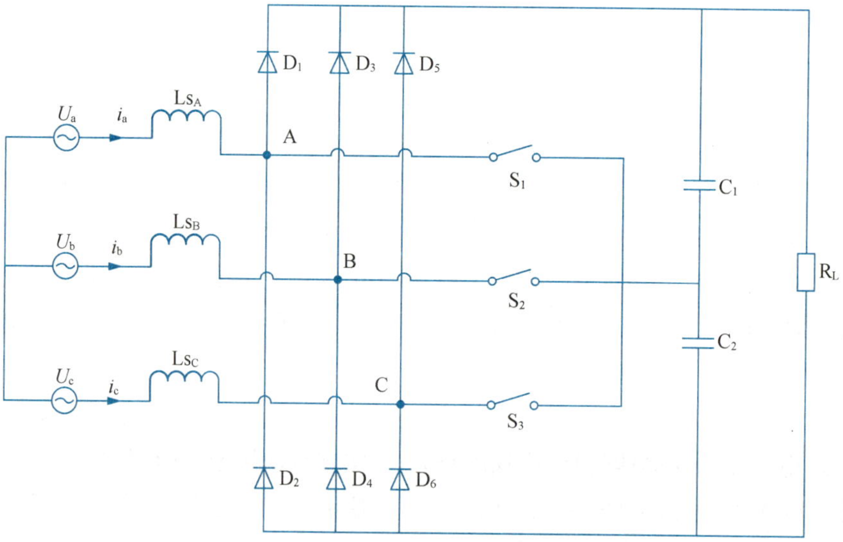

图 6-9　三相 VIENNA 整流器简化拓扑结构

如图 6-10 所示为三相 VIENNA 整流器工作原理。在 60°角电角度内 A 相为输出，B、C 相为回流，图中加粗的线为电流的流经方向。每一相的双向开关管有开、关两种不同的状态，三相的三组开关管 S_1、S_2、S_3 组合共有 8 种状态，其中 S_1、S_2、S_3 均为 0 时是图中的第一种情况，这时本质是三相全桥整流；S_1、S_2、S_3 均为 1 时是图中的第七种情况，这种情况本质是三相短路。开关导通在电感内形成储能回路，开关断开时即可实现给电容充电。

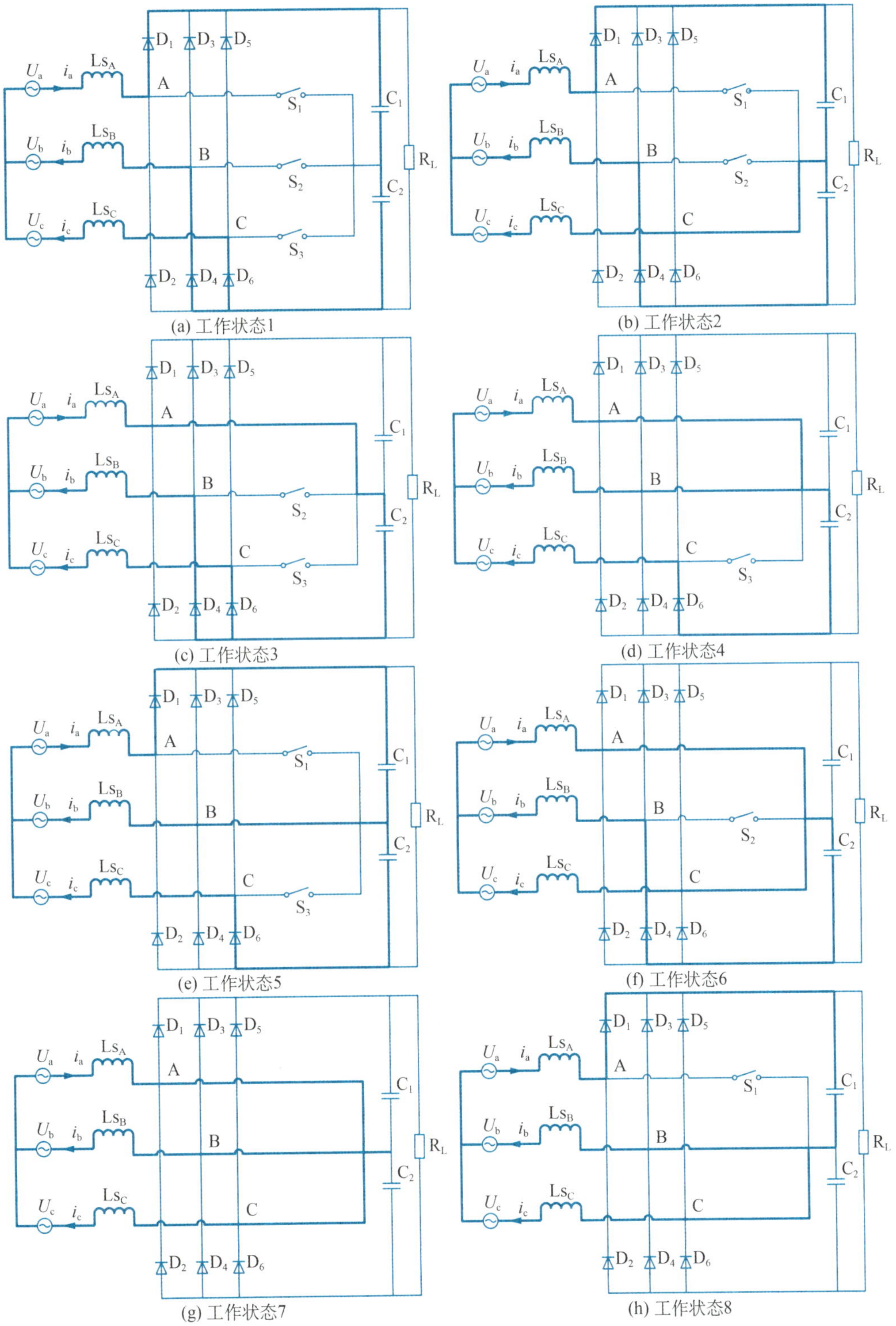

(a) 工作状态1　(b) 工作状态2　(c) 工作状态3　(d) 工作状态4　(e) 工作状态5　(f) 工作状态6　(g) 工作状态7　(h) 工作状态8

图 6-10　三相 VIENNA 整流器工作原理

VIENNA 的三相整流器拓扑结构与其他功率因素校正方面的电路拓扑结构相比较，用于开通和关断的元器件数量更少，这样的优势在于减少了开关损耗的同时，也使得控制的复杂程度得到了简化，可以使系统的可靠性得到增加。这种拓扑结构能实现三电平调制，作用于开关管上的电压只有直流侧输出的电压的 1/2，因此直流侧输出电压的等级与一般整流器拓扑结构比较就会比较高。当输出的电压条件相同时，采用三电平调制的三相 VIENNA 电路拓扑结构相比较于两电平调制在开关频率相同的条件下可以让输入侧的电流畸变减小，电压突变率也会较低，有助于改善 EMI 的特性，适合作为直流充电桩的直流充电模块。

任务三　新能源汽车充电系统的控制

一、蓄电池的充电模式

1. 恒流限压模式

恒流限压模式是以恒定不变的电流对蓄电池进行充电，当蓄电池电压达到其最大允许充电电压后，转入恒压充电方式。转入恒压充电方式后，随着充电时间的延长，充电电流越来越小，直到小于规定的最小充电电流时，充电结束。

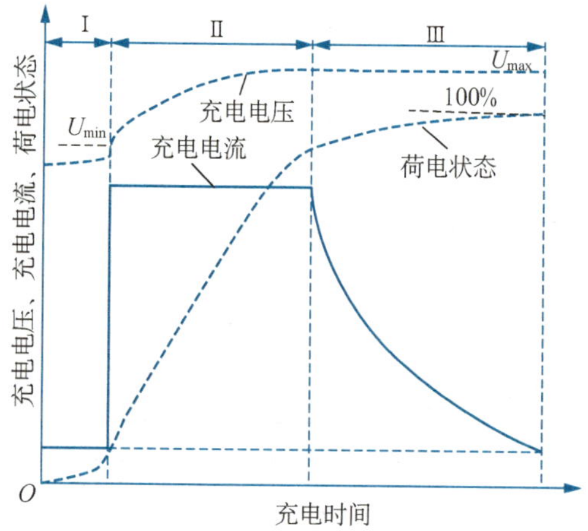

图 6-11　恒流限压模式下充电电压、充电电流以及荷电状态随充电时间的变化曲线

恒流限压模式是应用较多的一种充电模式，也被称为恒流－恒压（Constant Current Constant Voltage，CC-CV）充电模式。

在恒流阶段，可以根据蓄电池充电需求和状态采用不同充电电流的组合，但要求任一个阶段的充电电流都不能超过蓄电池最大允许充电电流。

在恒压阶段，充电系统的输出电压不能超过蓄电池最大允许充电电压。

图 6-11 给出了典型的恒流限压模式下充电电压、充电电流以及荷电状态（充电容量）随充电时间变化的曲线。

整个充电过程分为三个阶段。

阶段 I：由于蓄电池静置时间过长或过放电等原因，导致其剩余电量（state of charge，SOC）过低，蓄电池电压低于最低允许电压 U_{min}。这时，采用较小充电电流（如 0.1C 安培，这里 C 是 Capacity 的英文，译为“容量”）对蓄电池进行恒流充电。这个阶段也称预充电（precharge）阶段、涓流充电（trickle charge）阶段或预调节（preconditioning）阶段。此阶段的目的主要是避免在蓄电池容量过低状态下，较大充电电流对蓄电池内部产生损害。同时，通过较小充电电流也可以对蓄电池状态进行检测和评估，如果发现蓄电池处于非正常工作状态，则停止充电。若在充电前，蓄电池开路电压已经高于最低允许电压 U_{min}，则可以不经过阶段Ⅰ，直接进入阶段Ⅱ。

阶段Ⅱ：以不高于蓄电池最大允许充电电流的电流值对蓄电池进行恒流充电，随着充电时间的增加，蓄电池端电压（即充电系统输出电压）不断升高，蓄电池剩余电量（SOC）不断升高。当蓄电池端电压达到蓄电池最高允许充电电压 U_{max} 时，阶段Ⅱ结束。

阶段Ⅲ：充电系统输出电压为蓄电池最高允许充电电压 U_{max}，并保持恒定。随着充电时间的增加，蓄电池充电电流会逐渐下降，当充电电流等于规定的蓄电池最小充电电流时（如 0.1C），充电结束。在这个阶段，规定的蓄电池最小充电电流越小，则需要的充电时间越长，蓄电池 SOC 也越接近 100%。

2. 恒压限流模式

恒压限流模式要求充电系统输出电压保持恒定，若充电电压远高于蓄电池开路电压，则充电电流会非常大，很可能高于蓄电池最大允许充电电流，这时可能会损坏蓄电池。因此，必须限制充电电流不能超过蓄电池最大允许充电电流。在这种充电模式下，会出现以下两种情况。

（1）充电系统输出电压保持恒定，充电电流没有超过蓄电池最大允许充电电流。这时，随着充电时间的增长，充电电流越来越小，直到达到规定的蓄电池最小充电电流，充电过程结束。

（2）充电系统输出电压保持恒定，充电电流超过蓄电池最大允许充电电流。这时，以最大允许充电电流对蓄电池进行恒流充电，直到蓄电池端电压达到期望的恒压设定值，转入恒压充电。随着充电时间的增长，充电电流越来越小，直到达到规定的蓄电池最小充电电流，充电过程结束。这种情况和恒流限压模式比较类似。

3. 恒流定时模式

充电系统以恒定电流对蓄电池进行充电，当充电时间达到设定值时，充电过程结束。如果在充电过程中，蓄电池端电压达到蓄电池最大允许充电电压，则进入恒压充电模式。

4. 恒压定时模式

充电系统以恒定电压对蓄电池进行充电，当充电时间达到设定值时，充电过程结束。如果在充电过程中，蓄电池充电电流超过蓄电池最大允许充电电流，则进入恒流充电模式，以蓄电池最大允许充电电流对蓄电池进行充电。

二、充电系统的工作区域

前文的四种充电模式要求充电系统既可以对其输出电压进行调节，也可以对输出电流进行调节。在充电过程中，蓄电池端电压和充电电流都有限制，否则可能会损坏蓄电池。对于放电过程的要求也是如此，因此，可以得到充电系统蓄电池一侧的工作区域，如图 6-12 所示。图中，U_{max} 为蓄电池最高允许电压；U_{min} 为蓄电池最低允许电压；I_{c_max} 为蓄电池最大允许充电电流；I_{c_st} 为恒压充电的最小充电电流；I_{rc_max} 为蓄电池最大允许放电电流；I_{rc_min} 为恒压放电的最小放电电流。

以上各限值将图 6-12 所示坐标平面划分为 8 个区域，其中Ⅲ、Ⅳ、Ⅶ、Ⅷ区域应是蓄电池应尽量避免进入的区域，充电系统和蓄电池相连接时严禁进入Ⅶ、Ⅷ区域；如果因其他原因导致蓄电池过放或 SOC 过低，则可以采用涓流充电方式使蓄电池端电压恢复到 U_{min}，这时充电系统工作在Ⅲ区域。

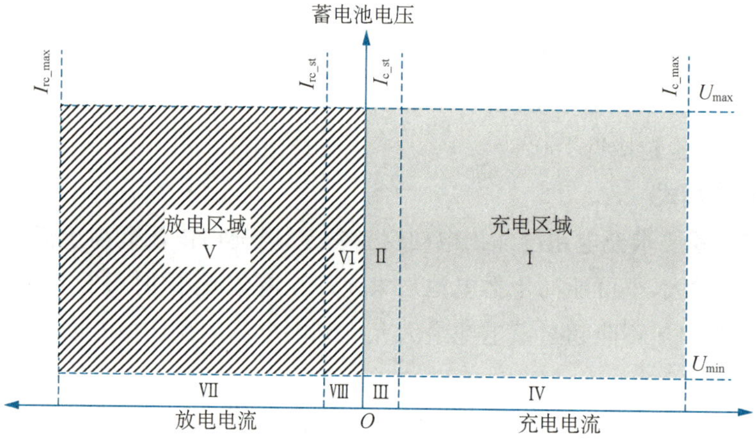

图 6-12　充电系统蓄电池一侧的工作区域

作为新能源汽车储能部件的蓄电池是由许多单体构成的，也就是说蓄电池的对外体现形式是蓄电池组。蓄电池单体同样具有与图 6-9 类似的电流和电压限值。在蓄电池长时间工作过程中，蓄电池单体之间可能存在性能的差异。因此，充放电过程可能满足蓄电池组端电压、充放电电流的限值，却不一定满足每个蓄电池单体端电压、充放电电流的限值。此外，蓄电池 SOC、健康状态(State Of Health，SOH)、蓄电池温度等运行参数对图 6-12 所示区域也会产生很重要的影响，也就是说，图 6-12 中各区域不是一成不变的，而是随着蓄电池各单体、蓄电池组的运行状态而不断进行变化的。因此，充电系统需从蓄电池 BMS 中获取相关数据才能正常为蓄电池组充放电，充电系统与电池管理系统(Battery Management System，BMS)之间通常通过 CAN 总线实现数据交互。

基于 BMS 在充放电过程中起到的作用，充电系统控制方法有两种：一是 BMS 提供蓄电池目标端电压或目标电流，充电系统根据目标参数对充电系统输出电压或输出电流进行控制；二是 BMS 提供蓄电池组以及各单体的重要物理量数据，充电系统根据这些数据，按一定控制策略得到目标输出电压或目标输出电流，并按一定的充放电模式对蓄电池进行充放电。这两种控制方法的区别在于，前者以 BMS 为主，充电系统为辅；后者以充电系统为主，BMS 为辅。

三、充电系统的控制

1. 传导式充电系统的控制

一种小功率单向传导式充电系统如图 6-13 所示，图中给出了充电系统的主电路，同时给出了控制部分的组成。需要注意的是，图中主电路中没有加入EMI滤波环节。但在实际应用中，应根据充电系统所处电磁环境、电网接入要求以及系统工作情况对EMI滤波环节进行合理设计。充电系统采用数字化控制电路实现对其主电路的控制，并通过CAN总线与BMS进行通信。

如图6-13所示的主电路中，需要基于蓄电池状态对功率因数校正环节、全桥逆变环节进行控制，从而实现对蓄电池的充电。在电路结构上，需要控制的两个环节以级联方式连接在一起，具有电气耦合结构，从电能的传输看，这两个环节具有能量耦合关系。其中，可采用“电压外环、电流内环”的双闭环控制系统控制功率因数校正电路输出电压 u_{DC}；可采用“移相控制方式”，通过改变移相角 θ 控制全桥逆变电路输出电压 u_i，或输出电流 i_i。

下列三种方法可以对充电系统输出电压 u_B 或输出电流 i_B 进行控制：

（1）u_{DC} 保持某个数值不变，通过改变移相角 θ 实现对充电系统输出电压 u_B 或输出电流 i_B 的控制，相应地，充电方式为恒压模式或恒流模式；

（2）移相角 $\theta=0°$，对 u_{DC} 进行调节，实现对充电系统输出电压 u_B 或输出电流 i_B 的控制；

（3）u_{DC} 与移相角 θ 同时进行调节，实现对充电系统输出电压 u_B 或输出电流 i_B 的控制。

上述三种控制方法中，方法(3)更为灵活，在实现正常蓄电池充电以及功率因数校正的同时，更容易实现整个充电系统的效率优化。

在图6-13所示主电路中，如果在滤波电路与蓄电池之间加入Boost或Buck电路，则可在 u_{DC} 保持不变的同时，保持移相角 $\theta=0°$，通过控制Boost或Buck电路中电力电子元器件的占空比来对蓄电池充电电压或充电电流进行调节，缺点是充电系统的主电路结构将会变得更加复杂。

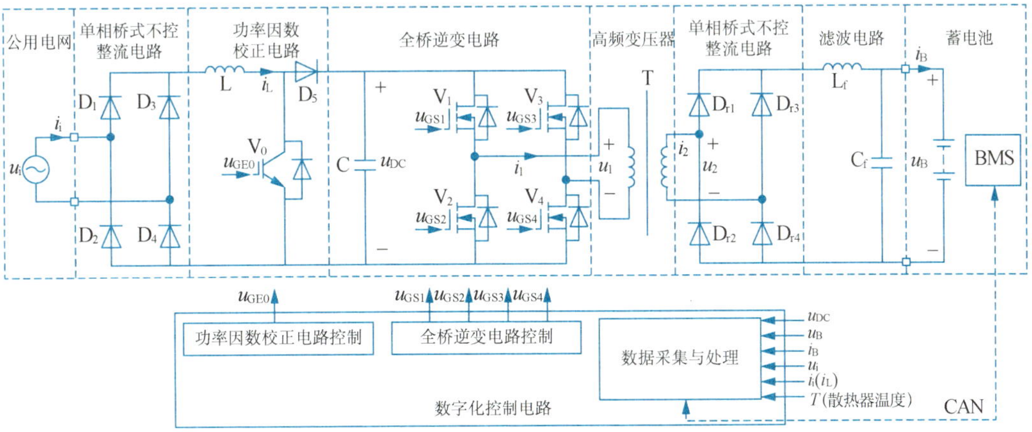

图6-13　小功率单向传导式充电系统

2. 无线充电系统的控制

（1）大功率双向无线充电系统

一种较大功率双向无线充电系统如图6-14所示，图中给出了充电系统的主电路，同时

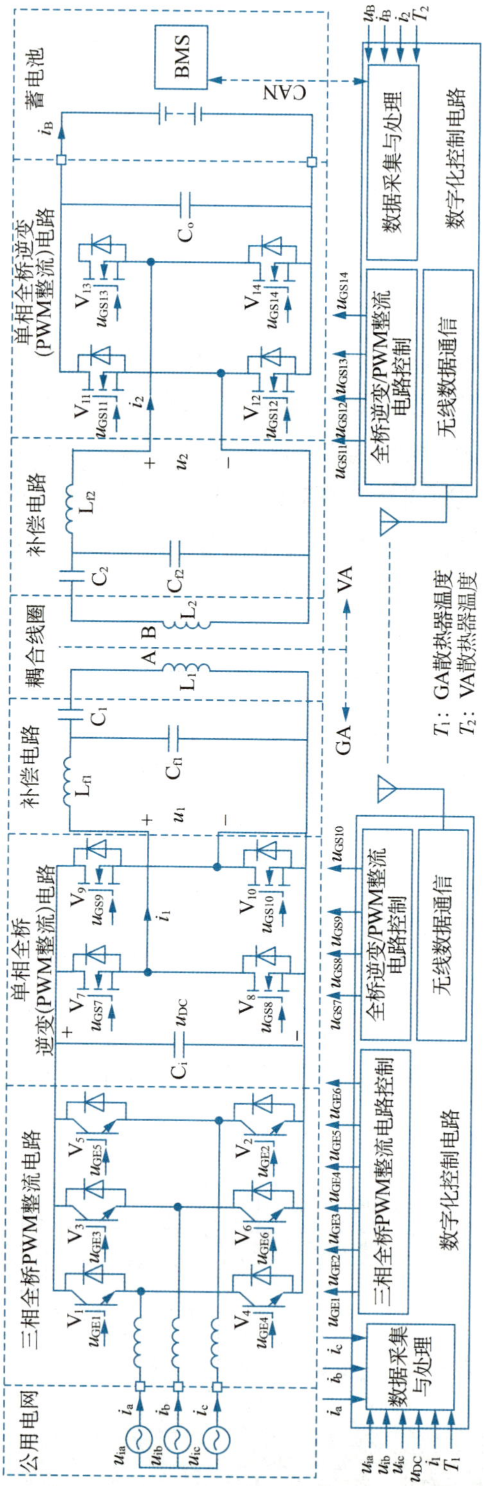

图6-14 较大功率双向无线充电系统

给出了控制部分的组成。具体应用时，可以根据实际情况在三相交流电源出口加入EMI滤波环节或在蓄电池入口加入双向直流-直流变换环节。与传导式充电系统相同，无线充电系统采用数字化控制。

按耦合线圈A、B中间分界，可以将无线充电系统划分为地面部分（Ground Assembly, GA）和车载部分（Vehicle Assembly, VA），这两部分没有电气上的物理连接。

GA和VA具有分别独立的数字控制器。这两个控制器都集成无线数据通信单元，分别称为地面通信单元（Supply Equipment Communication Controller, SECC）和车载通信单元（Electric Vehicle Communication Controller, EVCC）。SECC和EVCC通过Wi-Fi、Bluetooth等无线通信技术进行数据通信。无线数据通信协议应符合或参考相关标准（如IEC 61851-2等）或法规的要求。

GA和VA都包含单相全桥逆变（PWM整流）电路。当蓄电池充电时，GA的单相全桥逆变（PWM整流）电路可以采用“移相控制”工作在逆变状态，而VA的单相全桥逆变（PWM整流）电路工作在整流状态；而当蓄电池放电时，GA的单相全桥逆变（PWM整流）电路工作在整流状态，而VA的单相全桥逆变（PWM整流）电路可以采用“移相控制”工作在逆变状态。

不论是在充电状态还是在放电状态，都可以采用“电压外环、电流内环”的双闭环控制系统对GA的三相全桥PWM整流电路进行控制，使其直流侧电压u_{DC}跟踪目标值u_{DC}^*的变化。

（2）控制注意事项

由于在整个能量传输过程中，图6-14中有三个电力电子单元（一个三相全桥电路、两个单相全桥电路）可以控制电能的转换和传输，因此需要对这三个电力电子单元进行协调控制。在控制过程中应注意以下事项：

① 保证蓄电池充电过程或放电过程始终处于安全区域；

② 尽可能提高系统的工作效率；

③ GA、VA协调控制系统需要具有快速的动态响应特性，因此对SECC和EVCC的通信可靠性和实时性提出了高要求。

四、充电系统与电机驱动系统的集成

1. 充电系统与电机驱动系统的集成简介

这里的电机驱动系统是指项目五介绍的“驱动电机系统”+“储能部件（如蓄电池）”。由于新能源汽车多采用三相交流电机驱动，因此典型的电机驱动系统如图6-15所示。

基于下面的思路，可以将充电系统与电机驱动系统进行集成。

（1）电机驱动系统中的电机控制器电路是全桥逆变电路，全桥逆变电路或全桥PWM整流电路是充电系统的重要组成部分。此外，电机控制器直流侧与储能部件相连，可以利用电机控制器实现PWM整流电路的功能。

（2）电机的定子绕组可以看作Y形或△形连接的电感，电感也常常被充电系统采用。

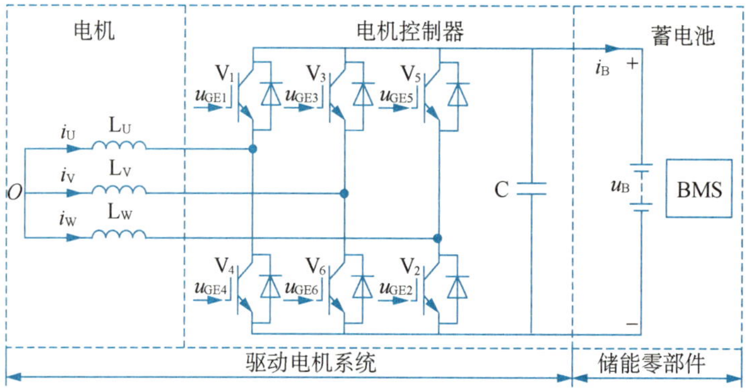

图 6-15 典型的电机驱动系统

(3) 除动态无线充电系统外，充电系统工作时车辆在静止状态，驱动电机系统不工作。

(4) 将充电系统与电机驱动系统集成，有利于减小部件体积和重量，提高功率密度，降低成本，提高部件利用率。

但在将充电系统与电机驱动系统集成时，需要注意以下问题。

(1) 充电系统构成较复杂，不同类型的充电系统结构上也具有差异，很难将充电系统整体与电机驱动系统集成并安装在车辆上。这里的集成往往是指充电系统的一部分与电机驱动系统集成。相比较而言，传导式充电系统更容易与电机驱动系统集成。

(2) 电机的定子绕组之间存在电磁耦合，不能简单等效为相互独立的电感。

(3) 充电过程中，当定子绕组流过电流时，转子不能产生电磁转矩。

(4) 除一些小功率的电机控制器外，多数电机控制器采用 IGBT 作为开关元器件，工作频率普遍在 10～30 kHz。在实现充电功能时，元器件的开关频率应在允许范围内。

(5) 集成后，不应使充放电效率明显下降。

2. 单相充电系统与电机驱动系统的集成

一种单相充电系统与交流异步电机及其控制器集成电路如图 6-16 所示。图中，u_i 为单相交流电源；EMI 滤波电路可根据实际需要安装在地面或安装在车辆上；S_1、S_2 和 S_3 为

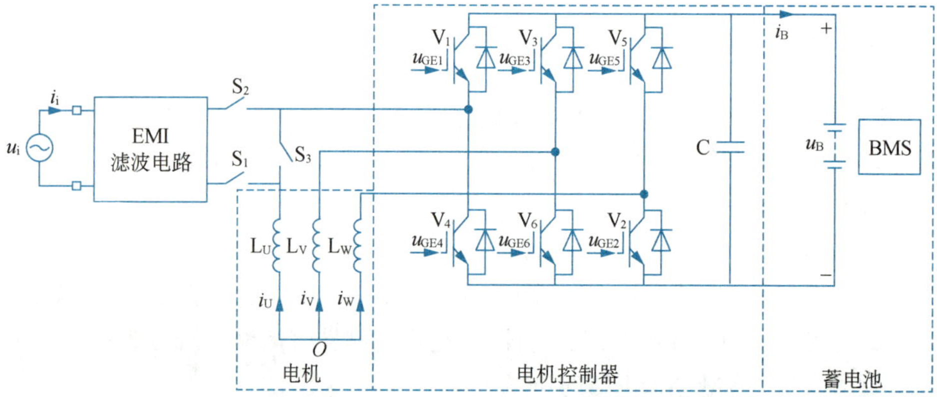

图 6-16 单相充电系统与电机驱动系统的集成

机械式开关；如果 EMI 滤波电路安装在地面，且充电系统的地面部分和车载部分通过专用充电连接器连接，那么 S_1、S_2 可作为充电连接器的触点。

当车辆行驶时，S_1、S_2 断开，S_3 闭合，图 6-16 中三相全桥逆变电路执行控制电机，进而驱动车辆的功能。

当车辆静止、充电系统工作时，S_1、S_2 闭合，S_3 打开，三相全桥逆变电路中 V_2 和 V_5 关断，V_1、V_3、V_4、V_6 和 C 构成单相全桥 PWM 整流电路。

三相异步电机的电磁转矩为零。通过 V_1、V_3、V_4 和 V_6 的高频通断控制，可以使电流 i_U 按正弦规律变化，且可与电源电压 u_i 同相位或反相位，蓄电池随之充电或放电。因此，如图 6-16 所示系统可以实现能量在电源与车载蓄电池之间的双向流动，可以用于 V2G 等领域中。

如图 6-16 所示系统在实际应用中，有两个需要注意的问题：一是蓄电池端电压应不低于交流电源 u_i 的峰值电压，充电系统才能正常工作；二是由于充电系统没有电气隔离环节（如高频变压器、耦合线圈等），因而在系统工作过程中，要保证整车电气部件具有较好的绝缘性能以及具有完善的电气安全措施。

此外，也可以将电机定子绕组与电机控制器中的桥式电路等效为双向直流-直流电路，作为充电系统的输出部分，对充电电压或电流进行控制，具体如图 6-17 所示。当充电系统工作时，S_1、S_2 闭合；当车辆行驶时，S_1、S_2 断开。图中电感 L_U 与 V_1 和 V_4 及其反并联二极管、电感 L_V 与 V_3 和 V_6 及其反并联二极管、电感 L_W 与 V_5 和 V_2 及其反并联二极管构成三个并联的双向直流-直流变换器电路。可以根据充放电功率的大小，让其中一个、两个或者三个变换器电路工作。当三个变换器工作时，除让各路均流外，还要使电力电子元器件同步驱动而不是产生驱动电机的旋转磁场，以保证电机的转子不会因 i_U、i_V 和 i_W 中的交流成分产生电磁转矩。

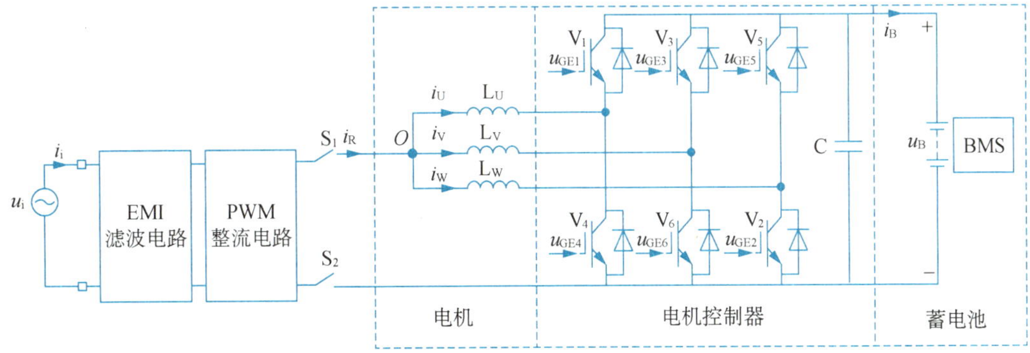

图 6-17 电机及其控制器等效为双向直流-直流电路

如何利用电机的定子绕组是充电系统与电机驱动系统集成过程中的一个难点，原因之一是绝大多数电机的定子绕组中只有一端易于与外界连接；原因之二是充电过程中，定子绕组电流控制不当时，可能会产生电磁转矩。因此，在实际应用中，应根据电机类型、结构以及电机控制器电路结构合理地与充电系统集成。

任务四 红旗新能源汽车双向 6.6 kW 车载充电机认知

一、红旗新能源汽车车载充电机功能

红旗新能源汽车车载充电机具有双向功能，正向充电为两个 3.3 kW 充电机并联，最大充电功率为 6.6 kW，反向有 3.3 kW 的对外放电功率。其中一个单向的 3.3 kW 车载充电机的内部环节由单相交流整流→逆变成交流→功率变压器→整流→滤波到动力电池；另一个双向的 3.3 kW 车载充电机的内部环节由单向交流↔正向整流/反向逆变↔逆变成交流→功率变压器↔正向整流/反向逆变↔滤波到动力电池。

二、红旗新能源汽车车载充电机内部控制板

红旗新能源汽车车载充电机内部控制板如图 6-18 所示，分成三部分：下部位置板为防止车载充电机工作时污染电网的交流 EMI 滤波电路部分，包括过滤共模干扰的电感及电容和过滤差模干扰的电感及电容；中间位置板为车载充电机主控制器，功能是接收电池管理系统，控制车载充电机副控制器（主电路电力电子正面），二者之间采用光电通信；上部位置板为车载充电机与动力电池之间的直流 EMI 滤波电路部分，包括过滤共模干扰的电感及电容和过滤差模干扰的电感及电容。

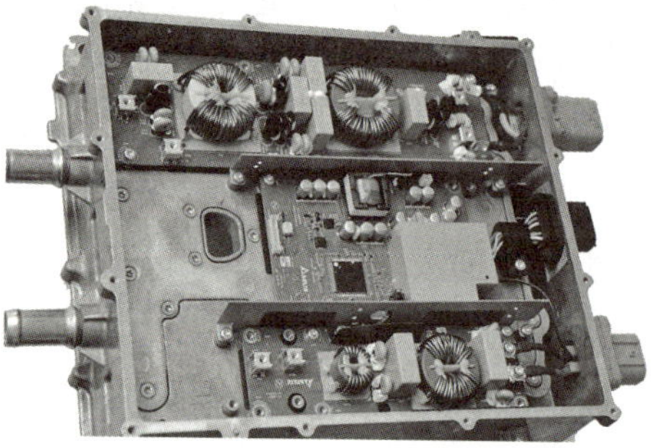

图 6-18 红旗新能源汽车车载充电机内部控制板

出于安全考虑和 EMC 考虑，一般建议在电源入口加上安规电容，控制板上电源入口的蓝色电容为安规电容。安规电容分为 X 型和 Y 型。交流电源有 L、N、PE 三个端子（L = Line、N = Neutral、PE = Protection Earth）。位于“L-N”之间，像是“X”形的电路称是 X 电容，通常采用方形金属化薄膜电容器，电源输入通常采用两级或三级 X 电容；位于“L-PE”或“N-PE”之间，像是“Y”形的电路称是 Y 电容，通常采用圆形陶瓷电容器，Y 电容要对地成对出现。

安规电容可在拔下充电机交流插头后，快速消耗掉内部的残余电荷，防止对人产生电击。安规电容在电容器失效后仍有很大的电阻，所以通过电容器壳体的漏电电流也不会大，因此也会不危及人身安全，这是普通电容所不能实现的。安规电容通常只用于抗干扰电路中的滤波。它们用在电源滤波器里，起到电源滤波作用，分别对共模、差模干扰起滤波作用。Y 电容损坏，如漏电严重时会造成上游空气开关合不上。

1. 主电路电力电子控制板正面

红旗新能源汽车车载充电机主电路电力电子控制板正面如图 6-19 所示，其中左侧集

成电路是驱动部分，右侧是微控制器(MCU)部分，

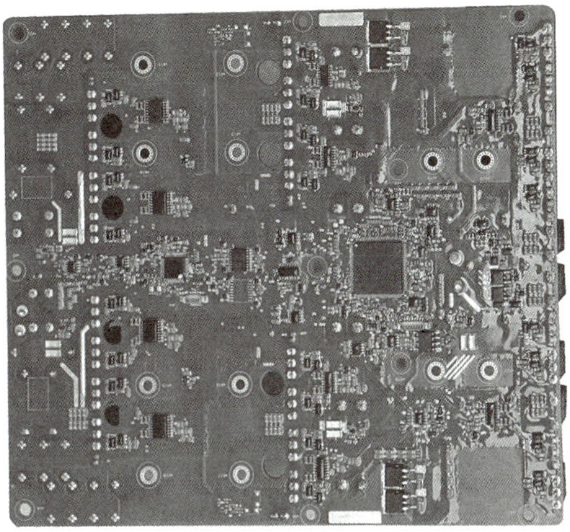

图 6-19　主电路电力电子控制板正面

2. 主电路电力电子控制板反面

红旗新能源汽车车载充电机主电路电力电子控制板反面如图 6-20 所示，分成两部分，上半板为 3.3 kW 功率，下半板为 3.3 kW 功率；左侧为输出的滤波电容；中间电解电容为整流电容；中间的四个焊盘孔接功率变压器的初级和次级线圈；右侧两个焊盘孔为输出滤波电感。

从图 6-20 中可以看到有三列共 24 个功率管，有两种型号。如图 6-21 所示，一种型号是 EPH3006H，为大功率二极管，在三脚管中有两个二极管(图 6-22)，实际是起整流用的。另一种型号是 G40EF5A，为 INFINEON(英飞凌)的电力场效应晶体管。

图 6-20　主电路电力电子控制板反面

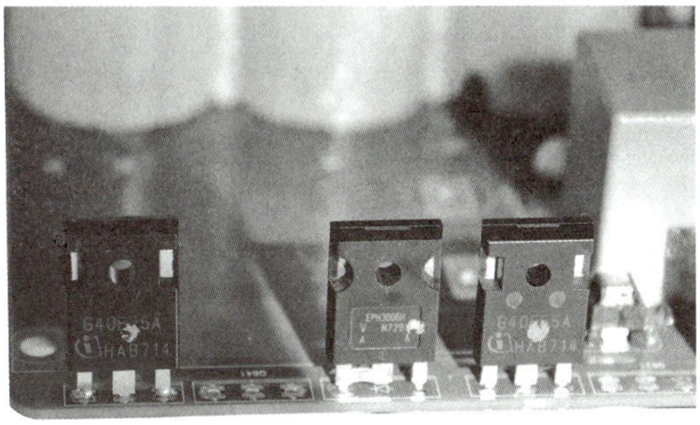

图 6-21　两种型号的功率管

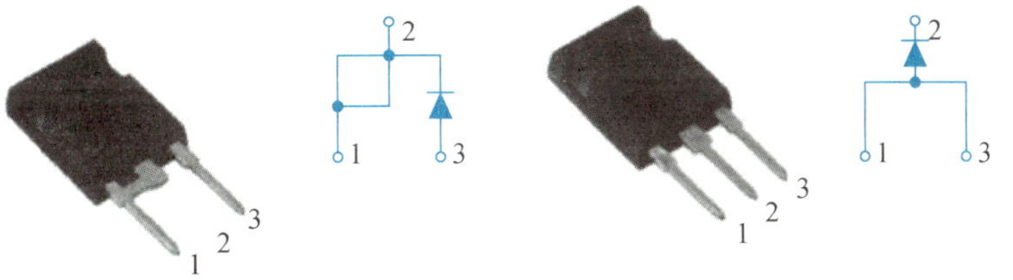

(a) 3脚向1、2脚整流　　(b) 1、3脚向2脚整流

图 6-22　EPH3006H 大功率二极管的两种结构

3. 主电路的功率变换器

主电路的功率变换器如图 6-23 所示，两套四脚的为两套功率变压器，两套两脚的为输出滤波电感，中间是为实现 LLC 谐振的电容电路板。

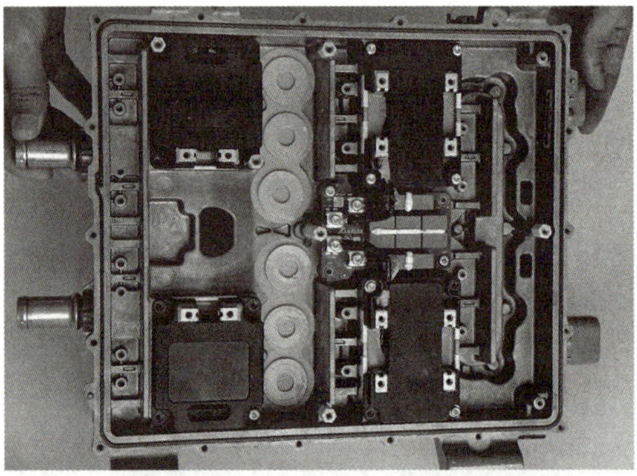

图 6-23　主电路的功率变换器(正面板压在上面)

实训任务单　新能源汽车充电系统电力电子元器件测量

一、任务布置

教师准备好正常和烧坏的新能源汽车车载充电机元器件或直流桩内的直流充电模块并按组分配。

二、任务分配

按照前面所了解的知识内容，落实各项工作负责人（表6-1），如任务实施前的准备工作、实施中主要操作及协助支持工作、实施过程中相关要点及数据的记录工作等。

表6-1　工作任务分配

步骤	工作内容	负责人
1	组长	
2	第一操作人	
3	第二操作人	
4	数据记录人	
5	安全员	
6	场地规格布置及结束5S收尾	

三、操作步骤合理性评估和纠正

教师用所提供的资料或相关视频进行提示，以帮助学生完成主要工作步骤的填写（表6-2）。教师评估通过后，方可实施具体操作。学生可先行在草稿纸上填写，任务实施中若有改变需经教师再次评估，以确认安全和可行。

表6-2　主要工作步骤合理性评估

内容	序号	为解决问题的主要操作步骤（不含准备及5S）	通过/不通过
学生完成	1		
	2		

（续表）

内容	序号	为解决问题的主要操作步骤(不含准备及 5S)	通过/不通过
学生完成	3		
	4		
	5		
	6		
	7		
	8		
	9		
	10		
教师完成	1	步骤可行	
	2	安全可行	
	3	时间可行	
	4	成本可行	

四、任务实施前的设备和工具准备

请各小组完成设备和工具准备自检表(表 6-3)填写。

表 6-3　设备和工具准备自检表

序号	设备及工具名称	数量	设备及工具是否完好
1			□是□否
2			□是□否
3			□是□否
4			□是□否
5			□是□否
6			□是□否
7			□是□否
8			□是□否

五、任务实施

请各小组根据操作完成新能源汽车充电系统测量记录单（表 6-4），如果要同时测量多个元器件，本页可多张打印。

表 6-4　新能源汽车充电系统测量记录单

序号	步骤或测量对象	记录	完成情况
1	新能源汽车车载充电机元器件测量		正常□ 异常□
2	新能源汽车同步整流或整流电路测量		正常□ 异常□
3	新能源汽车逆变变压器开关电路测量		正常□ 异常□
4	新能源汽车整流电路测量		正常□ 异常□
5	输出电流的测量		正常□ 异常□
6	新能源汽车车载充电机保护电路测量		正常□ 异常□
7	直流桩内的直流充电模块测量		正常□ 异常□
8	直流充电模块的整流电路测量		正常□ 异常□
9	直流充电模块的逆变电路测量		正常□ 异常□
10	直流充电模块的整流电路测量		正常□ 异常□
11	直流充电模块的电流电路的测量		正常□ 异常□
最终的故障点：			

注：记录数据，精确到小数点后两位。

课 后 习 题

一、单选题

1. V2G 技术的重要物质基础是(　　)。
   A. 单相充电系统　　B. 三相充电系统
   C. 单向充电系统　　D. 双向充电系统
2. 充电系统的电气环节中第一个环节是(　　)。
   A. 滤波　　B. 整流　　C. 功率因数校正　　D. 逆变电路
3. 充电系统的电气环节中第二个环节是(　　)。
   A. 隔离电路　　B. 整流　　C. 滤波　　D. 逆变电路
4. 充电系统的电气环节中第三个环节是(　　)。
   A. 滤波　　B. 整流　　C. 功率因数校正　　D. 逆变电路
5. 充电系统的电气环节中第四个环节是(　　)。
   A. 隔离电路　　B. 整流　　C. 滤波　　D. 逆变电路
6. 充电系统的电气环节中第五个环节是(　　)。
   A. 隔离电路　　B. 整流　　C. 滤波　　D. 逆变电路
7. 充电系统的电气环节中第六个环节是(　　)。
   A. 滤波　　B. 整流
   C. 功率因数校正　　D. 逆变电路
8. 充电系统的电气环节中第七个环节是(　　)。
   A. 隔离电路　　B. 整流　　C. 滤波　　D. 逆变电路
9. EMI(Electronic Magnetic Interference)译为(　　)。
   A. 电磁干扰　　B. 电场干扰　　C. 磁场干扰　　D. 静电屏蔽
10. 相对公共电网而言,车载充电机是电网的一个(　　)。
    A. 干扰源　　B. 电源　　C. 保护　　D. 屏蔽源
11. EMC(Electronic Magnetic Compatibility)译为(　　)。
    A. 电磁干扰　　B. 电磁兼容　　C. 磁场干扰　　D. 静电屏蔽
12. 公用电网的频率和电压分别为(　　)。
    A. 50 Hz,220 V　　B. 60 Hz,220 V
    C. 100 Hz,110 V　　D. 50 Hz,110 V
13. 功率因数校正电路的作用是使(　　)。
    A. 电源(电网)侧电流尽可能为矩形波形
    B. 电源(电网)侧电流尽可能为正弦波形

C. 电源(电网)侧电流尽可能为余弦波形

D. 电源(电网)侧电流尽可能为三角波形

14. 新能源汽车充电机的逆变电路作用是( )。

A. 将直流电逆变为高频交流电　B. 将直流电逆变为低频交流电

C. 将直流电逆变为方波电流　D. 将直流电逆变为锯齿波电波

15. 新能源汽车充电机的隔离电路元器件是( )。

A. 光电耦合器　B. 高频变压器

C. 高频电容器　D. 低频电容器

16. 新能源汽车充电机整流电路的作用是( )。

A. 将高频交流电转换为直流电　B. 将低频交流电转换为直流电

C. 将直流电转换为高频交流电　D. 将直流电转换为低频交流电

17. 为使车载充电机的输出电压的纹波进一步降低应( )。

A. 增加并联电容容量　B. 减小并联电容容量

C. 串联电感　D. 采用共模感

18. 电容的 ESR 是指( )。

A. 电容的等效串联电阻(或阻抗)　B. 电感的等效串联电阻(或阻抗)

C. 电阻的等效串联阻抗　D. 分布电容阻抗

19. 三相桥式不可控整流电路输出侧加电容的目的是( )。

A. 提高效率　B. 降低效率

C. 增加电流冲击　D. 提高功率因数

20. 单相不可控整流电路缺点是( )。

A. 结构简单　B. 电流纹波较高

C. 功率因数高　D. 电流纹波较低

二、多选题

1. 车载充电机输入滤波电路的作用是( )。

A. 降低因电网电压畸变而产生的高频成分

B. 减轻充电系统对电网的谐波注入

C. 抑制充电系统产生的共模或差模干扰

D. 滤除纹波

2. 目前,车载充电机(也称车载充电设备)功率有( )。

A. 1.6 kW　B. 3.3 kW　C. 6.6 kW　D. 13.2 kW

3. 无线充电系统(非传导式)分为( )。

A. 静态无线充电系统　B. 交流充电

C. 动态无线充电系统　D. 直流充电

4. 根据充电系统中传输的电能只是从电网或车辆外部储能装置传输到新能源汽车的蓄电

池，还是从车上的蓄电池或其他车载储能部件传输到电网或车外储能装置，分为(　　)。

A. 单相充电系统　　B. 三相充电系统

C. 单向充电系统　　D. 双向充电系统

5. 对汽车充电系统的要求有(　　)。

A. 较好的安全性　　B. 高可靠性

C. 高功率密度、高效率　　D. 绿色环保、计费准确

6. 在高频三相交流输入时，低压大电流的场合下整流采用(　　)。

A. 晶闸管　　B. 电力场效应晶体管

C. 电力二极管　　D. 电力晶体管

7. 当交流电源频率为几十千赫甚至上百千赫时，整流电路可采用(　　)。

A. 肖特基二极管　　B. 同步整流技术

C. 电力二极管　　D. 电力晶体管

8. 同步整流的优点是(　　)。

A. 通态损耗较低　　B. 正向压降小

C. 反向阻断电压高　　D. 反向电流小

9. 新能源汽车动力蓄电池的充电模式有(　　)。

A. 恒流充电模式　　B. 恒压充电模式

C. 预充电(涓流充电)模式　　D. 限流模式

10. 按耦合线圈中间分界，可以将无线充电系统划分为地面部分和车载部分，其英文简称为(　　)。

A. GA　　B. VA　　C. MA　　D. BA

附录

汽车电力电子元器件维修指导

第一部分　电路板维修注意事项

在无任何电路原理图的情况下，要对一块陌生且较复杂的故障电路板进行维修，以往的所谓“检修经验”就难以应付了，尽管电子技术的硬件功底深厚的维修人员对维修工作充满了信心，但如果方法不当，工作起来照样事倍功半，那么，怎样做才能更好地提高维修效率呢？

下面的四个原则，可在一定程度上保证维修工作有条不紊进行。

一、先看后量

对于一块待维修的电路板，首先应对其进行目测，必要时还要借助放大镜观察，主要看以下几个方面：

(1) 是否有断线和短路处，尤其是电路板上的印制板连接线是否存在断裂、粘连等现象；

(2) 有关元器件，如电阻、电容、电感、二极管、三极管等，是否存在断开现象；

(3) 是否有人修理过、动过一些元器件，是否存在虚焊、漏焊、插反、插错等问题。

排除上述状况后，先用万用表测量电路板电源与地之间的阻值，通常电路板的阻值不应小于 70 Ω。若阻值太小，才几欧姆或十几欧姆，说明电路板上有元器件击穿或部分击穿，必须采取措施将击穿的元器件找出来。具体办法是给待修电路板加电（注意：此时一定要确认该板的工作电压值与正负极性，不可接错和超过工作电压值，否则将有损待修电路板，老故障没排除，又增加了新的问题。用红外点温计（附图 1-1）或红外摄像机（附图 1-2）测量电路板上各元器件的温度，温度上升较快、较高的视为疑似损坏元器件。

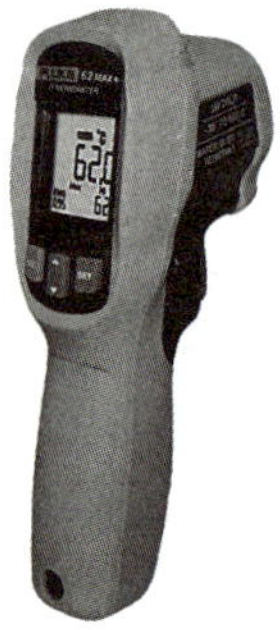

附图 1-1　红外点温计

附图 1-2　红外摄像机

若阻值正常，再用万用表测量电路板上的阻容元器件、二极管、三极管和电力场效应晶体管，以及波段开关等元器件，其目的就是要确保被测量过的元器件是正常的。能用一般测试工具（如万用表等）解决的问题，就不要把它复杂化。

二、先外后内

使用电路在线维修测试仪进行检测时，如果情况允许，最好是有一块与待修电路板一样的正常电路板作为参照，然后使用测试仪（附图 1-3）的曲线扫描功能对两块电路板进行好、坏对比测试。首先，对比测试点可以从电路板的端口开始；然后由表及里，尤其是对电容器的对比测试，可弥补万用表在线难以测出电容是否漏电的缺憾。

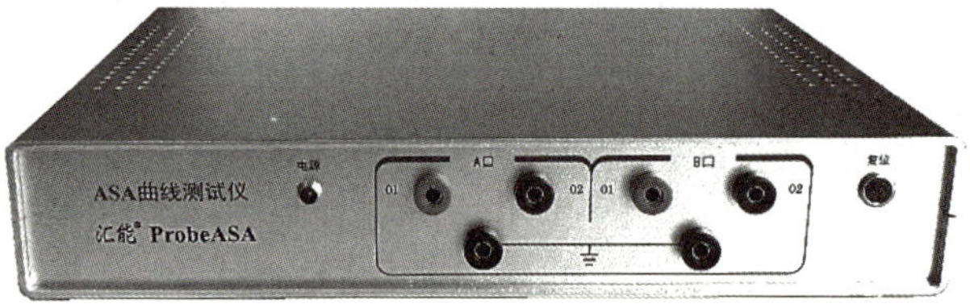

附图 1-3　电路在线维修测试仪

三、先易后难

使用电路在线维修测试仪进行检测时，为提高测试效率，在对电路板进行在线功能测试前，应对待修电路板做一些技术处理，以尽量削弱各种干扰对测试过程带来的影响，具体措施如下。

1. 测试前准备

将晶振的两脚间用金属短路，避免单片机的程序输出对测量造成的影响。若遇到四脚的晶振时，要确认信号输出脚，再短路此两个引脚。注意：其他两脚为电源脚，千万不可短接。

因为大容量电容的充电、放电同样也会带来干扰，所以对于大容量的电解电容器，也要使其与电路板间隔开。

2. 采用排除法对元器件进行测试

对元器件进行在线测试或比较测试过程中，凡是测试通过（或比较正常）的元器件，可直接确认测试结果，并加以记录。对测试未通过（或比较超差）的元器件，可再测试一遍。若测试还是未通过，也可先记录测试结果，然后测试其他元器件，直到将电路板上的元器件测试（或比较）完，最后再来处理那些未通过测试（或比较超差）的元器件，这样有利于加快速度。

对未通过功能在线测试的元器件，有些测试仪器还提供了一种比较实用的处理方法：由于该种测试仪器对电路板的供电还可以通过测试夹施加到元器件相应的电源与地线脚上，若对元器件的电源脚实施分割，则这个元器件将脱离电路板供电系统。这时，再对该元器件进行在线功能测试，由于电路板上的其他元器件不会得电工作，消除了干扰作用，实际测试效果等同于“准离线测试”，测准率将提高。

3. 用 ASA-VI 曲线扫描测试仪对测试库尚未涵盖的元器件进行比较测试

由于 ASA-VI 智能曲线扫描技术适用于对任何元器件的比较测试。只要测试夹能将元器件夹住，再有一块参照电路板，通过对比测试，同样对元器件具备较强的故障判断能力。该功能弥补了元器件在线功能测试时，要受制于元器件测试库不足的约束，拓展了测试仪器对电路板故障的检测范围。

四、先静后动

由于电路在线维修测试仪目前只能对电路板上的元器件进行功能在线测试和静态特征分析，所以故障电路板是否最终完全修复，必须要装回原设备检验通过后才能确定。为使检验过程获得准确结果，以判断电路板是否修理完成，这时最好先检查设备的电源是否按要求正确供给到电路板上，以及电路板上的各接口插件是否均接好，一定要排除电路板周围环境和外围电路的连接不正确带来的影响。

第二部分 驱动电机变频器故障维修方法

一、驱动电机变频器目视检查

目视检查以发现形态上的异常，重点注意以下内容：

（1）变频器前端整流元器件有无爆裂；

（2）预充电电阻是否有烧毁（表面是否灰白色或掉渣）的迹象；

（3）预充电电阻的切除继电器是否有拉弧、烧坏迹象；

（4）快熔是否熔断；

（5）直流母线电容器是否有爆裂与飞弧的熏黑迹象；

（6）与功率元器件相连的阻容吸收元器件、压敏元器件有无爆裂；

(7) 各线路板上是否有元器件爆裂、烧毁、开焊等现象；

(8) 系统内是否存在异物、小动物或昆虫尸体，有无液体侵入、大量灰尘堆积等情况。

二、主电路静态测试

1. 母线电容器测量

拆下母线电容器，用 LCR 表测量电容器容量，容量比标称大，甚至大很多都是没有问题的，但小于标称容量就需要更换了。

2. 逆变桥整体测量

(1) 上桥 3 个续流二极管的测量

将模拟万用表转置×10 挡(其他挡也行，只是阻值不同)，红表笔接到逆变桥的直流输入正端，黑表笔分别接 U、V、W 端，三次测量的阻值在几十欧的阻值附近为正常。

(2) 下桥 3 个续流二极管的测量

将模拟万用表转置×10 挡(其他挡也行，只是阻值不同)，黑表笔接到逆变桥的直流输入负端，红表笔分别接 U、V、W 端，三次测量的阻值在几十欧的阻值附近为正常。

三、主电路动态测试

在静态测试结果正常以后，才可进行动态测试，即上电测试。在上电前后必须注意以下几点：

(1) 上电之前，检查变频器的输入和输出电缆是否已正确连接，连接是否有松动，确认输入极性是否有误，输入极性错误将直接烧毁 6 个 IGBT 体内反并联的 6 个续流二极管。

(2) 高压上电后检测是否有故障码立刻显示。

(3) 无变频器的故障码进行电机轻载测试。方法是先在举升机上进行电机轻载测试，电机若能转动说明 U、V、W 三相输出正常。如不能转动，则是 IGBT 模块(或 IPM)、驱动板、旋转变压器、电流传感器、电机控制器及线路有故障。变频器内部元器件需要更换或拼修。

(4) 电机轻载测试通过后，再进行带载测试。方法是将新能源汽车在道路上进行满负载(也可 5 个成人坐车中)急加速测试，不出问题，说明故障解决。若加速出问题则仍是 IGBT 模块(或 IPM)、电流传感器还存在故障，需要更换或拼修。

四、汽车变频器内部元器件的正确拆装

(1) 在汽车高压断电、变频器电容完全放电后进行。

(2) 场地干净，拆、装工具与元器件、结构件应有相应存放区域。

(3) 有正确、适用的拆装工具。

(4) 准备好清洗剂(无水乙醇)、耗材，注意防火。

(5) 拆装过程中做好记录，以备回装时查用。

(6) 操作时穿着防静电工作服，佩戴防静电腕扣。注意要经常执行静电释放动作，以避

免身体的静电损坏线路板及半导体元器件。

（7）有些元器件的安装有方向标记，要按标记安装。

（8）拆装前必须完成装置的数据备份。在有工艺调节板时，要备份或完整记录工艺板的参数。另一种方法是将原 MCU 原封不动暂存，在维修期间暂用另一块 MCU 板。

（9）紧固 IGBT 或 IPM 等功率元器件时，因为厂家没有提供紧固力矩，因此用力矩扳手进行拆装时要记录最大力矩。

（10）IGBT 或 IPM 在与散热器接触的底面上涂有导热硅脂，元器件拆下后，用无水乙醇将安装基面擦洗干净，元器件安装时要重新涂覆导热硅脂。注意涂覆导热硅脂越薄、越均匀越好。

第三部分　常见变频器故障现象和原因分析

一、过流

过流（Over Current，OC）是汽车变频器最常见的故障，现象和原因如下。

（1）新能源汽车起动时，没踩加速踏板仪表就报变频器故障。

这种故障一般不能复位，主要原因是模块、驱动电路、电流检测电路损坏。

（2）新能源汽车起动时，一踩加速踏板仪表就报变频器故障。

这种故障是过电流十分严重的表现，主要原因是负载侧短路，机械部位有卡住，逆变模块损坏等。

二、过热

过热（Over Heat，OH）是一种比较常见的故障，主要原因有前部散热器堵塞，电子风扇不转，冷却液循环泵损坏，水温传感器性能不良，变频器自身故障。

变频器过热会导致变频器进入限流输出的状态，汽车加速无力。

三、输出不平衡

变频器引起的输出不平衡一般表现为电动机抖动，转速不稳，主要原因有 IGBT 或 IPM 损坏，驱动电路损坏等。

四、变频器过载

过载是变频器比较常见的故障之一，首先应该分析是电机过载，还是变频器自身过载。一般来讲，电机由于过载能力较强，一般不会出现过载，而变频器本身由于其过载能力较差很容易出现过载报警。

五、短路故障

短路故障(Short Circuit, SC)是变频器较常见的故障。IGBT 模块损坏是引起短路故障报警的原因之一。此外,驱动电路损坏也容易导致短路故障报警。电机抖动,三相电流、电压不平衡,有频率显示却无电压输出等现象都有可能是 IGBT 模块损坏。IGBT 模块损坏的原因有多种,首先是外部负载发生故障而导致 IGBT 模块的损坏,如负载发生短路、堵转等;其次,驱动电路老化也有可能导致驱动波形失真,或驱动电压波动太大而导致 IGBT 损坏,从而导致短路故障。

六、接地故障

接地故障(Ground Fault, GF)也是常见的故障,除了电机接地存在问题外,最可能发生故障的部分就是霍尔传感器了。霍尔传感器由于受温度、湿度等环境因素的影响,工作点很容易发生漂移,导致接地故障。

第四部分　无图纸电路板的维修

一、维修无图纸电路板的准备

1. 要"胸有成图"

要彻底弄懂一些典型电路的原理。比如开关电源,总离不开振荡电路、开关管、开关变压器,检查时要检查电路有没有起振,电容有没有损坏,各三极管、二极管有没有损坏,不管碰到什么开关电源,操作都类似,不必强求有电路图; 又如单片机系统,包括晶振、三总线(地址线、数据线、控制线)、输入输出接口芯片等,检修时也都不会超出这些范围;再如各种运算放大器组成的模拟电路,纵使变化万千,在"虚短"和"虚断"的基础上去推理,亦可条分缕析,弄个明明白白。练就了分析和推理的功夫后,即使遇到从未见过的设备,也只要从原理上分析就可以了。

2. 要讲究检修先后顺序

讲究检修先后顺序才可找到解决问题的最佳路径,避免乱捅乱拆,反致故障范围扩大。维修就像医生看病,也讲究"望闻问切"。"望"即检查故障板的外观,看上面有没有明显损坏的痕迹,有没有元器件烧黑、炸裂,电路板有无受腐蚀引起的断线、漏电,电容有没有漏液,顶部有没有鼓起等;"闻"即用鼻子嗅一嗅有没有烧焦的气味,气味来自哪里;"问"很重要,要详细地询问当事人设备出故障时的情况,推理可能发生故障的部位或元器件;"切"即利用一定的检测仪器和手段,分通电和不通电两种情况,检查电路部位或元器件的阻值、电压、波形等,将好坏电路板进行对比测试,观察参数的差异等。

3. 要善于总结规律

有一定的维修经验积累后，要善于总结分析每一次元器件损坏的原因，是操作不当、欠缺维护、设计不合理、元器件质量欠佳、自然老化，还是其他原因。有了这些分析，下次再碰到同类故障，可参考进行分析。

4. 要善于查找资料

设备原理和电路原理几乎都可以从网上找到，集成电路相关资料也都可以从网上找得到，要善于通过各种途径查找资料。

5. 要有必要的检测设备

一定的检测设备是必需的，如电烙铁、万用表、常用的拆装工具、红外线保温拆装台、100M 的双踪示波器、曲线扫描测试仪、激光测温仪等。

二、电路板电容损坏的故障特点及维修

因电容损坏引发的故障在电子设备中是最高的，其中尤其以电解电容的损坏最为常见。

电容损坏表现为容量变小，完全失去容量，漏电，短路。

电容在电路中所起的作用不同，引起的故障也各有特点。在电路板中，数字电路占绝大多数，电容多用作电源滤波，用作信号耦合和振荡电路的较少。如果用在开关电源中的电解电容损坏，则开关电源可能不起振，没有电压输出；或者输出电压滤波不好，电路因电压不稳而发生逻辑混乱，表现为时好时坏，如果电容并联在数字电路的电源正负极之间，故障表现同上。

电容的寿命与环境温度直接有关，环境温度越高，电容寿命越短。这个规律不但适用电解电容，也适用其他电容。所以在寻找故障电容时，应重点检查和热源靠得比较近的电容，如散热片旁及大功率元器件旁的电容，离其越近，损坏的可能性就越大。

有些电容漏电比较严重，用手指触摸时甚至会烫手，此时必须更换电容。

在检修时好时坏的电路板时，排除了接触不良的可能性后，一般大部分就是电容损坏引起的故障。所以在碰到此类故障时，应重点检查电容。

三、电阻损坏的特点与判别

许多初学修理者在检修电路时常关注电阻，又拆又焊，其实你只要了解电阻的损坏特点，就不必大费周章。

电阻是电气设备中数量最多的元器件，但不是损坏率最高的元器件。电阻损坏以开路最常见，阻值变大较多见，阻值变小十分少见。常见的有碳膜电阻、金属膜电阻、线绕电阻和熔断电阻。前两种电阻应用最广，其损坏的特点一是低阻值（小于 100 Ω）和高阻值（大于 100 kΩ）的电阻损坏率较高，中间阻值（如几百欧到几十千欧）的电阻极少损坏；二是低阻值电阻损坏时往往是烧焦发黑，很容易被发现，而高阻值电阻损坏时很少有痕迹。线绕电阻一般用作大电流限流，阻值不大。圆柱形线绕电阻烧坏时有的会发黑或表面爆皮、裂纹，有的没有痕迹。水泥电阻是线绕电阻的一种，烧坏时可能会断裂，否则也没有可见痕迹。熔

断电阻烧坏时有的表面会炸掉一块皮，有的也没有什么痕迹，但不会烧焦发黑。根据以上特点，在检查电阻时可有所侧重，快速找出损坏的电阻。

根据以上列出的特点，我们先可以观察电路板上低阻值电阻有没有烧黑的痕迹，再根据电阻损坏时绝大多数开路或阻值变大以及高阻值电阻容易损坏的特点，就可以用万用表在电路板上先直接测量高阻值电阻两端的阻值，如果测得的阻值比标称阻值大，则这个电阻肯定已损坏（要注意等阻值显示稳定后才下结论，因为电路中有可能并联电容元器件，会有一个充放电过程），如果测得的阻值比标称阻值小，则一般没问题。将电路板上每一个电阻都测量一遍，保证所有损坏电阻都能被发现。

四、运算放大器是否损坏的判别方法

理想运算放大器具有“虚短”和“虚断”的特性，这两个特性对分析线性运用的运放电路十分有用。为了保证线性运用，运放必须在闭环（负反馈）下工作。如果没有负反馈，开环放大下的运放成为一个比较器。要判断一个元器件的好坏，应先分清楚元器件在电路中是用作放大器还是用作比较器。

不论是何类型的放大器，都有一个反馈电阻，维修时可从电路上检查这个反馈电阻，用万用表检查输出端和反向输入端之间的阻值，如果大得离谱，如几兆欧以上，则可以肯定元器件是用作比较器；如果此阻值为零至几十千欧，则再检查有无电阻接在输出端和反向输入端之间，若有就一定是用作放大器。

根据运算放大器虚短的原理，如果这个运算放大器工作正常，其同向输入端和反向输入端电压必然相等，当然在某些高输入阻抗电路中，万用表的内阻也会对电压测试稍有影响，但一般不会超过 0.2 V，如果有 0.5 V 以上的差别，则放大器损坏。如果元器件是用作比较器，则允许同向输入端和反向输入端电压不等，当同向电压大于反向电压时，则输出电压接近正的最大值；当同向电压小于反向电压时，则输出电压接近零或负的最大值（视双电源或单电源）。如果检测电压不符合这个规则，则元器件损坏。这种情况不必使用代换法，也不必拆下电路板上的芯片就可以判断运算放大器的好坏了。

五、更换细的万用表笔

有些贴片元器件非常细小，用普通万用表笔测试检修时很不方便，一是容易造成短路；二是对涂有绝缘涂层的电路板不便接触到元器件管脚的金属部分。用带有细小针尖的表笔去测表面组装元器件的时候就可减小表笔引起引脚短路的可能性，而且针尖可以刺破绝缘涂层接触到元器件管脚的金属部分。

六、电路板公共电源短路故障的检修方法

电路板维修中，如果碰到公共电源短路的故障往往难于检修，因为很多元器件都共用同一电源，每一个用此电源的元器件都有短路的可能，宜采用全面检查的方式找到短路点。

要有一个电压、电流皆可调的电源，电压为 0～30 V，电流为 0～3 A。将开路电压调到

元器件电源电压水平，先将电流调至最小，将此电压加在电路的电源电压点，如74系列芯片的5 V和0 V端，根据短路程度，将电流慢慢增大，用手触摸元器件，当摸到某个元器件发热明显时，说明这个可能就是损坏的元器件，可将其取下进一步测量确认。操作时，电压一定不能超过元器件的工作电压，且不能接反，否则会烧坏其他元器件。

七、用橡皮擦除沉积层

若有的电路板采用的是金手指插入插槽的方式，由于环境恶劣，如多尘、潮湿、多腐蚀气体的环境，易使板卡接触不良。使用橡皮在金手指上反复擦拭，将金手指上的污物清理干净后，电路板即恢复正常。

八、时好时坏的电气故障的分析

各种时好时坏的电气故障从概率大小来讲大概包括以下五种情况。

1. 接触不良

接触不良、缆线内部折断导致时通时不通，线插头及接线端子接触不良，元器件虚焊等皆属此类。

2. 信号受干扰

对数字电路而言，在特定的情况下，故障才会呈现，有可能是干扰太强影响了控制系统使其出错，也有可能是电路板个别元器件参数或整体表现参数出现了变化，使其抗干扰能力趋向临界点，从而出现故障。

3. 元器件热稳定性不好

从大量的维修实践来看，电解电容的热稳定性最不好，其次是其他电容、三极管、二极管、集成电路、电阻等。

4. 电路板上有湿气、积尘等

湿气和积尘会导电，具有电阻效应，而且在热胀冷缩的过程中阻值还会变化，这个电阻值会同其他元器件有并联效果，这个效果比较强时就会改变电路参数，发生故障。

5. 软件因素

电路中许多参数是使用软件来进行调整的，某些参数的裕量调得太低，处于临界范围，当运行工况符合软件判定故障时就会报警。

九、快速查找元器件资料的方法

现代的电子产品五花八门，元器件种类日益繁多。在电路维修中，尤其是新能源汽车电路板维修领域，许多元器件乃见所未见，甚或闻所未闻，即使某款电路板元器件的资料齐全，但要在电脑里将这些资料一一翻阅分析，维修效率会大打折扣。维修人员可利用网络快速查找相关资料。

习题答案

项目一　汽车电力电子元器件认知与测量

一、单选题

1. A　2. C　3. B　4. C　5. D　6. C　7. B　8. B　9. C　10. B　11. B　12. C　13. C　14. B　15. B　16. C　17. D　18. D

二、判断题

1. √　2. ×　3. √　4. √　5. √

三、多选题

1. ABC　2. ABCD　3. ABC　4. ABC　5. ABC　6. ABCD　7. AD　8. ABC　9. ABCD　10. AB　11. CD　12. AD　13. ABD　14. AB　15. AB　16. ABC　17. AC　18. ABC　19. ABCD　20. ABCD

项目二　传统汽车中的电力电子技术认知

一、单选题

1. B　2. A　3. D　4. D　5. A　6. C　7. C　8. C　9. B　10. D

二、多选题

1. ABCD　2. AB　3. CD　4. ABC　5. CD　6. ABC　7. ABC　8. ABCD

项目三　有刷/无刷直流电机的驱动控制认知

一、单选题

1. C　2. A　3. C　4. D　5. D　6. B　7. C

二、判断题

1. √　2. ×　3. √　4. √　5. √　6. ×　7. ×　8. ×　9. √　10. ×　11. ×　12. √　13. √　14. √　15. √

三、多选题

1. AB　2. CD　3. AD　4. BCD

项目四　新能源汽车驱动电机变频器控制认知

一、单选题

1. B　2. C　3. D　4. A　5. C

二、多选题

1. ABCD　2. ABCD　3. ABCD　4. ABCD　5. ABCD

项目五　新能源汽车直流-直流变换器认知与诊断

一、单选题

1. B　2. A　3. B　4. A　5. A

二、多选题

1. ABCD　2. ABCD　3. ABCD　4. AB　5. ABCD

项目六　新能源汽车充电系统认知与诊断

一、单选题

1. D　2. A　3. B　4. C　5. D　6. A　7. B　8. C　9. A　10. A　11. B　12. A　13. B　14. A　15. B　16. A　17. C　18. A　19. B　20. B

二、多选题

1. ABC　2. ABC　3. AC　4. CD　5. ABCD　6. AB　7. AB　8. ABCD　9. ABC　10. AB

参考文献

[1] 高大威.汽车电力电子学[M].北京:清华大学出版社,2018.
[2] 赵振宁.混合动力汽车构造、原理与检修[M].北京:北京理工大学出版社,2015.